Aids anunciada:
a publicidade e o sexo seguro

FUNDAÇÃO UNIVERSIDADE DE BRASÍLIA

Reitor
Timothy Martin Mulholland

Vice-Reitor
Edgar Nobuo Mamiya

Diretor
Henryk Siewierski

Diretor-Executivo
Alexandre Lima

Conselho Editorial
Beatriz de Freitas Salles
Dione Oliveira Moura
Henryk Siewierski
Jader Soares Marinho Filho
Lia Zanotta Machado
Maria José Moreira Serra da Silva
Paulo César Coelho Abrantes
Ricardo Silveira Bernardes
Suzete Venturelli

Aids anunciada:
a publicidade e o sexo seguro

Josi Paz

EQUIPE EDITORIAL
Rejane de Meneses · *Supervisão editorial*
Sonja Cavalcanti · *Acompanhamento editorial*
Keila Mariana · *Preparação de originais*
Danúzia Maria Queiroz Cruz Gama, Jupira Correa e Yana Palankof · *Revisão*
Ivanise Oliveira de Brito · *Capa*
Eugênio Felix Braga · *Editoração eletrônica*
Elmano Rodrigues Pinheiro · *Acompanhamento gráfico*
As fotos desta obra foram cedidas pelo Ministério da Saúde
e por Oliviero Toscani for United Colors of Benetton

Copyright © 2007 *by* Josi Paz
Impresso no Brasil

Direitos exclusivos para esta edição:
Editora Universidade de Brasília
SCS Q. 2 – Bloco C – nº 78
Ed. OK – 1º andar
70302-907 – Brasília-DF
tel.: (061) 3035-4211
fax: (061) 3035-4223
www.editora.unb.br
www.livrariauniversidade.unb.br
e-mail: direcao@editora.unb.br

Todos os direitos reservados. Nenhuma parte desta publicação
poderá ser armazenada ou reproduzida por qualquer meio
sem a autorização por escrito da Editora.

Ficha catalográfica elaborada pela
Biblioteca Central da Universidade de Brasília

P348	Paz, Josi
	    Aids anunciada : a publicidade e o sexo seguro / Josi Paz. – Brasília : Editora Universidade de Brasília, 2007.
	    242 p. ; 23 cm
	
	    ISBN: 978-85-230-1006-5
	
	    1. Aids. 2. Comunicação. 3. Saúde. 4. Publicidade. I. Título.

CDU 316.77:616.9

Aos meus pais, Ione e José Luiz.
Às minhas irmãs, Miléne e Anelise.
Com todo amor para a Juju.
E para o Pedrinho.

Agradecimentos

Sou extremamente grata a muitas pessoas. Do texto ao contexto, cada uma delas deu sentido à pesquisa e à vivência que culminam neste livro:

Agradeço por absolutamente tudo à minha família, materna e paterna, Jaqueline Frajmund, Mauro Siqueira, Carina Bernardes, Cynthia Rosa, Sofia & cia.; Taty Braz, Dudu Soares, Fátima Duarte, Joyce del Frari, Marlise Wendler, Rita Frazão, Osvaldo, dona Goiani e seu Felipe; Ilana Trombka, Sayonara Leal, Asdrúbal Borges; Gabi Balcázar, Beto Seabra, Rose May, Elen Geraldes, Lunde Braghini, Márcia Flausino, Ana Lúcia Medeiros e Eufrasio Prates; Zonda, Val, Kespper, Ziza, Darla, Pedrão e Quinho; Maria, Luciana e Roseli; aos professores doutores Sérgio Dayrell Porto, Luiz Martins da Silva, José Luiz Braga e Antônio Fausto Neto; Ada Machado, Eugênia Mariano da Rocha, Orlando Fonseca e Clodo Ferreira; à minha turma de Mestrado do programa de pós-graduação em Comunicação da UnB; aos funcionários do Ministério da Saúde, especialmente do Programa Nacional de DST e Aids; aos voluntários do Gapa-DF e Gapa-BA; a todos os publicitários entrevistados; aos colegas de assessoria de comunicação no governo federal; para Alexandre Magno, Bruna Teixeira, Cid Faria, Dario Noleto, Dedé Mendes, Elaine Ramos; Eliane Gonçalves, Inocência Negrão, Josete Cachinski Brito, Juliana Vieira, Leonardo Lincon, Luciana de Oliveira; Daniel Tavares e Emerson Ëcello; à equipe da Editora Universidade de Brasília, especialmente Denise, Ivanise, Eugênio, Rejane, Ester, Keila, Danúzia, Jupira, Yana, Elmano e professor Henryk, pelo incentivo e oportunidade; ao PET-FACOS e aos meus alunos da UFSM, UnB, Uniceub, Iesb e Upis; Carlinha Buss, Ediméia, Duda Torales, Ale Debastiani, Ulisses, Cristiano, Leandro, Giovani e Adriana; Ricardo Hippler e Márcio Dutra (ambos *in memorian*). Agradeço ainda o fundamental investimento da Capes no projeto.

Para as doenças internas a gente usa
um remédio interno – a autocrítica.

Maiakovski

Maiakovski: vida e obra, Paz e Terra, 1986

Sumário

APRESENTAÇÃO, **13**

INTRODUÇÃO
Idéias para começar, **15**

PARTE 1
A AIDS VIRA UMA CAMPANHA, **39**

O "andar" das DST/Aids, **55**
O "cliente" Ministério da Saúde, **67**

PARTE 2
A AIDS NÃO TEM VOCAÇÃO PUBLICITÁRIA, **89**

Antes e depois do "Bráulio": anos 1980 e 1990, **103**
A fala de quem faz: os publicitários, **115**

PARTE 3
A AIDS ANUNCIADA, **163**

Gramática publicitária e euforização da aids, **173**
Sobre o (in)sucesso das campanhas, **193**

CONCLUSÃO
Idéias para continuar – 2000 a 2005, **213**

REFERÊNCIAS, **229**

LISTAGEM DOS FILMES PUBLICITÁRIOS ANALISADOS, **237**

Apresentação

Sérgio Dayrell Porto

Pesquisador-associado sênior da UnB, pós-doutor em Comunicação – Centre Nationale de La Recherche Scientifique (CNRS), Paris, França, e doutor em Comunicação – Mcgill University, Montreal, orientador da dissertação *Aids anunciada*

A aids – síndrome da deficiência imunológica adquirida – pode ser considerada, além do mal específico e mortal que todos conhecem, um dos sintomas e sinais mais evidentes do mal-estar da civilização contemporânea. Essa idéia preciosa e avançada está embutida na dissertação de mestrado que ora se transforma em livro, lançado pela Editora Universidade de Brasília.

Ao lado dessa idéia subjacente à obra, Josi Paz faz também análise e interpretação das diversas campanhas e peças publicitárias produzidas pelo Ministério da Saúde que identificam a aids como mal maior, dentro da atmosfera da própria publicidade e propaganda, e que deve ser anunciada. Numa perspectiva de medicalização da saúde, o mal maior acaba perdendo para o mal que lhe seria menor – uma doença que atinge milhões de cidadãos que devem tratar-se, sob o patrocínio e o controle do Estado, com o uso de preservativos e a prática de tratamentos específicos previstos por políticas de saúde pública. A autora trabalha com as duas vertentes: a aids como mal-estar geral e a aids que tem de ser prevenida, ou senão tratada com remédios próprios.

Sem cair num tom pessimista, não há dúvida de que a sociedade atual está doente. O "ser-do-ente" social está imerso na violência, na corrupção, no desrespeito e no desamor. As religiões e os governos patinam ao apresentar soluções. O mal e o pecado, a dor e a morte continuam sem explicação. A prática do terrorismo é a própria expressão da antivida. Santo Agostinho, semiólogo e exegeta, dizia que o signo é um feixe de possibilidades e de impossibilidades. Em suas "confissões", ele mergulhou no universo da psique humana e encontrou lá o próprio labirinto perdido, a ponto de ter concluído que somos seres imperfeitos marcados por um pecado de origem. Bem mais tarde, Freud, Saussure e Lacan tentaram explicar, pela psicanálise e pelas utilizações da linguagem, essa torre de babel que é a expressão e a linguagem de nossa vida íntima e do imaginário.

A aids pode ser interpretada como esse conjunto de impossibilidades do "ser-do-ente". Já suas possibilidades ficam por conta da sinalização de um futuro renascimento. A falta do "pão-nosso-de-cada-dia" pode ser vista no paciente que está morrendo de aids. Mas a incompreensão humana, espelhada nas guerras e no desamor geral, pode fazer lembrar o mal-estar da civilização contemporânea, que sofre de uma aids mortal, sem direito a coquetéis ou outras possíveis formas de salva-vidas.

A dissertação e o livro de Josi Paz – *Aids anunciada* – são uma evocação e símbolo dos dias de ira nos quais estamos mergulhados.

Introdução

Idéias para começar

A publicidade pode contar histórias, brincar com o inverossímil, pode nomear, indicar, sugerir, ordenar, insistir, seduzir. No cotidiano da sociedade de consumo, diariamente comprova-se o quanto ela pode fazer tudo isso, seja no intervalo comercial da TV, no período eleitoral, nos coloridos e eletrônicos painéis de rua, seja agendando percepções e comportamentos. Os cânones publicitários afirmam que a "boa publicidade" pode arrancar os produtos das prateleiras num só golpe de consumidores ávidos, desde que ela seja estrategicamente planejada para "atingir" o *target*.[1] A publicidade pode fazer rir e pode mentir: dizer a verdade séria é coisa para jornalistas. Ser publicitário é ser o profissional do engano, da ilusão, do truste, do sonho.

Ao abordar a polêmica competência discursiva da publicidade, a psicanalista Maria Rita Kehl (1996), em seu artigo "Psicanálise e mídia: você decide e... Freud explica",[2] menciona uma entrevista de Oliviero Toscani, o fotógrafo que criou as polêmicas imagens publicitárias da marca Benetton. Em

---

[1] *Target* no jargão profissional é público-alvo. Geralmente, os termos em inglês fazem parte do cotidiano dos publicitários. Outra expressão utilizada largamente por esse grupo social é *layout*, cujo aportuguesamento, leiaute, consta como verbete no *Dicionário Aurélio*. É válido reproduzir a justificativa de um editor brasileiro que manteve a grafia *layout*. Ele deixou evidente, em sua argumentação, como a língua inglesa funciona para a afirmação da identidade do grupo: " [...] termos como *design, designer, layout* não encontram expressão precisa na língua portuguesa. Poderíamos, nesse livro, adotar inovações como o leiaute do mestre Aurélio (e na mesma linha arriscar-nos à execração do leitor com eventuais 'disáins' ou coisa assim) ou usar palavras portuguesas de sentido aproximado. [...] não correremos o risco de má comunicação com os meios gráficos, de publicidade e outros, que assim os reconhecem e utilizam amplamente [...] não foram compostos em grifo porque são de uso comum nesta área artística" (HURBULT, Allen. *Layout da página impressa*. Tradução de Edmilson O. Conceição; Flávio M. Martins. São Paulo: Nobel, 1986).

[2] KEHL, Maria Rita. "Psicanálise e mídia: você decide e... Freud explica". In: CHALUB, Samira. (Org.) *Psicanálise e contemporâneo*. São Paulo: Hacker: Cespuc, 1996. p. 129-131 (Psicanálise e conexões).

duas dessas campanhas, Toscani abordou diretamente o tema "aids": um dos anúncios exibe a foto de um paciente terminal no leito de morte ao lado dos pais; o outro anúncio mostra um corpo nu com a inscrição "HIV" em forma de carimbo.[3]

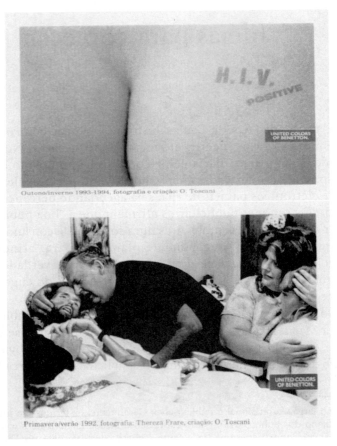

Fotos de campanhas da Benetton

No Brasil, as campanhas publicitárias da Benetton sempre foram amplamente comentadas na imprensa, entre outros motivos, além dos óbvios, porque muito espaço na mídia é ocupado com notícias da própria mídia e, conseqüentemente,

---

[3] Toscani não realiza mais essas campanhas para a agência italiana Fabrika, mas todos os anúncios podem ser vistos no livro *A publicidade é um cadáver que nos sorri*, de Oliviero Toscani. Trad. de Luiz Cavalcanti de M. Guerra. Rio de Janeiro: Ediouro, 1986. Também estão disponíveis em: <www.benetton.com>.

Introdução – Idéias para começar

com notícias relacionadas à publicidade, maior sustentadora da imprensa. Os investimentos brasileiros com publicidade chegam a atingir a cifra de R$ 30 bilhões.[4] Pode ser interessante contrapor a esses valores o total de investimentos em educação pública no Brasil, escassos recursos que desaparecem na solução dos inúmeros problemas do setor, repartidos em uma infinidade de rubricas, o que dificulta o levantamento e o impacto dos investimentos.[5]

Como a mídia é a principal forma de acesso à informação da maioria da população, especialmente de baixa renda, e o acesso à escola ainda não é um direito assegurado a todos os cidadãos, pode-se corroborar a afirmativa de Maria Rita Kehl: no Ocidente, a publicidade seria tão presente e eficiente como produtora de subjetividade, a médio e a longo prazos, quanto a tradição escolar.

Qual seria esse sujeito produzido pela publicidade? O sujeito da cultura do narcisismo, adaptado às condições desejantes das sociedades de mercado, independentemente de suas condições materiais particulares. O sujeito narcisista da sociedade de consumo, diz a autora, é convidado a sentir prazer e aceita, mesmo sem ter consciência disso, e deseja o que o mercado lhe oferece. Para sentir-se no direito de acesso a tudo, esse sujeito da cultura do narcisismo viveria em delírio semelhante ao que Freud descreveu como aquele regido pelo princípio do prazer: sem história, sem mediação de tempo e esforço entre desejar e obter, sem dívidas para com nenhum passado, nenhuma instância paterna.[6] *Self-made man* imaginário, como todo *self-made*: acredita-se sem outro compromisso, a não ser com o gozo ao qual a mídia publicitária apela incessantemente.

A dívida para com o gozo é tão implacável e tão impossível de se pagar quanto é impossível de se cumprir a exigência de outra dimensão superegóica, a de interdição total ao gozo: como deixar de consumir e de embarcar no delírio publicitário? Pensando a si mesmo como filho do presente, regido por uma espécie de pastiche do princípio do prazer e voltado para um futuro imediato, que só lhe promete mais mercadorias: assim é o narcisista. Por isso, basta que a publicidade peça para consumir que ele se inclina, quase imediatamente,

---

[4] Em 2005, o mercado publicitário movimentou cerca de R$ 30 bilhões nos investimentos em mídia – dados de janeiro a novembro do Ibope Monitor. Esse resultado foi divulgado pela Associação Brasileira de Agências de Publicidade Abap. A Abap coordenou a elaboração da pesquisa "A indústria da comunicação no Brasil", que, entre outros resultados, demonstrou que existem no país cerca de 4 mil agências de publicidade, empregando 30 mil pessoas (Fonte: Conselho Executivo de Normas-Padrão). Disponível em: <www.abap.com.br>.

[5] O cálculo dos investimentos totais em educação pública, sempre sujeitos a cortes, depende, entre outras variáveis, do fornecimento dos dados pelos municípios e estados. Números atualizados do Ministério da Educação podem ser consultados no *site* do Instituto Nacional de Estudos e Pesquisas Educacionais "Anísio Teixeira" (Inep). Disponível em: <www.inep.gov.br>

[6] FREUD, Sigmund. "O mal estar na civilização". *Obras psicológicas completas de Sigmund Freud*. Vol. XXI. Rio de Janeiro: Imago, 1987. p. 84.

18 Aids anunciada: a publicidade e o sexo seguro

a satisfazer desejos a qualquer preço. O preço pago, na verdade, é o conformismo e a estagnação. Afinal, qualquer desejo de mudança em relação a esse contexto é apartado da consciência do que o determina, e tudo se esgota numa rebeldia inútil. O narcisista vive na velocidade das sociedades pós-industriais, nas quais "tudo cai do céu": os objetos ofertados não são capítulos da história.

É assim que o narcisista deseja ser "o homem de Marlboro".

Uma recente campanha publicitária antitabagista do Ministério da Saúde citou a campanha mundial dos cigarros Marlboro e esse fato constituiu-se em um produtivo exemplo para as questões abordadas aqui: a publicidade como produtora de subjetividade e sua competência para esvaziar ideologias.

Anunciante dos mais duradouros e populares no Brasil, antes das restrições aos comerciais de cigarro, os mundiais cigarros Marlboro tiveram uma *performance* midiática que representa perfeitamente a lógica do funcionamento da linguagem publicitária. O "homem de Marlboro", personagem central da narrativa, é compreendido como símbolo de virilidade, que é o grande conceito explorado pelo produto, e deve-se aceitar o convite feito em *off*:[7] "Venha para o mundo de Marlboro". Vários dispositivos permitem que "o homem de Marlboro" seja percebido como o dono de uma virilidade desejável: o uso de cores quentes, sempre alaranjadas e avermelhadas, e as imagens de ambientes rurais e áridos. As palavras da lingüista portuguesa Alexandra Guedes Pinto (1997), pesquisadora-divulgadora da análise do discurso desenvolvida por Patrick Charadeau, sintetizam essas idéias:

Efectivamente, uma grande parte da linguagem visual e verbal posta em jogo no anúncio visa estabelecer uma via de comunicação directa com o subconsciente do destinatário, o *locus* ideal para o despertar de uma preferência, na convicção de que o envolvimento emotivo e a adesão espontânea são movimentos psíquicos que ocorrem ainda a um nível pré-lógico e não racional, tanto que eleger uma marca em desfavor de outras é algo que muitas vezes dificilmente conseguimos justificar. Daqui resulta, freqüentemente, que nem se recorra à enumeração das qualidades objetivas de um produto como prova da sua superioridade, tornando-se mais importante ambientá-lo e "personalizá-lo", associando-o a conceitos, estilos de vida, sentimentos, estados de espírito reconhecíveis pelo público-alvo.[8]

São os cavalos, o horizonte, o pôr-do-sol enevoados pela fumaça do cigarro que, como num sonho, constroem o referencial de masculinidade que

---

[7] Corruptela de "locução em *off*". Tipo de locução para vídeo na qual não se vê a imagem de quem fala.

[8] PINTO, Alexandra Guedes. *Publicidade*: um discurso de sedução. Lisboa: Porto, 1997. p. 25-26 (Coleção Lingüística).

Introdução – Idéias para começar

os outros homens supostamente gostariam de experimentar em suas vidas comuns. Ainda que represente um ideal, o "homem de Marlboro" precisa ser compreendido pelo consumidor da publicidade e do cigarro como o homem no qual o telespectador-leitor-destinatário do anúncio poderá tornar-se:

> A fusão sub-reptícia de valores extrínsecos ao produto com seus valores intrínsecos ocorre nesta exploração sistemática da dimensão conativa e simbólica das linguagens co-ocorrentes no anúncio, sendo este o meio de "forçar" a projecção psicológica e identificação dos sujeitos com o que "lêem" nas mensagens e a subseqüente adesão ao artigo. Para tal é importante, pois, adoptar a perspectiva perceptiva do consumidor desde a posição sociocultural em que este se encontra, em vez de partir do produto, fazendo a sua descrição.[9]

A sutileza publicitária permite que seja ofertada como realidade uma forma de representação masculina com base na síntese simbólica de alguns elementos que têm correspondência com as projeções conscientes e inconscientes do consumidor. O cigarro Marlboro, assim, vira o código de acesso ao mundo viril e apropria-se de todos os gestos masculinos, dizendo mesmo quais são eles. A complexidade desse jogo de linguagem permitiu que o estereótipo do "homem de Marlboro" resistisse não só ao tempo, permanecendo tantos anos "no ar", mas também ao impacto do recente movimento antitabagista, cada vez mais fortalecido, que baniu as campanhas publicitárias de cigarro. Foram as conquistas políticas do movimento que levaram o Ministério da Saúde do Brasil a participar no ano 2000 da campanha antifumo, a propósito do dia 31 de maio, Dia Mundial Sem Tabaco. Uma das peças da campanha, o *folder*, explorava justamente o fato de o ator "Wayne McLaren", o *cowboy* dos cigarros Marlboro, ter morrido de câncer. O homem *do* Marlboro morreu de câncer de pulmão em 1992, aos 51 anos de idade, mas como imaginar que o homem *de* Marlboro poderia ser vencido?

Campanha antitabagista do Ministério da Saúde do Brasil (2000)

---

[9] Ibidem.

Ao tentar persuadir o leitor, referindo-se a esse fato, o texto interno do *folder* explicitou a contradição da publicidade. A mesma voz sedutora dos apelos da propaganda e dos produtos fez um surpreendente pedido no referido *folder*: "Não se deixe seduzir".

Texto interno do folder da campanha antitabaco (Ministério da Saúde, maio de 2000):

Quatro milhões de mortes por ano, uma a cada oito segundos. Esse é o resultado mais significativo da indústria do cigarro. Já se sabe há muito tempo que o cigarro é um produto feito para viciar e matar. Afinal, contém nada menos que sessenta substâncias cancerígenas. O que surpreende é que ainda exista gente que acredita em propaganda de cigarro.

Não se deixe seduzir

A indústria do cigarro gasta bilhões de dólares com publicidade todos os anos para convencer as pessoas de que fumando elas vão ser mais sensuais, interessantes ou aceitas. O principal alvo dessas associações falsas são justamente os jovens, que representam o futuro do mercado de cigarros. E o mais grave é que essa estratégia funciona: 90% dos fumantes começam antes dos 20 anos.

O outro lado

As belas imagens dos comerciais e dos anúncios escondem um fato inquestionável: o cigarro causa doenças graves, como câncer, enfisema, derrame cerebral e bronquite crônica. Por isso, não se deixe enganar. Fumar não deixa ninguém mais bonito ou interessante. A verdade, como você pode ver, é bem outra.

Aparentemente, o discurso publicitário parece reconsiderar neste *folder* suas afirmações sobre certo e errado e sobre o bom e o belo, mas, no olhar sobre si mesma, a fala publicitária mantém inabalável a defesa de sua estética e de sua ética.[10] De acordo com o texto do *folder*, o pecado original de "Wayne McLaren" não só teria sido fumar, mas também "acreditar em propaganda de cigarro". Assim, o anúncio seria nocivo pela sua promoção da indústria fumageira. Fora desse contexto, parece que as campanhas deixariam de "fazer mal". Ao contrário do cigarro, que seria "nocivo" na ficção e na vida real. Não se deve acreditar na "propaganda de cigarro", diz o texto interno do

---

[10] Sobre a estética das campanhas de cigarro ver: *O cigarro e as marcas de um raro prazer*, dissertação de mestrado de Asdrúbal Borges Formiga Sobrinho, defendida em março de 2001 no Programa de Pós-Graduação em Comunicação na Universidade de Brasília (UnB), orientada pelo professor-doutor Luiz Carlos Assis Iasbeck.

Introdução – Idéias para começar

folder, mas é possível e necessário levar a sério, e muito, a propaganda do governo. Será que o destino teria sido diferente para "Wayne McLaren" se ele se tivesse deixado seduzir apenas pelas campanhas do Ministério da Saúde?[11]

Apesar da frágil construção dos "argumentos" no *folder* antitabagista do governo, a lógica publicitária não se enfraquece. Não há incompatibilidade entre o fume e o não-fume no espaço publicitário. No mesmo *break*, são recebidas sugestões diversas, desde campanhas que solicitam o uso da camisinha a comerciais de bebidas que associam a conquista amorosa a uma busca sem conflitos, sem disputas de poder, sem aids. No ponto de venda são ostensivos os apelos de inúmeras marcas de cigarro em cartazes, *displays*[12] e embalagens atrativas que, ao mesmo tempo, mostram a tarja proibitiva do Ministério da Saúde. Essa notória oposição não desautoriza a publicidade. A força do discurso publicitário não depende da coerência discursiva, e sim da competência para produzir subjetividades:

Adquirimos um perfume porque apreciamos o seu aroma, mas também porque nos identificamos com todos os outros sinais sociais que a imagética publicitária divulgou. Sonhamos com a aquisição de um carro porque gostamos das suas características físicas e confiamos nas suas capacidades tecnológicas, mas também porque nos revemos na personalidade que a linguagem publicitária lhe concedeu.[13]

As reivindicações do movimento antitabagista são reduzidas pelo formato publicitário. Assim, esvazia-se a crítica social e política: ao invés de uma oposição à indústria fumageira, sua revolta restringe-se ao fato da morte de Wayne McLaren, resultando em uma rebeldia inútil. Nas semanas seguintes à campanha do Ministério da Saúde, a revista *Veja* trouxe na sua contracapa,

---

[11] Por meio de impulsos legislativos, o Brasil está acompanhando a onda antitabagista no mundo. Uma das ações mais emblemáticas foi a exigência legal de 8/8/1990, por meio da Portaria nº 1.050/90, que dispõe sobre a publicidade de cigarros, proibindo a veiculação de filmes e implementando normas de embalagem, com a aplicação obrigatória de uma tarja com mensagens de advertência do Ministério da Saúde. Hoje, a carteira de cigarros exibe imagens chocantes das conseqüências do fumo para o corpo e para a saúde, como problemas respiratórios e câncer. O cotidiano, porém, revela o comportamento de alguns homens consumidores que, já habituados a essas fortes mensagens visuais nas embalagens, não deixam de comprar cigarros. Viu-se alguns deles recusar a embalagem que traz a advertência "fumar causa impotência sexual". Em 2005, uma nova leva de imagens ainda mais chocantes que as anteriores foi selecionada pelo Ministério da Saúde. Quais serão os resultados possíveis dessa estratégia?

[12] *Display* é um tipo de peça publicitária que anuncia determinada mensagem ou produto no ponto de venda (cartazes de cigarro e bebida em bares e restaurantes, pequenos anúncios afixados nas gôndolas de supermercado, por exemplo).

[13] PINTO, Alexandra Guedes. *Publicidade*: um discurso de sedução. Lisboa: Porto, 1997. p. 10 (Coleção Lingüística).

Aids anunciada: a publicidade e o sexo seguro

onde habitualmente estavam publicados anúncios cômicos da esponja de aço Bombril, um anúncio dos cigarros Marlboro, indiferente a toda a discussão fomentada dias atrás.[14] Na foto, como que ressuscitado, lá estava o *cowboy* de Marlboro. Era um outro modelo fotográfico produzindo o mesmo sujeito e a mesma mensagem: "Existe um lugar onde a vida tem mais sabor. Marlboro". Insistente, a tarja obrigatória do Ministério da Saúde à esquerda da foto informava: "Fumar causa câncer do pulmão". Um anúncio como esse, veiculado no referido contexto, representa o quanto o desejo de mudança enunciado pelos meios de comunicação está apartado da consciência que o determina. Por meio do discurso publicitário, não é mesmo possível enunciar um discurso revolucionário, pois o que a publicidade solicita é que não só se consuma o produto, mas também a ela mesma, como disse Jean Baudrillard:

A partir do momento em que a linguagem, em vez de ser veículo de sentido, se carrega de conotações de pertença e se transforma em léxico de grupo, em patrimônio de classe ou de casta [...]; a partir do momento em que a linguagem, de meio de permuta, se transforma em *material de troca*, para uso interno do grupo ou da classe enquanto a sua função real, por detrás da mensagem, muda para função de conivência e de reconhecimento; a partir do momento em que, em vez de fazer circular o sentido, começa ela própria a circular como santo-e-senha, no interior do processo de tautologia do grupo (o grupo fala a si mesmo), transforma-a em objeto de consumo e feitiço.[15]

O livro *A sociedade de consumo*, de onde foi extraído esse trecho, a despeito de todas as críticas já feitas a Baudrillard, é uma leitura crítica extremamente importante que documenta não só a afirmação dos conglomerados internacionais, das grandes redes de supermercados, da globalização dos capitais, da edificação dos *shopping centers* e dos novos comportamentos sociais, radicalmente determinados por novos hábitos de consumo, mas também o cansaço diante de tudo isso. Cansaço que levaria a assistir a mais uma campanha de prevenção à aids com o olhar distante, sem obedecer e sequer ouvir suas ordens; uma resistência ao pedido publicitário do uso da camisinha, um não-fazer, não-prevenir, que também podem ser lidos inversamente, como atitude e reação:

A fadiga do cidadão da sociedade industrial não está longe da greve larvar, da contenção, do *slow-downing* dos operários de fábrica, ou do *fastio* escolar. Todas

---

[14] O referido anúncio foi veiculado na revista *Veja* de 14 de junho de 2000. Ano 33. n. 24. ed. 1653. Contracapa. p. 164.

[15] BAUDRILLARD, Jean. *A sociedade de consumo*. São Paulo: Perspectiva, 1970. p. 63.

Introdução – Idéias para começar

são as formas de resistência passiva, *encravada*: tal qual a unha, que se desenvolve na carne, penetrando-a.[16]

Em *A tela total: mito-ironias da era do virtual e da imagem*, lançado no Brasil antes mesmo da edição francesa, Jean Baudrillard (1997) continua pessimista. Não se compartilha do radicalismo do autor, entretanto sua recorrente e aguda análise dos meios de comunicação de massa e, especialmente, da publicidade torna muito importante a reflexão violenta que o caracteriza para compreender as múltiplas dimensões do advento da aids na sociedade contemporânea. Cita-se particularmente o artigo "A sexualidade como doença transmissível", no qual Baudrillard identifica a construção social da epidemia de aids como resposta e conseqüência da banalização da sexualidade. Fazendo um instigante paralelo, o autor compara o modo de vida da aldeia dos *shakers*, na Nova Inglaterra, com o *way of life* norte-americano para dizer que todos estão doentes sexualmente. Os *shakers* vivem separados e não realizam o ato sexual, nem mesmo para reprodução, enquanto os americanos "não se tocam, não se roçam, não buscam seduzir-se"[17] e experimentam, igualmente, uma espécie de exílio voluntário. Baudrillard aponta um papel importante exercido pela aids neste contexto, mas a relativiza como causa principal:

[...] a Aids não passa, talvez, de uma das vias obscuras que toma a desafeição sexual iniciada bem antes de seu aparecimento e de sua difusão. Parece que a própria sexualidade está em causa – cada sexo estando como que afetado por uma doença sexualmente transmissível, o próprio sexo.

Tem-se medo de pegar Aids, mas tem-se medo também de pegar qualquer coisa que se assemelhe à paixão, à sedução, à responsabilidade.[18]

A intimidade transformada, também em decorrência da aids, estaria levando homens e mulheres a visualizar o grande abismo que os separa, como diz Anthony Giddens (1998) em seu livro *A transformação da intimidade*.[19] Apesar de representarem projetos interpretativos bastante distintos, os comentários de Baudrillard e de Giddens, em suas afinidades, podem

---

[16] Ibidem, p. 293.

[17] BAUDRILLARD, Jean. *Tela total*: mito-ironias da era virtual. Porto Alegre: Sulina, 1999. p. 83.

[18] Idem, p. 84.

[19] GIDDENS, Anthony. *A transformação da intimidade*: sexualidade, amor e erotismo nas sociedades modernas. São Paulo: Unesp, 1993.

ainda remeter para a história da sexualidade contada por Michel Foucault (1988). Viver-se-ia um novo tempo de interdição religiosa e moral? Desde o primeiro volume de sua trilogia, Michel Foucault afirma que a explosão discursiva a propósito do sexo, mais evidente a partir do século XVIII, está marcada pela interdição:

Novas regras de decência, sem dúvida alguma, filtraram as palavras: polícia dos enunciados. Controle também fora das enunciações: definiu-se de maneira muito mais estrita onde e quando não era possível falar dele; em que situações, entre quais locutores, e em que relações sociais; estabeleceram-se, assim, regiões; senão de silêncio absoluto, pelo menos de tato e discrição: entre pais e filhos, por exemplo, ou educadores e alunos, patrões e serviçais. É quase certo ter havido aí uma economia restritiva. Ela se integra nessa política da língua e da palavra – espontânea por um lado e deliberada por outro – que acompanhou as redistribuições sociais da época.[20]

O *apartheid* sexual hoje seria uma reinvenção da "era vitoriana"? Baudrillard afirma, e esta idéia está presente também em todo o livro de Giddens, que a causa contemporânea da desafeição sexual estaria, justamente, na ausência da interdição e, conseqüentemente, na "nostalgia da interdição": o cansaço da liberação dos costumes e o tédio com a banalização da sexualidade exigiriam a regra, o limite, qualquer obrigação que permitisse transgredir. Fala-se de sexo em todos os canais de TV, em todas as capas de revistas, todos fazem sexo, assim como vão às compras, e ainda podem levar mercadorias do *sex shop* para casa:

Essa exigência de interdição (de regra, de limite, de obrigação) que podemos interpretar como quisermos, e sem dúvida negativamente, do ponto de vista psicológico e político, do ponto de vista da liberação e do progresso – mas que pode apresentar-se como defesa instintiva da espécie, quanto à sua função sexual, ameaçada por sua emancipação e sua própria realização.[21]

A ampla circulação da palavra revela que a liberação é uma frágil aparência. Ao visitar os "arquivos" da vivência e da ciência do sexo, Michel Foucault enfatizou que, ao mesmo tempo em que houve uma explosão discursiva sobre sexo, a palavra e o dizer foram sendo apropriados pelas instituições reguladoras da sociedade:

---

[20] FOUCAULT, Michel. *A história da sexualidade*. Vol. I. Rio de Janeiro: Graal, 1988. p. 86.

[21] BAUDRILLARD, Jean. *Tela total*: mito-ironias da era virtual. Porto Alegre: Sulina, 1999. p. 83.

Introdução – Idéias para começar

Em compensação, no nível dos discursos e de seus domínios, o fenômeno é quase inverso. Sobre sexo, os discursos – discursos específicos, diferentes tanto pela forma como pelo objeto – não cessaram de proliferar: uma fermentação discursiva que se acelerou a partir do século XVIII. Não penso tanto, aqui, na multiplicação provável dos discursos "ilícitos", discursos de infração que denominam o sexo cruamente por insulto ou zombaria aos novos poderes que o cerceamento das regras de decência provocou, provavelmente como contra-efeito, uma valorização e uma intensificação do discurso indecente. Mas o essencial é a multiplicação dos discursos sobre o sexo no próprio campo do exercício do poder: incitação institucional a falar de sexo e a falar dele cada vez mais; obstinação das instâncias do poder a ouvir falar e a fazê-lo falar ele próprio sob a forma da articulação explícita e do detalhe infinitamente acumulado.[22]

Desde os anos 1980, quando procurou os meios de comunicação para falar de prevenção à aids, o Ministério da Saúde experimentou dois momentos enunciativos bastante distintos: o primeiro, de silêncio; o segundo, de pronunciamento. Nas primeiras campanhas publicitárias falava-se em "camisa-de-vênus", "pênis", "vagina". Nos anos 1990, vieram as metáforas e as alegorias, por meio das quais o órgão genital masculino, numa das campanhas veiculadas, foi nomeado "Bráulio". No final dessa mesma década, a publicidade promoveu o diálogo entre pais e filhos numa campanha em 1999, que chegou a solicitar ao telespectador: "fale de aids, converse sobre aids". Fale de aids com todos, fale de aids o tempo todo: quanto mais dita, mostrada, anunciada, mais controlada em suas nuanças a aids estará.

O texto dos anúncios publicitários indica que a mensagem veiculada é de prevenção, porém, ao tornar visível e indicar os perigos, os nomes, as formas dessa prevenção, o ato de enunciação do Ministério da Saúde simboliza a necessidade, própria das instâncias de poder, de classificar, enumerar, controlar, permitir, proibir. É o Estado, regulador da sociedade, exercendo sua competência por meio da publicidade. Ao falar publicitariamente, o Ministério cumpre seu papel de regente das funções sociais e, portanto, dos modos de viver a sexualidade. A aids que é dita pelo governo conjuga, de um modo particular, sexo, poder, aids e publicidade, evidenciando um paradoxo constituído pela dissonância entre as imposições da vida comum e as sugestões maravilhosas da imagem publicitária.

A cultura das sociedades de mercado apela para que o sujeito goze sempre, muito; esse é o discurso em funcionamento, e a publicidade é a mola mestra da engrenagem. O advento da aids deixa evidente que esse

---

[22] FOUCAULT, Michel. *A história da sexualidade*. Vol. I. Rio de Janeiro: Graal, 1988. p. 21-22.

gozo só é permitido se extremamente controlado e que só pode haver gozo se houver controle. Considerando aspectos como esses, pareceu evidente que o objeto do estudo em questão não poderia ser o discurso publicitário, entendido como mais uma fala sobre a aids. Tampouco a aids poderia ser vista na publicidade como se essa fosse mais uma das suas existências, além daquelas que experimenta na biologia, na psicologia, na matemática. Assim, ficou evidente que o objeto que solicitava um olhar atento era a aids anunciada. Não a aids corpórea, que traz sintomas e hematomas, mas a aids que se evidencia a partir dela e ganha outra corporeidade, desta vez discursiva,[23] instaurando uma ordem, anunciando o que deve ser entendido como aids, sexo e prevenção.

Em decorrência dessas reflexões, três palavras-chaves orientaram as investidas de pesquisa: aids, publicidade e discurso. Observadas separadamente, cada uma dessas palavras aponta universos absolutamente múltiplos em interpretações. Como reconciliá-los? Quantas são as aids ou Aids ou AIDS?

Em seu livro *Comunicação e discurso*, Milton José Pinto, pesquisador brasileiro da linguagem e da produção de sentido, diz que uma síntese das possibilidades metodológicas da realização de análises discursivas é, no mínimo, difícil, para não se dizer impossível:

Pela quantidade e pela diversidade de enfoques, fica difícil, ou mesmo impossível, repertoriar ou fazer uma síntese de todas as tendências ou correntes que hoje em dia se interessam em fazer algum tipo de análise de discursos. Mesmo o próprio entendimento do que seja discurso varia muito entre esses diferentes enfoques [...].[24]

Considerando algumas das principais tendências ou correntes que se definem metodologicamente como análises discursivas, Milton José Pinto chegou a um interessante esquema tentativamente classificatório e identificou alguns eixos referenciais que caracterizariam, por sua presença ou ausência, os tipos de análise. De acordo com o autor, as análises discursivas poderiam ser:

1) dependentes ou independentes do contexto; 2) explicativas e críticas (no sentido da filosofia crítica de origem marxista, mas também de avaliação de eficácia do processo comunicativo no contexto situacional imediato), ou apenas descritivas; 3) que desconfiam da letra do texto e procuram relacioná-lo às forças sociais ou psíquicas que o moldaram, ou que mantêm a análise na superfície, por nela confiarem; 4) que interpretam

---

[23] FAUSTO NETO, Antônio. *Comunicação e mídia impressa*: estudo sobre AIDS. São Paulo: Hacker, 1999 (Comunicação).

[24] PINTO, Milton José. *Comunicação e discurso*. São Paulo: Hacker, 1999. p. 9 (Comunicação).

Introdução – Idéias para começar

conteúdos, ou trabalham apenas com marcas formais; 5) que usam ou não um conceito de ideologia (marxista ou não) par e par com o conceito de discurso; 6) que analisam textos isolados, ou trabalham comparativamente; 7) que usam técnicas estatísticas ou não, como instrumento de contextualização; 8) que realizam um trabalho prévio de transcrição normativa dos textos em categorias semânticas ou sintáticas padronizadas, ou trabalham com marcas formais da superfície textual tal como ele se apresenta.[25]

Utilizando esse quadro de referência, pode-se dizer que a análise proposta aqui depende do contexto, é crítica, desconfia da letra do texto e a relaciona com as forças sociais, vasculha os conteúdos como uma etapa do processo interpretativo, apropria-se da ideologia como constitutiva do sentido, utiliza comparações, não utiliza a técnica estatística, embora eventualmente a mencione como dado contextualizador de uma determinada informação, e explora alguns aspectos formais. É um estudo interessado no sentido produzido entre interlocutores, rejeitando o modelo básico da teoria da informação que restringia a noção de discurso ao conceito de mensagem:

Não se trata de transmissão de informação apenas, pois, no funcionamento da linguagem, que põe em relação ao sujeito e sentidos afetados pela língua e pela história, temos um complexo processo de constituição desses sujeitos e produção de sentidos e não meramente transmissão de informação. São processos de identificação do sujeito, de argumentação, de subjetivação, de construção da realidade etc. [...] A linguagem serve para comunicar e para não comunicar. As relações de linguagem são relações de sujeitos e de sentidos e seus efeitos são múltiplos e variados. Daí a definição de discurso: o discurso é efeito de sentidos entre interlocutores.[26]

Ao pensar assim o fazer publicitário, conseqüentemente foram recusados os pressupostos da análise de conteúdo e das "teorias de campanha" publicadas e aplicadas sob o paradigma funcionalista. As campanhas passam a ser vistas como um mundo de coisas, como o real a ser "desfolhado" descrito pelo pesquisador Sebastião Trogo,[27] pois interpretar é desfolhar o real:

Parece que todo esforço da filosofia tem sido *descascar esta cebola que é o mundo*, no afã de lhe encontrar o suporte, a substância, o núcleo. Outra metáfora que vai

---

[25] Ibidem, p. 9-10.

[26] ORLANDI, Eni Puccinelli. *Análise de discurso*: princípios e procedimentos. São Paulo: Pontes, 1999. p. 21.

[27] TROGO, Sebastião. Prefácio. In: MELO, Hygina Bruzzi de. *A cultura do simulacro*: filosofia e modernidade em J. Baudrillard. São Paulo: Loyola, 1988. p. 10 (Col. Filosofia 7).

no mesmo sentido é de que o visível deite raízes no invisível, o passageiro, no eterno, o movimento, no repouso, o relativo, no absoluto, de tal sorte que *a interpretação do real é um ato permanente de ultrapassagem.* (grifos nossos)

Por meio desse desfolhear, o que se quer é compreender os sentidos, as lógicas e os pressupostos que constituem o todo, núcleo e cascas, que permitem que uma campanha publicitária de prevenção à aids faça sentido. A descoberta dá-se em níveis diversos de leitura porque o sentido não reside nesta ou naquela camada: ele transita por elas. Quais são os sentidos possíveis, os mais visíveis e os menos evidentes no discurso publicitário de prevenção à aids do Ministério da Saúde? Como esses sentidos legitimam determinadas percepções acerca da aids?

Como técnica de pesquisa para essa incursão, foi utilizado o "método das seis leituras", projeto experimental de interpretação desenvolvido pelo pesquisador Sérgio Dayrell Porto na Faculdade de Comunicação (FAC) da Universidade de Brasília (UnB), ao longo de seu estudo de *chats* na internet com um grupo de pesquisadores. O próprio autor dá a melhor definição dos motivos que o levaram a investir no referido projeto de interpretação:

b) Por que nos apropriamos, à nossa maneira, das técnicas de análise de discurso mescladas às técnicas da hermenêutica? Os manuais, se é que eles existem, não dão a pista de como interpretar e analisar textos e discursos. Com alguns bons anos de prática de pesquisa em Ciências Sociais, no campo específico da Comunicação, e sempre interpretando algo que os discursos e os textos nos passam do real – e agora do dito virtual –, o que notamos é a ausência de métodos com técnicas definidas e expostas, ficando, na maior parte das vezes, a cargo do pesquisador experiente a montagem de sua grade exploradora. E assim como fazem outros colegas pesquisadores, de renome e importância nessa análise de textos, o que importa é a construção de técnicas, umas vindas de um setor, outras de outro, e que somadas e multiplicadas podem dar, em seu conjunto, um resultado significativo de monta. [...] Em diversas oportunidades, eles [pesquisadores] manifestaram essa necessidade construtora de projetos individuais interpretadores.[28]

Avaliou-se que essa técnica tinha a inquietude dos fenômenos geralmente estudados na comunicação, produtos culturais sem valor "erudito" que, justamente por isso, traduzem, num retrato mais sensível, o mundo contemporâneo. Como capturar o "acontecimento"[29] no discurso dos meios de

---

[28] PORTO, Sérgio Dayrell. *Sexo, afeto e era tecnológica*: um estudo dos *chats* na internet. Brasília: Editora Universidade de Brasília, 1999. p. 73-74.

[29] PÊCHEUX, Michel. *O discurso*: estrutura ou acontecimento. São Paulo: Pontes, 1990.

Introdução – Idéias para começar

comunicação de massa sem a criação de instrumentos flexíveis? A publicidade de prevenção à aids é exemplo de objeto de pesquisa tão profano quanto a técnica das "seis leituras". Talvez por isso a associação entre ambos tenha sido tão produtiva para a análise. "Seis leituras", mas não seis "gavetas", pois não se trata de uma mera categorização. Talvez fosse melhor falar em seis momentos, em seis auges do processo interpretativo, os cumes que se atinge:

Essas leituras, embora independentes, não se excluem, mas se interpenetram, compreendem-se a si mesmas, são solidárias, umas com as outras. Isso possibilita, por exemplo, que tanto se faça uma leitura após a outra ou que se volte à Segunda, e se passe à Quarta e assim por diante. O método e as técnicas aqui previstos acolhem essas idas e vindas, além de não requererem obediência rígida a uma gramática.[30]

A seguir, a descrição de cada uma das "seis leituras" e sobre como foram utilizadas neste estudo sobre a publicidade e o sexo seguro:

- **Primeira leitura – Polissêmica/Literária:** diz respeito aos primeiros momentos da pesquisa, mas se repete ao longo do trabalho. Remonta à primeira visualização das campanhas, quando as impressões mais livres sobre o objeto foram anotadas. Foram assistidos 64 filmes e observadas inúmeras peças impressas, bem como documentos, numa postura muito próxima à adotada no *brainstorm*[31] dos publicitários:

Deixar-se levar pelo próprio texto, sem reprimir a polissemia (a multiplicidade de sentidos) própria de um texto literário. Dedicar-se a uma leitura silenciosa, sem compromissos com possíveis paráfrases (sentidos já estratificados, sentidos que se mantêm e se repetem, sentidos originais e intencionais, metafrases) dos locutores envolvidos no diálogo. Fazer o livre jogo da palavra. Os sentidos irão fatalmente brotar, o campo ainda é o da intuição e o da inteligência sensível. Os publicitários irão refestelar-se nesse prato, poderão praticar o seu famoso *brainstorm* ou chuva de idéias sem qualquer sentido de repressão. [...] e o que vier em forma de pensamento será válido guardar. Caso esteja em grupo, o trânsito de idéias interpretativas é o mais recomendável.[32]

---

[30] PORTO, 1999, p. 79.

[31] *Brainstorm*: é a estratégia de imersão para a produção de idéias criativas que, na agência de publicidade, consiste em uma reunião entre os publicitários criativos para o levantamento de temas, títulos, *slogans* e estratégias para a comunicação de um determinado cliente.

[32] PORTO, Sérgio Dayrell. *Sexo, afeto e era tecnológica*: um estudo dos *chats* na Internet. Brasília: Editora Universidade de Brasília, 1999. p. 75.

- **Segunda leitura – Parafrástica/Científica:** representa o ato do pesquisador que provoca o diálogo entre suas idéias e aquelas que o antecederam, retirando o objeto que o interessa do vazio social, histórico, ideológico. Cumpriu-se essa etapa, por exemplo, realizando a pesquisa documental e bibliográfica sobre o tema aids e publicidade e compreendendo como o momento político vivido no Brasil marcava as mensagens analisadas:

Fazer nova leitura a partir de uma hipótese formulada ou de diversas perguntas que se podem fazer explicitamente ao texto. A finalidade é obter algumas respostas que possam confirmar ou negar previamente nossas indagações. O leitor e os sujeitos interlocutores já se identificam historicamente situados. Pelo senso de paráfrase, presumo que se possa repetir no texto alguma suposição que já defini *a priori*, e pelo senso da ciência não gostaria que o texto falasse livremente, preferiria mesmo que estivesse vinculado a algum paradigma, fizesse parte de alguma corrente de pensamento devidamente identificável, se propusesse a determinados objetivos verificáveis pela pesquisa. É o momento de se buscar as intenções dos interlocutores, ver em que medida inovam, em que medida insistem nas mesmas idéias. Identificar as idéias prenhes (ricas de sentidos). Para os ainda interessados na "análise de conteúdo", é o momento em que esse tipo de pesquisa tradicional na comunicação pode ser de alguma serventia [...].[33]

- **Terceira leitura – Arqueológica:** marcou a reflexão sobre as matrizes discursivas da publicidade por meio do estudo de seus manuais de redação e do modo como a saúde havia sido apropriada pela fala publicitária antes das campanhas de prevenção à aids. Houve o levantamento de uma cronologia de fatos científicos e das conquistas da medicina, que foi determinando, em grande parte, as novas leituras sobre a aids. Momento em que os trabalhos de Susan Sontag, Herbert Daniel, Richard Parker, entre outros, foram particularmente importantes:

Buscar referências documentais, históricas e contextuais do texto, dedicando-se à função simbólica da narrativa (que símbolos, que palavras – convencionadas – estão sendo usados pelos interlocutores e como se desenvolveram durante um tempo que possa uni-los, ou não). Buscar as malhas (as tramas) nodais, fundamentais, os fios de montagem, as malhas básicas que sustentam a narrativa, assim como outras malhas, tecidos visíveis no texto.[34]

---

[33] Ibidem.

[34] Ibidem, p. 76.

Introdução – Idéias para começar

- **Quarta, quinta e sexta leituras – Enunciativa, Argumentativa e do Acontecimento**: a aplicação destas três últimas leituras ocorreu em uma seqüência fluida. A Leitura Enunciativa permitiu interpretar os enunciados e identificar as vozes que falavam por meio deles, por exemplo, na coleta e na análise dos depoimentos dos publicitários.

[...] Ter em mente os enunciadores principais e aqueles que são apenas figurantes, ou até sujeitos ausentes. [...] É o momento do dizer, por intermédio dos sujeitos da enunciação, dos sujeitos dos enunciados e dos sujeitos das formações discursivas.[35]

Já o mergulho nas imagens e nas palavras das campanhas se deu pela Leitura Argumentativa e constituiu um dos esforços finais do trabalho, isto é, a análise em sentido restrito: o que afinal dizem as campanhas? Realiza-se a Leitura Argumentativa sempre que o pesquisador tenta perceber em que momento e como os modos de dizer configuram o referente. Por meio do estudo da organização lingüística é possível identificar como a publicidade se orienta por determinados caminhos enunciativos e como tenta impor uma determinada identidade para a aids. Na busca de estratégias enunciativas da publicidade, foram encontradas autênticas peças de retórica, baseadas nos mecanismos sutis da sedução dos *slogans*.

[...] Analisar como essas idéias são defendidas pelos sujeitos da enunciação e dos enunciados, a sua força argumentativa, baseando-se mais no sentido lógico ou no lado comovente da retórica.[36]

A leitura do Acontecimento, sexta e última leitura, foi uma conseqüência dos cumes interpretativos precedentes. Qual o acontecimento das campanhas de prevenção à aids do Ministério da Saúde? Nesta análise do processo de elaboração e veiculação das campanhas publicitárias de prevenção à aids pelo governo federal, contemplando diversos aspectos, como o âmbito político e epidemiológico das campanhas, entendeu-se que o acontecimento discursivo estava na emergência de uma existência radicalmente publicitária para a aids – o acontecimento de uma aids anunciada:

O momento do acontecimento é aquele do encontro da estrutura da linguagem com a história, em que se nota o esquecimento ou a imposição ideológica, momento da fratura discursiva, aquele em que aparece com cores nítidas a ilusão dos sujeitos

---

[35] Ibidem, p. 76-77.

[36] Ibidem, p. 77.

envolvidos. [...] o momento de detectar e clarear essas práticas de um mesmo sujeito, não como contraditórias, mas a serviço de ideologias e públicos distintos. Encontrar a exterioridade do texto em seu contexto, no vão dos interdiscursos, onde a presença do outro sempre evidenciará as marcas de um novo acontecimento.[37]

O tema "aids e publicidade" é estudado desde a monografia de graduação. Ao elaborar o projeto de mestrado e optar por mais um desafio acadêmico, resgatou-se, imediatamente, a monografia realizada no final do curso. Por que continuar desfolhando o mesmo objeto? Bem, a história de um objeto de pesquisa também é a história do seu pesquisador. O tema e a linha de pesquisa desenvolvidos neste livro foram provocados na época da graduação por dois fatores: as discussões no grupo PET[38] da Capes, por meio do intercâmbio de professores e alunos com outras instituições, e o *boom* midiático publicitário da aids no final dos anos 1980, início dos anos 1990, ao qual todos estiveram expostos como telespectadores. Esse cenário motivou a realização da monografia de final de curso sobre o tema "Aids, TV e mulher", na qual se observaram três filmes[39] de trinta segundos da campanha "Quem se ama se cuida" (1995), do Ministério da Saúde, dirigida às mulheres.

A crítica do referido trabalho monográfico revelou a possibilidade de uma nova investida. Com o olhar mais amadurecido, percebeu-se que as peças analisadas diziam mais: por meio das campanhas de prevenção veiculadas, o governo estava tomando sua visibilidade nacional (anúncios) como parâmetro para o cumprimento da sua responsabilidade social (o dever da saúde pública). Assim, as campanhas publicitárias de prevenção à aids do Ministério da Saúde puderam tomar a forma de um objeto de pesquisa relevante como um exercício a ser continuado.[40] O prosseguimento dessa

---

[37] Ibidem, p. 78.

[38] A participação como bolsista do Programa Especial de Treinamento (PET) ocorreu entre 1994 e 1995 na Faculdade de Comunicação da UFSM. O PET é um projeto da Capes voltado para a excelência da formação de recursos humanos, por meio do qual um grupo publicamente selecionado de alunos é coordenado por um professor "tutor". O grupo recebe uma bolsa mensal e realiza leituras, discussões, trabalhos de campo, organiza eventos, entre outras atividades acadêmicas e de pesquisa. A polêmica expressão "treinamento" explicita o interesse do programa em garantir, já na graduação, a futura opção dos alunos pela trajetória acadêmica, pelo mestrado, pelo doutorado, pela pesquisa e pelo magistério de ensino superior.

[39] "Filme publicitário" é uma expressão que não identifica, necessariamente, a utilização de película na capturação das imagens. O sinônimo é próprio do jargão profissional do mercado publicitário.

[40] Inicialmente, o paralelo com as campanhas publicitárias internacionais, de outros governos, pareceu instigante e chegou-se a cogitar a ampliação do *corpus,* mas optou-se por centralizar a análise no exemplo brasileiro dos filmes. A abordagem exclusiva das campanhas do Ministério da Saúde do Brasil trouxe observações e conclusões que poderão servir como referencial para um futuro comparativo com outros países.

Introdução – Idéias para começar

problematização em nível de mestrado levou a algumas observações sobre as limitações da publicidade na trajetória da epidemia. Da reflexão sobre essas observações resultou a hipótese que orientou a dissertação: a existência de uma aids anunciada.

Para a versão deste livro, houve uma adaptação do texto original da dissertação de mestrado, defendida em agosto de 2000 no Programa de Pós-Graduação em Comunicação da Universidade de Brasília. Números e fatos importantes, por exemplo, foram atualizados e houve a inserção de uma nota final reunindo rápidas impressões sobre as campanhas veiculadas depois do ano 2000. O conteúdo, porém, permaneceu dividido em três partes, literalmente Parte 1, Parte 2 e Parte 3. Uma forma de aludir à condição de incompletude dos dizeres. Afinal, dissertação ou livro, textos não são mais que registros efêmeros de algumas partes do todo. Como diz Eni Orlandi:

> [...] esta incompletude da linguagem não deve ser pensada em relação a algo que seria (ou não) inteiro, mas antes em relação a algo que não se fecha.
>
> Consideremos o fato de que o dizer é aberto. É só por ilusão que se pensa poder dar a "palavra final". [...] O sentido está (sempre) em curso.[41]

Na Parte 1, estão indicados os cenários em que as ações publicitárias do Ministério da Saúde aconteceram. Foram privilegiados o histórico da prevenção de DST e aids, os documentos internos que expõem a lógica dos financiamentos internacionais, o organograma, com os departamentos e as funções, bem como as informações mais recentes sobre os procedimentos que constituem a feitura de uma campanha de prevenção. As descrições encontradas nessa parte são minuciosas, detalhistas e documentam pequenos e significativos marcos. Os registros encontrados remontam à história da epidemia no Brasil.

Na Parte 2, a ênfase é analítico-descritiva. As peças veiculadas nos anos 1980 e nos anos 1990, às quais se teve acesso autorizado pelo Ministério da Saúde, foram categorizadas e contextualizadas na época de sua veiculação. Essa tarefa exigiu grande esforço de pesquisa em função da ausência de dados importantes nos acervos consultados. O acervo não foi adequadamente conservado e, ao longo dos anos, peças gráficas e eletrônicas foram completamente perdidas. Apesar da enorme dificuldade, o trabalho de recomposição da memória da comunicação para a aids foi possível, o que torna o presente livro uma forma de compartilhar esse levantamento original empreendido durante

---

[41] ORLANDI, Eni Puccineli. 1. O trabalho da interpretação. *Interpretação*: autoria, leitura e efeitos do trabalho simbólico. Rio de Janeiro: Vozes, 1996. p. 11.

as pesquisas de 1994 a 2000. Para construir um olhar sobre a aids, também foram entrevistados profissionais de publicidade que já trabalharam em campanhas de prevenção à aids; e ainda realizou-se contato com organizações não governamentais (ONGs) ligadas à questão da epidemia; além do estabelecimento de diálogo com funcionários do governo federal direta ou indiretamente envolvidos com a produção das campanhas.

Para as entrevistas com os publicitários, elaborou-se um roteiro de perguntas, mas a ordem rígida dos tópicos não foi seguida, possibilitando que o perfil do entrevistado, largamente marcado por sua função na agência de publicidade (atendimento, mídia, criação, produção), como esperado, priorizasse esta ou aquela problematização. A ênfase qualitativa na realização e na análise das perguntas tentou um desenho mais sensível dos profissionais de propaganda que elaboram ou elaboraram campanhas publicitárias para o Ministério da Saúde. Os contatos com as ONGs também foram diversos. Com o Gapa[42] de Salvador, no Estado da Bahia, trocou-se e-mail, fax, telefonemas, remessas pelos correios. Já com o Gapa de Brasília, DF, estabeleceu-se uma relação mais próxima, por meio da realização do treinamento de voluntários e da atuação no atendimento do "Disque-aids", além da participação de outras iniciativas educativas da ONG.

As idéias expostas na Parte 3 estão baseadas em leituras diversas sobre análise de mídia e processos de significação, principalmente a partir de Michel Pêcheux, Foucault, Mangueneau, Eni Orlandi e também de Antônio Fausto Neto, Milton José Pinto e Sérgio Dayrell Porto. A partir delas, refletiu-se sobre as etapas anteriores da pesquisa, buscando perceber como a aids e seus correlatos (a idéia de sexo seguro, por exemplo) são ditos (não-ditos e malditos) nas campanhas do Ministério da Saúde. É a parte que registra a busca de uma compreensão mais crítica (nem por isso pessimista) e também mais propositiva (nem por isso ingênua) sobre a adequabilidade e a inadequabilidade do discurso publicitário para a prevenção da aids e, portanto, para a promoção dos interesses públicos.

Funcionários do Ministério da Saúde, publicitários, voluntários da causa da aids, pesquisa documental, análise das campanhas. O ponto de vista dos produtores foi privilegiado. E os telespectadores, leitores e ouvintes, cidadãos semi-analfabetos, machistas, mulheres traídas, crianças soropositivas, prostitutas, foliões, o brasileiro não especializado para os quais as campanhas são feitas? E a recepção dos meios, a fala de quem, efetivamente, fez e faz as campanhas, quem deu e dá sentido a elas?

---

[42] "Gapa" é a sigla para Grupo de Apoio à Prevenção da Aids, ONG que surgiu em 1985, em São Paulo, "Pioneiro na luta pelos direitos da cidadania, o Gapa possui hoje ramificações em todo o país, mantém um sistema de informações sobre Aids para o público em geral e presta assistência psicossocial e legal às pessoas com aids" (PINEL, 1996, p. 43).

Introdução – Idéias para começar

35

Outras metodologias contemplariam de modo mais central a questão da recepção. Isso não significa, porém, que a questão da recepção tenha ficado à margem. Embora esse trabalho tivesse como principal desafio uma análise qualitativa da produção de textos publicitários, o processo de comunicação foi entendido como um vir a ser dinâmico, que está sempre "em curso", para retomar a etimologia da palavra "discurso". É nos silêncios e nos interditos e nas transformações de enunciados das campanhas que as relações comunicativas de recepção estão presentes. A ressalva faz-se necessária, à medida que a análise esteve focada nos sujeitos produtores e talvez isso possa sugerir a escolha de um lugar metodológico identificado com a matriz que atribui ao processo comunicativo dois pólos estanques, o da produção e o da recepção. A comunicação, porém, é processo assimétrico, no qual pode ocorrer a vivência simultânea do papel de "produtor" e de "receptor".

Assim, a reflexão sobre a recepção marcou toda a pesquisa como, por exemplo, na crítica da definição mercadológica do "público-alvo". Cada anúncio recebe, *a priori*, pelas mãos da indústria publicitária, uma tarefa comunicativa principal para cumprir na mídia. Espera-se desta e daquela campanha resultados como lançar um produto ou favorecer determinada imagem institucional. Na definição de uma abordagem e de um objetivo de comunicação, a recepção da mensagem também é construída *a priori*: há um público-alvo que precisa ser representado. Quando o profissional de publicidade redige um texto, planeja a imagem para a TV ou para a revista, parte de uma indicação mercadológica como *briefings*,[43] além de dados de consumo e mídia dos institutos de pesquisa como Ibope[44], IBGE,[45] Abipeme,[46] tudo

---

[43] *Briefing* é o documento que resume – daí seu nome, do inglês – as informações sobre o cliente e seus problemas de comunicação, orientando a elaboração de uma campanha publicitária.

[44] O Ibope – Instituto Brasileiro de Opinião Pública e Estatística –, fundado em 1942, foi o primeiro instituto de pesquisa de mercado da América Latina. No Brasil, é um instituto de pesquisa tão popular que virou gíria: "dar ibope" passou a significar "fazer sucesso".

[45] Os dados fornecidos pelo IBGE – Instituto Brasileiro de Geografia e Estatística –, embora sejam largamente utilizados pelo mercado publicitário, nem sempre respondem às necessidades do planejamento de *marketing*, tendo em vista que os dados estatísticos não permitem a construção do "retrato psicológico" do público-alvo de uma campanha. De acordo com a informação que se deseja obter sobre o consumidor, opta-se pela realização de pesquisa qualitativa, como grupos focais, e de consultas a relatórios privados sobre comportamento de compra.

[46] A Abipeme – Associação Brasileira de Institutos de Pesquisa de Mercado, fundada em 1974, é uma sociedade civil, de direito privado, com fins não lucrativos, cujos sócios são pessoas jurídicas (institutos e empresas prestadoras de serviços de pesquisa de mercado e opinião pública brasileiras).

isso para antecipar o receptor e criar sua representação. Os rostos exibidos, os ambientes cenográficos e as cores exploradas sinalizam que a mensagem está dirigida para um modelo de receptor com o qual o cidadão pode ou não se identificar. É um espelho invertido, que mostra o que não se é, mas o que se pode ser ou se quer ser: basta consumir. Assim, desconstruir uma campanha é sempre revelar leitores ideais presumidos pelo anunciante. Houve uma tentativa nesta pesquisa de identificar quem é o outro nas campanhas aos olhos do Ministério da Saúde, das ONGs e, especialmente, dos publicitários. Sob outro ponto de vista, o próprio publicitário que produz anúncios também é receptor, pois os consome: ele faz parte de uma sociedade de consumo e, ao comungar os valores de seu grupo social (*status* e poder), incorpora a seu modo de vida os mesmos valores simbólicos que ajuda a atribuir aos produtos (usa gravatas coloridas, produtos importados, viaja para os festivais internacionais de publicidade).[47]

Como os *publicitários* percebem o leigo em *propaganda*?

Sobre o uso indistinto dos termos publicidade e propaganda, é fundamental ressaltar que embora "publicidade" e "propaganda" remontem a etimologias distintas são utilizadas aqui como sinônimos. No *Dicionário de comunicação*, publicado nos anos 1970 por Carlos Alberto Rabaça e Gustavo Barbosa, uma das primeiras publicações que documentou e sistematizou o vocabulário do mercado de comunicação brasileiro, está dito que:

No Brasil e em alguns países de língua latina, as palavras *propaganda* e *publicidade* são geralmente usadas com o mesmo sentido, e essa tendência parece ser definitiva, independentemente das tentativas de definição que possamos elaborar em dicionários ou em livros acadêmicos. Em alguns aspectos, porém, pode-se perceber algumas distinções no uso das duas palavras: em geral, não se fala em *publicidade* com relação à comunicação persuasiva de idéias (nesse aspecto, *propaganda* é mais abrangente, pois inclui objetivos ideológicos, comerciais, etc.); por outro lado, a *publicidade* mostra-se mais abrangente no sentido de divulgação (tornar público, informar, sem que isso implique necessariamente persuasão). [...] O conceito de *propaganda* esteve essencialmente ligado a um sentido eclesiástico até o século XIX, quando adquiriu também um significado político (continuando a designar o ato de disseminar ideologias, de incutir uma idéia, uma crença na mente alheia). Por outro lado, a palavra *publicidade*, calcada no francês "publicité" e proveniente do latim "publicus" = público [...] adquiriu, no século XIX, também um significado comercial: qualquer forma de divulgação de produtos ou serviços através de *anúncios* geralmente pagos e veiculados sob a responsabilidade de um *anunciante* identificado, com objetivos de interesse comercial.

---

[47] ROCHA, Everardo. *Magia e capitalismo*: um estudo antropológico da publicidade. 3. ed. São Paulo: Brasiliense, 1995. p. 45.

Introdução – Idéias para começar

[...] Na legislação pertinente ao exercício profissional da propaganda, percebe-se o uso às vezes confuso dos dois termos: a lei define como *publicitários* os que exercem funções artísticas e técnicas "relacionadas à propaganda", e como *agenciadores de propaganda* os que a encaminham a veículos; define *agência de propaganda* como especializada nos métodos, na arte e na técnica "publicitários", para criar, executar e distribuir "propaganda" (seria isso apenas um jogo de sinônimos para evitar repetições?) [...] E as expressões "agência de propaganda" e "agência de publicidade" são usadas indistintamente.[48]

O recente manual *Propaganda de A a Z: como usar a propaganda para construir marcas e empresas de sucesso*, publicado nos anos 1990 por Rafael Sampaio, deixa evidente já no título que, mais de vinte anos depois, o uso consagrou "propaganda" como sinônimo de "publicidade". Os pontos em comum das duas práticas são cada vez maiores no que se refere às técnicas utilizadas, à configuração do mercado e às mensagens, levando à reiteração dos referidos termos como sinônimos imediatos. O autor, tomando como pressuposto a naturalização dessa equivalência, não incluiu no glossário de seu livro os verbetes "publicidade" e "propaganda". Sua única ressalva foi para o termo "propagandista", que significa "profissional que faz propaganda pessoalmente para um consumidor ou intermediário" (SAMPAIO, 1999, p. 353).

A figura do "propagandista" remonta à memória dos vínculos entre o campo da comunicação, especialmente da publicidade, e o campo da saúde, sobre os quais se está refletindo, pois um dos principais exercícios da atividade de "propagandista" é divulgar laboratórios e medicamentos aos médicos, um trabalho que permanece sendo largamente executado. A figura controversa do "propagandista" motivou o estudo do pesquisador José Gomes Temporão intitulado *A propaganda de medicamentos e o mito da saúde*.[49] Publicado no final dos anos 1980, o livro é uma rica e original investigação sobre o *marketing* da indústria de medicamentos e a responsabilidade social dos meios de comunicação na vulgarização da automedicação.

As campanhas veiculadas pelo governo, embora promovam idéias, adesões, valores e possam ser reconhecidas como "propaganda social" por seu conteúdo, "voltada para as causas sociais" (PINHO, 1991, p. 30), também apresentam estética e rotinas de elaboração e avaliação idênticas às da "publicidade comercial". O que é relevante perceber é que a divulgação de um produto e a afirmação de valores sociais estão, na verdade, sempre emaranhadas, provocando uma outra visão de

---

[48] RABAÇA, Carlos Alberto; BARBOSA, Gustavo. *Dicionário de comunicação*. Rio de Janeiro: Codecri, 1978. p. 378-379.

[49] TEMPORÃO, José Gomes. *A propaganda de medicamentos e o mito da saúde*. Rio de Janeiro: Graal, 1986. No governo Lula, Temporão assumiu o posto de ministro da Saúde.

38 Aids anunciada: a publicidade e o sexo seguro

mundo. São as conseqüências simbólicas dessa ideologia que justificam a análise de campanhas. No famoso *Mitologias*, Roland Barthes (1987), ao escrever sobre "Saponáceos e detergentes", lembra que, antes da publicidade, a percepção sobre a roupa era bem menos imaginativa:

O *Omo* utiliza dois desses estados, bastante recentes na ordem dos detergentes: o profundo e o espumoso. Dizer que *Omo* limpa em profundidade (ver o sainete do Cinéma-Publicité) equivale a dizer que a roupa é profunda, o que nunca se pensara antes, e que incontestavelmente a magnifica e a estabelece como objeto sedutor perante os obscuros impulsos de envolvimento e carícia que existem em todo o corpo humano.[50]

Só é possível que a roupa mergulhada no sabão em pó seja convertida em um objeto sedutor porque existe um fugidio discurso que o configura como tal. É por meio da persuasão que, como o príncipe troiano Páris, o indivíduo é seduzido pela beleza e traído pelo desejo.[51] "A sedução é a forma ultramoderna da troca simbólica."[52] Mas, apesar da adesão às idéias e do ato de consumo de produtos, nunca o sujeito realiza o ideal anunciado.

Voltando à questão dos termos, será usada preferencialmente a grafia "aids" ou "Aids" e nunca "AIDS", exceto em citações. É a aids fenômeno de linguagem que interessa aqui. Uma idéia sintetizada nas palavras do escritor Herbert Daniel, vítima da epidemia e um de seus mais sensíveis pensadores:

[...] [aids] substantivo comum que se refere a um complexo de epidemias que provoca um impacto social muito mais vasto do que um simples diagnóstico possível num corpo individual ou mesmo no corpo de milhões de indivíduos.[53]

---

[50] BARTHES, Roland. Saponáceos e detergentes. *Mitologias*. São Paulo: Difel, 1987. p. 30.

[51] Na mitologia grega, o príncipe troiano Páris recebeu de Zeus a incumbência de presidir um concurso de beleza entre as deusas Hera, Afrodite e Atenas. O jovem e inexperiente Páris escolheu Afrodite, que lhe prometeu como esposa a mais linda mulher mortal, levando-o a Helena, rainha de Esparta, que já era casada com Menelau. A Guerra de Tróia teria começado com a revolta do marido traído e culminado com a destruição total da cidade e seus governantes. "Foi este o julgamento de Páris, célebre por toda parte como verdadeira causa da Guerra de Tróia" (HAMILTON, Edith. "Prólogo: o julgamento de Páris". *Mitologia*. Trad. Jefferson Luiz Camargo. São Paulo: Martins Fontes, 1995. p. 269).

[52] MELO, Hygina Bruzzi de. *A cultura do simulacro*: filosofia e modernidade em J. Baudrillard. São Paulo: Loyola, 1988. p. 229 (Col. Filosofia 7).

[53] DANIEL, Herbert; PARKER, Richard. Apresentação. *Aids*: a terceira epidemia. São Paulo: Iglu, 1991. No Brasil, a grafia "aids" é a mais utilizada, não só pelos movimentos sociais, mas também pelo Ministério da Saúde.

Parte 1

A aids vira uma campanha

Parte 1 – A aids vira uma campanha

Não existe vírus da aids. Toda a argumentação científica sobre o HIV e mesmo as disputas de autoria por sua descoberta entre os pesquisadores Robert Gallo e Luc Montagnier, uma história que até o cinema resolveu contar,[1] são ações apenas interessadas em estimular a rentável indústria de medicamentos. A aids não passa de uma epidemia pós-moderna, um conjunto de reações adversas ao perverso modo de vida contemporâneo.

Tais idéias do pesquisador Peter Duesberg não representam a hegemonia do pensamento científico sobre a aids. Há seguidores entre os estudiosos, mas eles são duramente criticados por aqueles membros que representam o pensamento oficialmente aceito no mundo todo.

A teoria de uma aids sem vírus, na opinião de pesquisadores como Jacyr Pasternak, médico brasileiro reconhecido internacionalmente nos estudos da aids, é uma prova de que Peter Duesberg pertence a um grupo desautorizado de cientistas:

[...] os cientistas que querem chocar o mundo, como Duesberg, e que inventam que o HIV não é a causa da Aids, o que faria qualquer investigador clínico cair na gargalhada, já que se alguma coisa está estupidamente bem estabelecida é que a Aids é a doença causada pelo HIV...[...][2]

---

[1] Após acusações mútuas, os pesquisadores Robert Gallo e Luc Montagnier foram reconhecidos como co-autores na descoberta do vírus da aids. Gallo, que trabalhava no Instituto Nacional de Câncer dos Estados Unidos, divulgou a descoberta do HTLV-3 um ano depois que, na França, Luc Montagnier, do Instituto Pasteurs, de Paris, havia anunciado o LAV. A disputa entre os Estados Unidos e a França pelo registro da autoria sobre a descoberta do rebatizado HIV foi abordada no filme *And the band payed on*, traduzido no Brasil como *E a vida continua*, com direção de Roger Spottiswoode e roteiro de Arnold Schulman. É a versão para o cinema do livro publicado em 1987, com o mesmo título, escrito por Randy Shilts, considerada até hoje a melhor crônica sobre o curso da aids. No filme, uma equipe de cientistas norte-americanos é acompanhada nos anos 1980 até o início da década de 1990. São referidos acontecimentos que fizeram a história da aids, como o fechamento das saunas de San Francisco e as grandes passeatas em memória das vítimas. O pesquisador Gallo é interpretado como desonesto e vaidoso. Mesmo fora da comunidade de aids, o filme é uma produção razoavelmente conhecida. De qualquer forma, uma grande referência do tema aids no cinema é ainda o hollywoodiano *Philadelphia* (1993), que ganhou o Oscar e foi dirigido e roteirizado por Jonathan Demme e Ron Nyswaner. *Filadélfia*, como foi comercializado no Brasil, contou a história de um jovem e prestigiado advogado, Andrew Beckett (Tom Hanks), que exibe os sintomas da aids e é demitido em função disso. Determinado a defender sua reputação profissional, Andrew contrata o brilhante advogado John Miller (Denzel Washington) para processar a empresa. O advogado, que é negro, reconhece-se na injusta discriminação, mas, para aceitar o caso, confronta-se com seus preconceitos em relação à aids e ao homossexualismo, que é mais sugerido que mostrado nas cenas entre Andrew e seu namorado (Antonio Banderas).

[2] Revista da USP. *Dossiê Aids*, São Paulo, USP, n. 33, março, abril e maio de 1997, p. 34.

No entanto, vale destacar o fato de que alguns intelectuais ainda questionam se o vírus existe mesmo. Enquanto isso, o cidadão comum pergunta se aids pega com picada de mosquito; e, assim, a aids, que não é doença, mas síndrome,[3] acumula mais um sintoma: a dúvida. Em se tratando de aids, há sempre muitas perguntas a fazer.

Será mesmo que beijo não pega?

Efetivamente, entre os extremos de sim e não, a aids mantém-se em uma espécie de "zona cinza" de receios e anseios que, embora tenham ficado mais evidentes no começo dos anos 1980, permanecem hoje. Existem dúvidas, sim, mas não é possível imaginar que o Ministério da Saúde leve ao ar, em rede nacional, uma aids vacilante. A teoria do vírus, posição oficial da Organização Mundial da Saúde (OMS), então se afirma.

A existência de um vírus personificando o inimigo nos laboratórios e nos corpos dos pacientes, porém, não foi suficiente para sensibilizar a população. O HIV precisou ser batizado pelos meios de comunicação e ganhar, dessa forma, existência efetiva. Por meio da imprensa brasileira, a aids passou a ser significada como "coisa de americano", um acontecimento fantástico e improvável. Para remontar a esse período, é fundamental citar o estudo *Comunicação e mídia impressa: estudo sobre AIDS*, de Antônio Fausto Neto.[4] A referida publicação é um importante registro da atuação dos meios de comunicação na trajetória brasileira da aids e serviu largamente a este trabalho. Para recompor o cenário político, epidemiológico e social em que as campanhas publicitárias do Ministério da Saúde começaram a veicular, serão citadas aqui diversas manchetes de imprensa que compuseram o *corpus* analisado por Fausto Neto:[5]

---

[3] O uso da palavra "doença" para identificar a aids é coloquial. A aids não é considerada uma doença, mas sim um conjunto de doenças, isto é, uma síndrome, da qual advém a sigla em inglês, *Aids, Adquired Imunologic Deficience Syndrom*, e a sigla em português, utilizada em Portugal e em alguns países de colonização portuguesa, em francês, e espanhol, *Sida*, para *Síndrome da Imunodeficiência Adquirida* ou *Síndrome da Deficência Imunológica Adquirida*. A adoção da sigla em inglês no Brasil diz muito da influência que as coberturas jornalísticas sobre a epidemia nos Estados Unidos tiveram na construção de um imaginário popular acerca da aids.

[4] NETO, Antônio Fausto. *Comunicação e mídia impressa*: um estudo sobre a AIDS. São Paulo: Hacker, 1999 (Comunicação).

[5] A monografia de graduação "Aids, TV e mulher", de 1995, também contribuiu de alguma forma com o seu trabalho e está citada como bibliografia do livro *Comunicação e mídia impressa*: estudo sobre AIDS, publicado por Fausto Neto em 1999, pela editora Hacker, de São Paulo. A maioria das diversas citações de trechos de matérias jornalísticas, que virão a seguir, foram extraídas do *corpus* de pesquisa elaborado por ele sobre imprensa e aids. Teve-se acesso ao material ainda bruto em meados de 1996 por meio da interlocução com o próprio pesquisador.

Parte 1 – A aids vira uma campanha

Cowboy *gay* faz a cavalo campanha contra a Aids

Lee Kitelson, de 35 anos, iniciou ontem mais uma etapa de sua campanha para arrecadar fundos para as pesquisas sobre a síndrome da deficiência imunológica adquirida (Aids) [...]. *O Globo*, 20 de agosto de 1983.

EUA fazem campanha contra pavor ao contágio da Aids

O pavor de contrair a Síndrome da Imunodeficiência Adquirida (Aids) espalha-se pelos EUA [...] levou as autoridades a iniciarem uma campanha urgente. *O Globo*, 19 de agosto de 1983.

A Síndrome da Imunodeficiência Adquirida (Aids) aumenta no Haiti a um ritmo inquietante [...] O Ministro anunciou que, no final deste mês, iniciará uma campanha de informação sobre a doença e os meios de combatê-la. *Correio Braziliense*, 6 de julho de 1986.

As manchetes sobre a aids ganharam a primeira página, e a maioria das notícias dizia respeito ao território estrangeiro, pois uma epidemia ainda não tinha se configurado por aqui. Esse fato foi determinante para que a aids começasse a ser noticiada para o cidadão como "doença do outro". Junte-se a isso a imunidade imaginada em relações heterossexuais românticas e machistas, próprias da cultura brasileira, nas quais "mulher casada está protegida" e "homem ativo na relação homossexual não corre riscos". Tal postura foi marcante naquele período, começo dos anos 1980, quando o governo se manifestou, assumindo o aumento dos índices entre os brasileiros. O primeiro esforço foi convencer a população, já impressionada com a morte dos ricos e famosos do mundo das artes, sobre o risco concreto de ser infectado pelo vírus. A imprensa dividiu-se, então, entre o anúncio dos primeiros casos brasileiros e a cobertura da aids norte-americana:

Há uma tendência entre Brasil e EUA de se converterem em locais com predomínio de transmissão *heterossexual* da Aids, afirmou o especialista Fabio Luelmo. Mas quanto tempo a doença, que inicialmente atinge homossexuais, levará para alterar seu perfil epidemiológico é algo imprevisível. *O Globo*, 24 de agosto de 1988.

[...] O Ministro Roberto Ramos [...] admitiu que o número de doentes com Aids vem crescendo no país com rapidez, mas o Brasil tem podido responder às exigências deste crescimento e o Ministério vem adotando providências para reduzir a incidência desse mal. *Folha de S. Paulo*, 17 de dezembro de 1986.

Até o mês passado [...] Lair Guerra[6] "não sentia" a doença como uma prioridade. Mas alguma coisa mudou [...] uma campanha nacional de prevenção será lançada em março [...]. *Folha de S. Paulo*, 27 de dezembro de 1986.

A situação epidemiológica foi agravada na metade da década de 1980. Em parte, pela desinformação, pela ausência de um programa organizado de prevenção, pela demora da resposta do governo em iniciativas mais claras e incisivas no campo da saúde. De outra parte, os registros dos casos começaram a se tornar mais rigorosos, dando maior visibilidade a uma epidemia até então silenciosa que se espalhava pelas transfusões de sangue. Conseqüentemente, a população exigiu esclarecimentos sobre aids. Época da proliferação de mitos sobre a epidemia e a iminente possibilidade de um pânico brasileiro nos moldes norte-americanos. O cenário de dúvidas e a cobrança por uma resposta do governo não poderiam ser mais adequados para justificar a veiculação de uma campanha de massa:

Campanha anti-Aids será lançada dia 4

É de impacto a campanha de prevenção à Aids que o ministro Borges da Silveira lançará [...] com o *slogan* "Quem vê cara, não vê Aids. Previna-se". A campanha [...] é dirigida aos turistas brasileiros e estrangeiros [...] mas sua mensagem atinge a toda população. *Folha de S. Paulo*, 2 de fevereiro de 1988.

Começa hoje a campanha anti-Aids

[...] objetiva, clara, instrutiva [...] [assim é a] campanha publicitária de prevenção à Aids [...] com o *slogan* "Quem vê cara não vê Aids. Previna-se" [...]. *Folha de S. Paulo*, 4 de fevereiro de 1988.

Campanha contra a Aids usa Drummond

"Não morra de Aids. Use camisinha." [...] [esse é o] *slogan* da campanha contra a Aids que o Ministério da Saúde vai lançar [...] o filme [...] traz uma adaptação do poema "Quadrilha" de Carlos Drummond. *Folha de S. Paulo*, 13 de outubro de 1988.

---

[6] A Drª Lair Guerra de Macedo Rodrigues foi a primeira gestora nacional da unidade do Ministério da Saúde que, mais tarde, se tornaria o Programa Nacional de DST e Aids. Seu pioneirismo é reconhecido até hoje.

Parte 1 – A aids vira uma campanha

Campanha "Não morra de Aids. Use camisinha" (1988)[7]

Desde então, a prática comunicativa da campanha foi incorporada ao calendário de ações do governo e, atualmente, ao menos uma vez ao ano, ou no dia 1º de dezembro, Dia Mundial da Luta contra a aids, ou durante o carnaval, todos viram telespectadores da versão televisiva da prevenção à aids. A freqüência diminuiu, mas a força persuasiva da publicidade permanece sendo reconhecida como estratégia de comunicação fundamental do Programa Nacional de DST e Aids,[8] que, além de sua publicidade, financia materiais informativos em parceria com outras instituições como ONG, e secretarias estaduais de saúde.

O termo "campanha" remete ao conjunto de peças e estratégias publicitárias que levam a mensagem de um determinado anunciante aos meios de comunicação de massa e, assim, à população. Há também o sentido de campanha como o conjunto de ações que correspondem à busca de um objetivo comum. Foi o caso do combate à "doença de chagas", no começo do século, que mobilizou a sociedade brasileira no "campanhismo" dos sanitaristas. Em relação ao HIV, assim como a "aids chegou antes da aids" no Brasil, a "campanha" chegou antes da campanha publicitária propriamente dita, pois quando os primeiros filmes de publicidade foram ao ar, a imprensa já buscava atingir o objetivo publicitário: informar a população sobre a existência da aids e mobilizá-la para a redução dos riscos de infecção.

---

[7] O poema "Quadrilha" de Carlos Drummond de Andrade, fala dos encontros e dos desencontros dos amantes: *João amava Teresa que amava Raimundo/ Que amava Maria que amava Joaquim que amava Lili/ Que não amava ninguém./ João foi para os Estados Unidos, Teresa para o convento/ Raimundo morreu de desastre, Maria ficou para tia/ Joaquim suicidou-se e Lili casou com J. Pinto Fernandes/ Que não tinha entrado na história.* Na adaptação feita para a campanha de 1988 do Ministério da Saúde, uma das personagens morre de aids. A abordagem de cunho moralista indica a redução de parceiros como forma de prevenção.

[8] Ao longo de sua história, o Programa Nacional de DST e Aids mudou sua identidade institucional e passou de Coordenação Nacional de DST e Aids para Programa outra vez.

Quando o conceito "grupo de risco"[9] indicou como vítimas potenciais os homossexuais masculinos, o vínculo entre sintomas e homossexualidade, nos Estados Unidos, tinha batizado o que hoje se conhece "aids" como "Grid", isto é, *gay related immune deficiency*,[10] ou imunodeficiência de caráter *gay*. Mais tarde, o aumento de casos entre hemofílicos, profissionais do sexo e usuários de drogas aos poucos mudou essa concepção:

Segundo o presidente do Gapa de SP, Paulo Cesar Bonfim, a doença já está tão estigmatizada que tem gerado situações de constrangimento e há casos de homossexuais que perderam o emprego mesmo não tendo a Aids. *Folha de S. Paulo*, 15 de agosto de 1986.

A ausência de espaço para o depoimento daqueles que faziam parte do "grupo de risco" foi culpa da imprensa? A atitude sensacionalista era a única possível na realidade da "nova doença"? O pesquisador Antônio Fausto Neto afirma que a imprensa possui autonomia aparente à medida que sua fala é tramada na articulação de outros textos:

[...] o discurso jornalístico produz-se à base do concurso e do efeito daquilo que lhe ensejam outros códigos, isto é, outras vozes e múltiplas polifonias que migraram de outros campos culturais ou que deles são tomados por empréstimo.[11]

Nos Estados Unidos, a associação de aids com o mundo artístico e o universo dos meios de comunicação, por exemplo, foi motivada na imprensa

---

[9] De acordo com Cristina Bastos (et al.), no texto de "introdução" da publicação *Aids no Brasil* (1994, p. 17), o modelo do "grupo de risco" pôde ser criticado como classificação inicial dos perfis epidemiológicos vulneráveis à aids, a partir da descoberta de um agente infeccioso universal: "[...] A vulnerabilidade não fica mais adstrita aos grupos inicialmente definidos; estende-se à população inteira. Esta noção coloca um desafio geral à saúde pública e confronta-se com um padrão de percepção da epidemia associada a grupos de risco inicialmente definidos. Expandindo sem limites a condição de vulnerabilidade à doença, generalizando a distribuição e coletivizando o risco, este novo modelo de percepção da Aids dá um convincente argumento àquilo que tem sido uma agenda política central para a saúde coletiva e uma bandeira que domina o ativismo no Brasil: a epidemia e seu enfrentamento é uma responsabilidade de todos". A infectologista Sônia Geraldes, em sua pesquisa "Bemmal-me-quer: análise da vulnerabilidade feminina à contaminação por HIV no Brasil e no México", conversou com colegas de profissão sobre o conceito epidemiológico do grupo de risco. A maioria respondeu que, em relação à aids, esse conceito representou um equívoco da ciência (1998, p. 35).

[10] BASTOS, Cristina (et al.) "Introdução". *Aids no Brasil*. Rio de Janeiro: Relume-Dumará: ABIA: IMS, Uerj, 1994. p. 17 (História Social da Aids, nº 2).

[11] NETO, Antônio Fausto. *Mortes em derrapagem*: os casos de Corona e Cazuza no discurso da comunicação de massa. Rio de Janeiro: Rio Fundo, 1991. p. 31.

Parte 1 – A aids vira uma campanha

pela morte do famoso ator Rock Hudson.[12] No Brasil, a morte do costureiro brasileiro radicado em Nova York, Marquito, dos atores Caíque Ferreira, Thales Pan Chacon, Carlos Augusto Strazzer e, principalmente, do ator Lauro Corona e do compositor e cantor Cazuza[13] reiteraram a identidade da aids como a "doença dos famosos":

Aids: os doentes da TV e da música (*Revista Amiga*. TV Tudo).
Aids mata Lauro Corona. Emoção no enterro (*O Fluminense*).
Strazzer deixa a novela por problemas de saúde (Revista *Contigo*).
Cazuza revelou o que Lauro queria esconder (*O Dia*).
Cazuza: uma vítima da Aids agoniza em praça pública (Revista *Veja*).

Enquanto isso, vinha à tona a infecção de milhares de cidadãos anônimos pelo HIV:

[...] No Brasil, os primeiros casos foram diagnosticados em 1982, em São Paulo e no Rio de Janeiro. Hoje sabemos que, em finais da década de 1970, o vírus da imunodeficiência humana (HIV) estava se disseminando silenciosamente, despercebidamente, por todo o mundo. O vírus já estava presente no Brasil antes de 1980.[14]

Com manchetes e reportagens assim, a imprensa foi construindo as primeiras imagens da aids no Brasil. Se a imprensa foi publicitária, o que restaria para a própria publicidade?

Os primeiros anúncios publicitários do Ministério da Saúde, continuando esse esforço comunicativo da imprensa, afirmaram a morte como conseqüência irremediável da aids. Eram outros tempos. Hoje, o soropositivo que usa os medicamentos distribuídos gratuitamente pelo governo[15] resiste no duplo sentido do termo: mantém a contagem desejável de células de defesa e participa dos movimentos sociais que garantem seus direitos civis. O GIV, Grupo de

---

[12] O quadrinista brasileiro Adão Iturrusgarai criou as personagens "Rock e Hudson", um casal *cowboy* homossexual que protagoniza histórias cômicas sobre o "universo gay", fazendo referência ao ator de cinema. A grande aceitação de ambos pelo público jovem e adulto já motivou a criação de materiais educativos sobre aids.

[13] O livro *Mortes em derrapagem*: os casos Corona e Cazuza no discurso da comunicação de massa (NETO, 1991) aborda especificamente a orquestração da mídia na cobertura da morte dessas "superpessoas".

[14] RODRIGUES, Lair Guerra de Macedo. *Aids* – a face da discriminação. Boletim Epidemiológico. Ministério da Saúde, ano II. nº 5. Semana Epidemiológica 44 a 47/1988. Ministério da Saúde, 22 de dezembro de 1988.

[15] Os medicamentos para a aids são distribuídos gratuitamente desde 1996, governo Sarney, pelo Ministério da Saúde. Eles estimulam a produção de células de defesa, as CD4.

Incentivo à Vida, de São Paulo, foi uma das primeiras organizações fundadas por soropositivos. A mobilização do GIV é um exemplo do quanto a trajetória da aids no Brasil legitimou a atuação política dos pacientes de aids por meio das ONGs, que, desde o começo, estiveram atentas à atitude do governo diante da epidemia, com um olhar crítico sobre as campanhas veiculadas pelo Ministério da Saúde, como atesta o comentário do Gapa reproduzido abaixo:

Gapas criticam governo no combate à Aids

As principais críticas [...] [são a] precária aplicação de verbas [...] e [...] [a] campanha nacional do Ministério da Saúde que, segundo eles, dissemina o pânico em vez de informar a população. *Folha de S. Paulo*, 1º de maio de 1988.

O Grupo de Apoio à Prevenção da Aids (Gapa), da Bahia, traz a marca da divergência conceitual com a comunicação do governo em suas campanhas publicitárias. Um de seus cartazes mais interessantes aborda a recusa da palavra "aidético":

Aidético. Antes de pronunciar essa palavra, lembre que uma palavra pode esconder muitos sentidos. Uma palavra carrega ódio. Uma palavra carrega repulsa. Uma palavra carrega desprezo. Uma palavra exclui. Uma palavra isola. Uma palavra humilha. Uma palavra, às vezes, mata. Uma palavra não é só uma palavra.

Embora nunca tenha veiculado campanhas com essa abordagem, o Ministério da Saúde não utiliza a palavra "aidético" nas publicações sobre a epidemia.[16] Encartado em revistas como *Imprensa*, dirigida aos comunicadores, o guia "Aids: leia antes de escrever" trouxe a seguinte informação aos profissionais da área:

---

[16] Na reunião do Conselho Nacional de Saúde, em 19 de outubro de 2005, o então ministro da Saúde, Saraiva Felipe, utilizou o termo "aidético" e precisou responder à crítica da imprensa e dos movimentos sociais. Trecho do discurso: "Então o que eu estou querendo falar é o seguinte: eu não tenho compromisso com quebra de patente. O Ministério não tem. Se o preço chegar no preço que o laboratório nacional produz, tudo bem. Agora, sem bioequivalência, sem garantia de que eu não vou ter depois os aidéticos na porta do Ministério cobrando que os efeitos não são os mesmos (do medicamento que faz parte do coquetel), ou a categoria médica questionando isso". Para mais informações, ver Agência de Notícias da Aids: "Movimento social considera inadmissível Saraiva Felipe ter utilizado o termo 'aidético' ao se referir às pessoas vivendo com HIV/aids e pede retratação. Assessoria diz que ministro falou sem intenção de ofender", reportagem de Maurício Barreira e Tatiana Vieira, 25 de outubro de 2005, 10h15min. Disponível em: <www.agenciaaids.com.br/noticias-resultado.asp?Codigo=3871>.

Parte 1 – A aids vira uma campanha

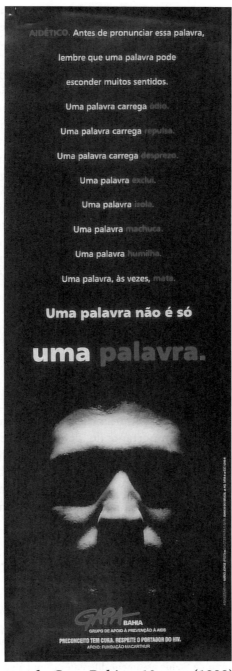

Cartaz do Gapa Bahia – 10 anos (1999)

Aidético. Expressão usada para identificar os doentes com Aids. As ONGs Aids no Brasil e a CNDST/Aids combatem e discordam da utilização deste termo, pelo caráter pejorativo e discriminatório que passou a associar-se a ele.[17]

No entanto, não há como estabelecer um corte radicalmente linear, ainda que seja possível reconhecer etapas distintas na história da aids. A palavra aidético e o tema da morte, entre outros, ainda convivem – cada vez com menor destaque – com novas mensagens e abordagens. É o que se pode observar na mensagem do Gapa-DF, veiculada em fevereiro de 2003. O anúncio de revista abordou o tema da morte, a exemplo do que aconteceu nas primeiras campanhas do governo. Na ilustração, a imagem de um cemitério dialoga com o sugestivo texto: "Transar sem camisinha dá o maior tesão". O plano mais fechado da imagem mostra uma cruz, que permite ao leitor compreender a qual "tesão" o anúncio se refere. Em outras palavras, é necessário usar o preservativo para "evitar a morte", sinônimo de aids.

O Ministério da Saúde foi extremamente criticado, inclusive pelas ONGs, por ter abordado assim a aids, porém essas críticas não interferiram de modo perceptível na linha de comunicação do governo até o começo dos anos 1990:

Campanha contra Aids será mais agressiva

"A prioridade número 1 do Ministério da Saúde é o combate à Aids." A afirmação é do Ministro da Saúde [...] O *slogan* "Aids mata" deverá retornar à cena [...]. *Folha de S. Paulo*, 1º de agosto de 1991.

Uma das principais formas de crítica das ONGs às campanhas do governo tem sido a realização das suas próprias campanhas. A campanha publicitária acaba tornando-se um eixo importante de "diálogo" entre as distintas instituições, a exemplo do que acontece na iniciativa privada.[18] No âmbito da imprensa, publicar "em primeira mão" qualquer informação sobre as campanhas se transformou num valor-notícia. Conforme os depoimentos de funcionários do Ministério da Saúde e de publicitários que trabalharam com a "conta"[19] da

---

[17] *Aids: leia antes de escrever* – guia prático sobre Aids para profissionais de comunicação. Verbete "A". *Revista Imprensa*. Master Comunicação: L.R. editorial: CNDST/Aids/ SPS: Ministério da Saúde, 1998.

[18] As campanhas comparativas dos refrigerantes Coca-Cola e Pepsi são exemplos clássicos de "diálogo" mediado pela publicidade.

[19] "Conta" é uma expressão do jargão profissional dos publicitários que caracteriza ou identifica o cliente da agência de propaganda. Uma agência que tem a "conta" da aids significa que realiza campanhas para o Programa Nacional de DST e Aids. As agências de publicidade licitadas pelo Ministério da Saúde assumem diferentes campanhas (prevenção à aids, DST, vacinação contra a paralisia, campanha contra o câncer no colo de útero...).

Parte 1 – A aids vira uma campanha

aids, na época do carnaval é grande o número de repórteres dos mais diversos veículos que telefonam, enviam fax e acessam a internet,[20] tentando agendar uma entrevista para garantir o "furo de reportagem" sobre o novo conteúdo e o novo *slogan*. Às vésperas do lançamento da campanha do carnaval no ano 2000, um dos integrantes da Comissão Nacional de Aids, órgão "conselheiro" do Ministério da Saúde, acabou com o suspense, concedendo o disputado depoimento sobre a nova campanha a um grande jornal. Em 2003, novamente, mesmo antes que o filme de carnaval fosse ao ar, protagonizado por Kelly Key, famosa pelo *hit* "Baba, baby", a crítica das ONGs já havia chegado à imprensa. Não foi julgada como adequada a estratégia de usar o testemunhal da polêmica cantora para a comunicação com adolescentes, público-alvo, e o debate chegou à mídia antes da campanha.

A partir dos anos 1990, as reivindicações da audiência, dos telespectadores e dos movimentos organizados, no sentido de uma mensagem menos contundente e mais informativa sobre a aids, foram atendidas:

Aids: campanha vai esclarecer foliões

O Ministro da Saúde lança [...] a campanha contra a Aids para o carnaval [...]. Lair Guerra explicou que a campanha foi baseada em críticas feitas pelo público às campanhas anteriores. *O Globo*, 10 de fevereiro de 1995.

Campanha ajuda a prevenir a Aids

O Ministério da Saúde lança em dezembro duas campanhas educativas sobre Aids [...] uma ação para dissociar a doença do medo, preconceito e orientar a população sobre como prevenir a contaminação pelo HIV [...]. *Folha de S. Paulo*, 31 de outubro de 1993.

A participação da sociedade civil foi determinante para a nova abordagem das mensagens publicitárias, ainda que as inovações na linha de comunicação tenham vindo muito depois das reivindicações. A campanha que ficou conhecida como "campanha do Bráulio" foi uma importante herdeira de todas as mudanças ocorridas nas campanhas em função das críticas. Veiculada em 1995, sua linguagem é considerada ousada até hoje:

A revolta dos "Bráulios"

O Ministério da Saúde informou que não há nenhuma conotação pejorativa na escolha do nome "Bráulio". O apelido foi adotado, segundo o Ministério,

---

[20] O endereço do Programa Nacional de DST e Aids é <www.aids.gov.br>, e do Ministério da Saúde é <www.saude.gov.br>.

por sua sonoridade, pela conotação de masculinidade e por ser um nome forte, bem-humorado, de fácil assimilação e, principalmente, incomum. *Folha de S. Paulo*, 15 de setembro de 1995.

Pela ótica da Aids é fácil perceber os descaminhos. A desastrosa campanha do "Bráulio", com custo superior a R$ 4 milhões, choca o país e se torna o mais retumbante fracasso do Programa Nacional de Aids desde sua criação, em 1986. *O Globo*, 22 de outubro de 1995.

O cenário atual da administração do Programa Nacional de DST e Aids configura-se em um ambiente epidemiológico e político muito distinto daquele em que se deu a gestão pioneira. Em meados dos anos 1980, houve a "montagem de um avião em pleno vôo": era preciso dizer algo e rápido, mas como saber o que dizer? Como falar sobre uma epidemia para a qual ainda não se tinha respostas científicas e experiências comunicativas nacionais que pudessem ser consideradas? As decisões acerca da aids e, portanto, de sua comunicação para o grande o público não contaram com o planejamento e a abertura para o diálogo com outras instituições, que foram possíveis a partir dos anos 1990.

Apesar das insuficiências e das críticas, pode afirmar-se que houve um eficaz gerenciamento das respostas à situação da aids no país, levando o programa de prevenção do Ministério da Saúde a converter-se em modelo para o mundo. Em 1998, a primeira-dama, Ruth Cardoso, recebeu aplausos para o Brasil quando palestrava no Congresso Internacional de Aids, em Genebra. No mesmo ano, a divisão da ONU para a aids, a Unaids, em visita ao Brasil, registrou inúmeros elogios.

O aperfeiçoamento do controle e da prevenção da aids constituiu mudanças estruturais nas campanhas também, em um longo processo que se estendeu de uma aids "que vai te pegar" ("Se você não se cuidar, a Aids vai te pegar", 1988) para outra aids com a qual é possível "viver" ("Viver sem Aids só depende de você", 1999). Mas será mesmo possível falar em um encaminhamento diferente da publicidade no que se refere à aids? Como explicar o *slogan* veiculado no carnaval de 2000, que parece estar na contramão dessa mudança evidente de abordagem? A frase "Prevenir a Aids é tão fácil quanto pegar" não teria trazido a citação do emblemático *slogan* dos anos 1980, "Se você não se cuidar a Aids vai te pegar"?

A aids não é disseminada apenas nas relações sexuais: o compartilhamento de seringas no uso de drogas injetáveis é a segunda maior causa de infecção. Ao contrário do que afirma o *slogan* "Prevenir a Aids é tão fácil quanto pegar", prevenir a aids é muito difícil, como está dito nesse discurso de José Serra, então ministro da Saúde:

Parte 1 – A aids vira uma campanha

[...] Os perigos do fumo são sobejamente conhecidos, o governo tem uma posição antitabagista, eu pessoalmente sou um ferrenho opositor ao fumo, e ainda assim todos sabem que é muito *difícil* fazer que as pessoas parem de fumar. E fumar é um comportamento aberto, ostensivo. Bem, se é tão *difícil* deixar de fumar, mudar comportamentos privados é ainda mais. Este é ponto fundamental, que *dificulta* a luta contra a Aids. Se vícios explícitos são *difíceis* de serem combatidos, o que dizer sobre adições, procedimentos ou atos que são realizados na intimidade, como o uso de drogas e relações sexuais? Não há nada mais íntimo na relação entre duas pessoas do que o sexo, e é *difícil* atingir as pessoas neste nível de privacidade. (grifos nossos)

A luta contra a aids é tão difícil, complexa, desafiadora que exigiu do Ministério da Saúde a realização de um grande plano de ação. Foi a compreensão dessa necessidade que resultou no Programa Nacional de DST e Aids. Por meio de inúmeras atividades, como financiamento de projetos, eventos, publicações e campanhas publicitárias, o Programa é a instância que viabiliza a contemplação das especificidades regionais da epidemia de aids no Brasil,[21] sem perder a unidade administrativa necessária para que sejam somados os esforços de ONGs, associações de bairro, iniciativa privada, escolas, postos de saúde, Forças Armadas, entidades internacionais, como a ONU e o Banco Mundial, e todas as instituições que se tornaram parceiras do governo.

A parceria é mesmo necessária e urgente: ainda há muito por fazer. A resistência ao uso do preservativo masculino é alta, apesar de alguns dados positivos apresentados pelo Ministério da Saúde: em 1993, 38% dos homens nunca haviam usado camisinha. Em 1996, o número caiu para 16%. Aqueles que nunca deixaram de usar a camisinha em 1993 eram apenas 9%. Em 1996, o número subiu para 25% dos entrevistados. E entre os que não tiveram parceiro constante, 37% responderam que não se relacionam sem o preservativo. Dados de 1999[22] indicam que 57% dos jovens entrevistados com 17 e 19 anos usaram preservativo em atividades sexuais pagas e 41,60% com parceiro fixo; entre jovens de 16 a 25 anos, na última relação sexual que tiveram nos últimos 12 meses, 44% usaram preservativo. Houve aumento das vendas de camisinhas nas farmácias e nos supermercados e a compra das camisinhas mais baratas,[23]

---

[21] Por exemplo, nos estados do Sul, a infecção por meio do uso de drogas injetáveis é mais recorrente, e isso exige procedimentos e linguagens extremamente singulares nas estratégias de prevenção.

[22] *A experiência do Programa Brasileiro de Aids.* Secretaria de Políticas de Saúde, Coordenação Nacional de DST e Aids. Brasília: Ministério da Saúde, 2002.

[23] Em uma das compras realizadas pelo Ministério da Saúde (1999/2000), as camisinhas importadas custaram US$ 0,03, bem abaixo do preço de R$ 1,00 cobrado pela unidade do preservativo masculino no mercado brasileiro.

disponibilizadas de graça pelo Ministério da Saúde todos os anos: 200 milhões de unidades,[24] mais de 400 mil distribuídas só no carnaval. São índices importantes, mas que não podem ser tomados como atestado de uma mudança efetiva no comportamento sexual do brasileiro.

As pesquisas do Ministério da Saúde mostram, também, as respostas desafiadoras de homens entrevistados sobre como interagem na relação sexual mediada pela camisinha: "O pior da camisinha é ter que dar aquela parada para colocá-la" (57% em 1993 e 1996); "Usar camisinha dá errado, porque elas costumam soltar, escorregar e estourar"(51% em 1993 e 1996); "Transar com camisinha diminui o tesão"(45% em 1993 e 47% em 1996). As principais razões para nunca ter usado ou usar raramente a camisinha[25] foram "confia/conhece bem pessoas com quem tem relação" (31%); "só tem relação com uma pessoa/é casada" (79%)e "não gosta/perde o tesão/atrapalha muito"(11%). As razões apresentadas com menor freqüência foram "é muito caro, só dá para comprar de vez em quando" e "é difícil comprar/ nunca tem na hora que precisa" (1%). Como o Programa Nacional de DST e Aids realiza pesquisas de modo permanente, é fundamental acessar o endereço na internet para conhecer os relatórios mais recentes.[26]

Como as estratégias contemplam esses dados? Como a publicidade integra as estratégias? Para encontrar respostas, foi necessário conhecer pessoalmente as estruturas em funcionamento. As principais decisões sobre a aids no Brasil acontecem no Programa Nacional de DST e Aids e o espaço físico ocupado por suas instalações mensuram a sua projeção política. Durante a realização desta pesquisa, ele ficava situado na Esplanada dos Ministérios, em um andar inteiro. Hoje, o Programa está abrigado em uma sede nova e mais incrementada, onde ocupa três andares inteiros. Conhecer melhor as pessoas e as relações vivenciadas nesses espaços permitiu o melhor entendimento sobre a gestão da epidemia no país.

---

[24] Camisinha... masculina: a maior compra já feita. *Informativo Saúde*, ano IV, nº 43. Terceira semana de janeiro de 2000. Coordenação Nacional de DST/Aids. Ministério da Saúde.

[25] Em 2002, foi publicado o relatório "A experiência do programa brasileiro de Aids", um texto de referência sobre a história da prevenção da aids no Brasil e os esforços do governo brasileiro, pelo Ministério da Saúde, pela Secretaria de Políticas de Saúde e pelo Programa Nacional de DST e Aids. Neste relatório, que, obviamente, não estava disponível à época da pesquisa, estão demonstradas em gráfico as estatísticas atualizadas, mensurando um grave problema social: a aids é cada vez mais feminina e pobre.

[26] O "Monitoraids" é um sistema de monitoramento de indicadores do Programa Nacional de DST e Aids, isto é, um monitoramento dos índios da aids no Brasil. O conteúdo é bastante técnico, mas é possível ter acesso de modo relativamente fácil às estatísticas e às pesquisas. Disponível em: <www.aids.gov.br/monitoraids>.

O "andar" das DST/Aids

Para realizar a pesquisa, foi necessário visitar por diversas vezes o Programa Nacional de DST e Aids, quando ainda estava abrigado na sede do Ministério da Saúde, na Esplanada dos Ministérios. Nessa época, os departamentos, as salas e as equipes do Programa estavam no segundo piso do prédio, em um andar exclusivamente reservado para a divisão de aids.[1] Hoje, o endereço é outro: o Programa Nacional mudou-se para o edifício III do Ministério da Saúde,[2] uma bonita construção com vidros espelhados, em uma das avenidas comerciais mais movimentadas de Brasília, ocupando o térreo, o primeiro e o segundo pisos.

Quando o Programa era na Esplanada, para que a recepcionista do Ministério da Saúde autorizasse as visitas, o destino informado era: o "andar da aids". A expressão "andar da aids", familiar para ela, representa bem outras relevâncias da epidemia, para além da gravidade epidemiológica. Nenhuma outra "doença" conquistou tanto espaço físico e tanta legitimidade com as autoridades públicas. Um ex-funcionário do Ministério da Saúde, numa conversa informal, comentou, à época, que "a esplanada tinha dois ministérios da saúde: o que é criticado por todos, sem verbas, e o ministério da aids, rico e famoso". Hoje, a sede nova do Programa também é conhecida como "o prédio da aids", embora estejam ali outras unidades do governo federal.

No Programa Nacional de DST e Aids são encaminhados os procedimentos que desencadeiam todas as ações de prevenção e, embora o modo de trabalho permita que algumas peças e estratégias comunicativas sejam desenvolvidas internamente para atender a demandas pontuais, há realização permanente de licitações de serviços de impressão gráfica e agências de publicidade. A autoridade máxima é o diretor, que está vinculado à Secretaria de Políticas de Saúde. Portanto, estando no nível executivo, o Programa

---

[1] A sede do Ministério da Saúde está situada na Esplanada dos Ministérios, Bloco G, CEP 70.058.900, Brasília-DF, e o telefone central é (61) 3315-2425.

[2] O atual endereço do Programa Nacional de DST e Aids é SEPN, Quadra 511, Bloco C, CEP 70.750.543, Brasília-DF, e o telefone geral é (61) 3448-8000.

Nacional de DST e Aids é a instância que responde pela elaboração de diretrizes e estratégias para a condução das ações referentes à aids e às DST. Seu foco é, antes de tudo, a promoção da saúde, com ênfase na prevenção, mas também é responsável pela viabilização da assistência aos pacientes da aids e das DST.

De todos os departamentos, a Assesssoria de Comunicação e a Comissão Nacional de Aids travam uma relação mais direta com o fazer publicitário, embora haja troca de experiências entre as áreas técnicas diversas e a área de comunicação. Havia um setor chamado Asprov, cuja equipe de perfil técnico e executor realizava programação visual e atendia a demandas menores. A Asprov foi absorvida em 2001 pela Ascom, assim como o setor de Internet, antes vinculado à área de informática. O fórum da Comissão Nacional de Aids é composto por governo e sociedade civil (pesquisadores, acadêmicos, profissionais da saúde e de centros hospitalares, representantes de ONGs), relaciona-se com as campanhas na medida em que é convocada a avaliar propostas criativas, pois não produz campanhas, mas as avalia por meio de debate. Essa comissão nacional atua como uma conselheira do Ministério da Saúde e participa, por exemplo, da pré-aprovação de peças publicitárias. O poder maior de decisão, entretanto, permanece em outras instâncias superiores. "Se o ministro não gostar", nos disse uma funcionária, "a campanha não sai". Na Ascom, onde estão os técnicos de comunicação com formação qualificada, ocorrem as primeiras decisões, que, mais tarde, resultarão nas campanhas. Além disso, toda a geração de matérias jornalísticas e, conseqüentemente, a divulgação de boletins epidemiológicos e pesquisas de opinião são realizadas nesse setor. Como acontece em relação ao levantamento feito pelo Centro Brasileiro de Pesquisa, o Cebrap,[3] o árduo relatório transforma-se, pelas mãos da equipe da Ascom, em acessível *release*.[4] A versão enxuta das pesquisas do Cebrap é distribuída para rádios e emissoras de tevê com o objetivo de motivar a concessão de mídia espontânea pelos veículos para a causa da aids. Posteriormente, em alguns casos, há avaliação sistematizada de ações de comunicação, como as campanhas, para mensurar percepções e usos das informações pela população.

Na Ascom encontra-se a memória possível das campanhas publicitárias de prevenção à aids já veiculadas. Hoje, há um projeto claro de preservação e, portanto, maior acesso aos materiais, especialmente os mais recentes, que estão, inclusive, na internet. Quando esta pesquisa foi realizada, todo o acervo

---

[3] A pesquisa sobre o uso do preservativo do Cebrap, 1999, foi uma das mais divulgadas.

[4] *Release* é um resumo das informações sobre determinado fato que são enviadas para a redação dos jornais com o objetivo de "vender pautas".

Parte 1 – A aids vira uma campanha

ainda estava disperso, dificultando o levantamento, a identificação e o tratamento das peças impressas e eletrônicas, principalmente as mais antigas. Nesse sentido, este foi um trabalho pioneiro de sistematização.

Diante do material reunido, optou-se pelo estudo das peças televisivas encontradas na sede da Esplanada, amostra que foi complementada ao longo do trabalho, embora elas não pudessem ser identificadas com segurança no que se refere a uma série de dados técnicos, pois seus respectivos documentos, *briefings* e autorizações de veiculação não estiveram disponíveis. De qualquer modo, os filmes compuseram um conjunto mais significativo e representativo dos temas nacionalmente explorados pelo Ministério da Saúde. Além de possibilitar uma coleta importante de material publicitário, o conhecimento da rotina da Ascom também foi valioso pelos depoimentos concedidos. Conhecer essa estrutura foi trilhar os caminhos por onde a "aids virou uma campanha".

Por sua vez, na pesquisa documental, especialmente nos acervos da biblioteca do Ministério da Saúde, foi encontrada significativa quantidade de documentos que remontavam às estruturas administrativas fundadoras: relatórios antigos e importantes registros burocráticos dos primeiros anos da montagem do Programa Nacional de DST e Aids. Já na pesquisa bibliográfica específica sobre políticas públicas para a aids, teve-se acesso às compilações desenvolvidas ao longo da epidemia por autoridades no assunto como Jane Galvão e Paulo Roberto Teixeira, entre os quais o trabalho do pesquisador Richard Parker mostrou-se particularmente produtivo para esta pesquisa.

Richard Parker é um autor largamente citado nos estudos sobre o assunto. Uma das lideranças da Associação Brasileira Interdisciplinar de Aids (Abia),[5] referência internacional de ações não governamentais em aids, o pesquisador produziu artigos sobre comportamento sexual, críticas

---

[5] A Abia foi fundada no Rio de Janeiro em meados dos anos 1980, antes do Programa Nacional da Síndrome da Imunodeficiência Adquirida ser iniciado. A associação reunia profissionais da saúde e soropositivos, e entre seus líderes estavam Walter de Almeida, Herbert Daniel, Silvio Ramos e Herbert de Souza, o Betinho, que chegou a presidir a Abia. Betinho, sociólogo e "irmão do Henfil", como diz a música de João Bosco e Aldir Blanc, morreu em decorrência da infecção pelo HIV pela transfusão de sangue. A infecção silenciosa dos hemofílicos, que matou o cartunista Henfil e Betinho, foi uma das grandes causas do estouro estatístico da epidemia na metade dos anos 1980. O sangue disponível nos hospitais não era devidamente testado até 1986, quando foi aprovada a lei que obriga a testagem de todo o sangue e derivados para identificar aids, sífilis, hepatite B, malária e doença de Chagas. Betinho firmou-se como personagem forte do movimento pela cidadania também no que se refere à aids (PINEL; INGLESI, 1996, p. 31; p. 45). Certamente a "mitificação" da imagem de Betinho como sinônimo da luta contra aids se deve não só ao "motivo neutro" da sua infecção, que não tinha a ver com sexo e comportamento transgressor, mas também, e principalmente, pelo seu efetivo engajamento na defesa de causas humanistas.

à abordagem da aids nos meios de comunicação de massa, realização de consultorias em programas de prevenção e ONGs, ensaios, discussão sobre ética, direitos humanos e HIV. Entre as tantas contribuições trazidas por suas idéias, está *Políticas, instituições e Aids: enfrentando a epidemia no Brasil*,[6] livro publicado em 1997 que reúne pontos de vista de diversos analistas. No referido livro, Richard Parker sintetiza a cronologia do desenvolvimento da política social de HIV/Aids. O esquema organizado pelo autor, que está parafraseado a seguir, foi utilizado como referência nesta pesquisa para a descrição dos organogramas, das rotinas e das burocracias que constituíram o Programa Nacional de DST e Aids nas suas diferentes fases.

Ao comentar a organização institucional do Ministério da Saúde para responder à epidemia, Parker diz que é impossível dissociar o movimento de consolidação do Programa Nacional da história política geral do país. Para especificar as relações entre o que acontecia dentro do Ministério da Saúde e o contexto político, ele dividiu seu cronograma em duas partes. A primeira aborda as mudanças e as evoluções específicas do Programa Nacional. A segunda pontua ocorrências externas, principalmente no que se refere à vigência dos mandatos presidenciais. Para realizar o contraponto com as campanhas publicitárias veiculadas, objeto desta pesquisa e que o autor não analisa, cruzaram-se os dois grupos de informações e reuniram-se dados oriundos de outras fontes, complementando a identidade dos quatro períodos definidos por Parker. Por meio desse exercício, elaborou-se o seguinte quadro interpretativo:

Tabela 1

Aids: organização institucional do Ministério da Saúde

Período	Acontecimentos
a) 1982-1985	Primeiras ações
b) 1986-1990	A participação das ONGs
c) 1990-1992	Aids é problema de saúde
d) 1992-1997	Financiamento do BID

---

[6] PARKER, Richard. *Políticas, instituições e Aids*: enfrentando a epidemia no Brasil. Rio de Janeiro: Zahar/Abia, 1997.

Parte 1 – A aids vira uma campanha

a) 1982-1985 – Primeiras ações

Começa a epidemia de aids no Brasil. As primeiras ações voluntárias organizavam-se enquanto no Ministério da Saúde aconteciam as primeiras reuniões para discutir o que, mais tarde, após o funcionamento como departamento, viria a se transformar no Programa Nacional e ainda mais tarde na Coordenação Nacional, para, logo depois, retornar à alcunha de Programa. Richard Parker destaca a mobilização da Secretaria de Saúde de São Paulo, pioneira na institucionalização de uma resposta para a aids. Sobre esse assunto, encontrou-se uma referência em *O que é Aids*, um manual narrativo escrito por duas profissionais da saúde que vivenciaram como enfermeiras os primeiros anos da epidemia no Brasil. O livro, no formato de bolso, é um segundo título sobre o assunto para a conhecida coleção Primeiros Passos da editora paulista Brasiliense. O subtítulo "2ª visão" indica que o texto das autoras oferece uma outra leitura, diferente daquela que a mesma editora Brasiliense publicou no começo da década de 1980, sob o título "O que é Aids", cuja abordagem era epidemiológica. O formato "depoimento" representa uma nova fase das abordagens sobre a aids, mais humanizadas. O livro das autoras Arletty Pinel e Elisabete Inglesi reproduz, assim, o espírito dos novos tempos, pois o texto é o depoimento do envolvimento de ambas com a aids desde 1981. Elas estiveram, portanto, no "olho do furacão". No trecho intitulado "O governo paulista começa a agir", as autoras dizem:

Coube à médica dermatologista Valéria Petri, da Escola Paulista de Medicina, o primeiro registro dado à imprensa, em 1982. Nos anos seguintes, o médico infectologista Vicente Amaro Neto, da Faculdade de Medicina da Universidade de São Paulo, e outros dedicaram-se à divulgação técnica e científica em publicações especializadas e na mídia. Ainda em 1983, uma equipe de profissionais da saúde liderada pelo médico dermatologista Paulo Roberto Teixeira[7] inaugurou, no Instituto da Secretaria da Saúde do Estado de São Paulo, o que viria a tornar-se o primeiro programa de atenção e prevenção da Aids no Brasil (PINEL, 1996, p. 22).

Apesar dessa mobilização em São Paulo, Parker afirma que o período que vai de 1982 a 1985, não só no que se refere ao Ministério da Saúde, mas também à sociedade civil, pode ser descrito como um tempo de negação, omissão, pânico, medo, estigma e discriminação. O depoimento das autoras-enfermeiras também é nesse sentido:

---

[7] Paulo Roberto Teixeira seria, mais tarde diretor do Programa Nacional de DST e Aids.

60   Aids anunciada: a publicidade e o sexo seguro

De 1982 em diante os casos de Aids começaram a aumentar na razão de 100% ou mais ao ano, e os leitos do Hospital Emílio Ribas tornaram-se insuficientes para atender à demanda de toda e qualquer doença infectocontagiosa, inclusive a Aids. Os outros hospitais públicos, privados e filantrópicos recusavam-se a receber as pessoas com Aids. Todos os casos eram encaminhados para o Emílio Ribas, que, por diversas vezes, manteve macas ocupadas por pacientes nos corredores, sobrecarregando seus profissionais e sua capacidade de atendimento (INGLESI, 1996, p. 28).

A Presidência do Brasil continuava com os militares. Em São Paulo, comenta Richard Parker, a política era de abertura, marcada pela preocupação em responder às demandas da sociedade civil: forças progressistas de oposição tinham sido eleitas para administrar a saúde. Sem liderança internacional ou nacional, as respostas surgem de baixo, diz ele, das comunidades afetadas, do movimento homossexual e dos setores progressistas dos serviços estaduais e municipais de saúde, que se aliaram às minorias. O depoimento das duas profissionais da saúde corresponde ao comentário de Parker:

A adoção dessas atitudes acarretou alguns problemas. [...] Algumas de nossas colegas tiveram de optar entre o emprego e o lar, mesmo quando sua situação financeira era precária (INGLESI, 1996).

A vivência dramática destes primeiros anos da doença em São Paulo, marcados pela escassez de conhecimentos sobre ela e pela constatação do preconceito que se abatia sobre os doentes, produziu uma consciência nova em grande parte dos profissionais da saúde que, como nós, estavam envolvidos com a Aids. Abalados por um sentimento forte de impotência diante de uma doença que não tínhamos como curar, fomos desenvolvendo, cada vez mais, a solidariedade por aqueles pacientes. Abolimos as portas com vidros, as máscaras, o isolamento, os preconceitos. Éramos cúmplices na revolta contra os que discriminavam pessoas com Aids e na dor que seus parceiros, amigos e familiares sentiam quando um deles morria (PARKER, 1997).

No livro *O que é Aids – 2ª visão* há um capítulo sugestivo que abre o trecho referente à fundação do Programa Nacional do Ministério da Saúde: "O governo federal acorda para a Aids". A resposta não oficial para a epidemia foi mesmo muito mais rápida que a oficial. O Programa Nacional, por meio de portaria ministerial, foi oficialmente criado em 1985[8] com o nome de Programa Nacional da Síndrome da Imunodeficiência Adquirida, vinculado

---

[8] No mesmo ano em que o Programa foi criado no Brasil, 1985, as TVs norte-americanas exibiram o filme *Aconteceu comigo* (EUA), dirigido por John Erman, contando o drama de um homem que descobre ser portador do HIV e precisa revelar sua homossexualidade para a família.

Parte 1 – A aids vira uma campanha

à Divisão Nacional de Dermatologia Sanitária. Em 1986, iniciaram-se os trabalhos da então Divisão Nacional de Controle das DST e Aids, do Ministério da Saúde, integrada por epidemiólogos, sanitaristas e clínicos, já se destacando como um dos maiores na estrutura ministerial, mobilizando mais de trinta profissionais. O governo precisou ceder às pressões recebidas por comunidades e pelos programas de saúde estaduais e municipais que já haviam começado a se organizar.

b) 1986-1990 – A participação das ONGs

Depois da criação de uma resposta federal, comenta Richard Parker, a liderança do Programa mudou pela primeira vez, com a saída da pioneira dra. Lair Guerra, cuja especialidade era a microbiologia. Nesse tempo, a aids era concebida como um problema técnico da área da saúde e recebia uma abordagem pragmática. Enquanto o governo insistia em reduzir a dimensão da epidemia, os "movimentos de baixo", como menciona o Parker, reivindicavam uma identidade para a aids que negasse seu caráter exclusivamente técnico (a aids como um problema específico da área da saúde) e a concebesse como uma questão política (a aids como um problema de toda a sociedade brasileira e das diversas áreas do conhecimento). Daí a urgência de um plano de coerência nacional, uma união de forças. Houve crescimento das ONGs e da sua atuação, houve aumento dos projetos de cunho religioso,[9] cresceram as iniciativas de empresas públicas e privadas e as ações voluntárias e solidárias, inclusive de pessoas com HIV/Aids que se organizaram e lutaram por seus direitos. Todos esses esforços chamaram a atenção da mídia para a epidemia e, conseqüentemente, a sociedade exigiu saber mais sobre o que o governo estava fazendo. Apesar das representatividades estaduais e municipais, permanecia a tendência centralizadora em Brasília, e isso foi gerando impactos negativos. Com o aumento da cooperação internacional, ainda que esse apoio viesse a se confirmar somente com a assinatura do projeto de financiamento "Aids I" com o Banco Mundial, em 1994, algumas iniciativas diversificadas e complexas para o enfrentamento da epidemia, que seriam qualitativamente incrementadas a partir do apoio financeiro, finalmente começaram a tomar forma nesse período.

Por essa época, em São Paulo, começava a veiculação de uma campanha publicitária da Secretaria de Saúde paulista. O *slogan* "Aids: transmita informação"

---

[9] Apesar dos eventos polêmicos que marcaram a postura conservadora de algumas instituições religiosas em relação ao tema da aids, os grupos vinculados a essas instituições têm desenvolvido atividades fundamentais para o Ministério da Saúde.

Campanha "Se você não se cuidar, a Aids vai te pegar" (1991)

foi veiculado durante quatro meses em *spots*,[10] filmes e 12 milhões de cartazes. Sua abordagem foi tida como polêmica para a época.[11] Avaliado agora, o *slogan* pode representar um desvio em relação às regras da "gramática publicitária" que dizem respeito à memorização residual das palavras: há o risco da mensagem "transmita aids" se fortalecer ante a mensagem que se pretende efetivamente comunicar, "transmita informação". Entretanto, se o *slogan* "Aids: transmita informação" da Secretaria de Saúde de São Paulo pode ser considerado polêmico, o que dizer da campanha do Ministério da Saúde que foi lançada no mesmo ano sob o *slogan* "Se você não se cuidar a Aids vai te pegar"?

O filme da referida campanha mostrava rostos de homens e mulheres adultos em *close*[12] e *superclose*.[13] Todos interpretavam o papel de aliviados ex-pacientes de doenças como sífilis, tuberculose e câncer que diziam "eu tive câncer, eu tive cura", "eu tive sífilis, eu tive cura". Os enquadramentos escolhidos para as imagens aumentaram a carga dramática do anúncio, especialmente quando o suposto paciente de aids, cabisbaixo, prestava seu depoimento. Ao falar, ele não dizia "eu tive", como os demais: conjugando o verbo no presente, "eu tenho aids", o paciente de aids compartilhava com o telespectador o seu triste destino: "eu não tenho cura". A repercussão

---

[10] *Spot* é a definição da publicidade veiculada no meio rádio. O *spot* recebe uma produção de áudio bastante cuidadosa, incluindo música, locução, interpretação de situações por atores, sons de natureza, ruídos urbanos. A sugestão sonora cria "imagens mentais".

[11] PINEL; INGLESI, 1996, p. 33.

[12] "A câmera aproxima-se um pouco mais, mostrando apenas os ombros e a cabeça do ator. [...] Com isso, o cenário onde se desenvolve a ação é praticamente eliminado, e as expressões do ator tornam-se mais nítidas para o espectador" (GAGE; Leighton D.; MEYER, Claudio. *O filme publicitário*. 2. ed. São Paulo: Atlas, 1991. p. 80).

[13] "*Superclose* mostra somente a cabeça do ator dominando praticamente toda tela. [...] Este tipo de plano é utilizado para revelar as características da personagem com mais força e intensidade dramática." Idem.

Parte 1 – A aids vira uma campanha

dessa campanha foi muito grande e bastante negativa para o governo, trazendo alguns prejuízos políticos, como afastamento de alguns responsáveis por sua aprovação. Nas pesquisas no Ministério da Saúde, encontrou-se no acervo da Assessoria de Comunicação, a Ascom, uma fita VHS contendo um *clipping*[14] dos telejornais que cobriram o lançamento da campanha "Se você não se cuidar a Aids vai te pegar". Era uma cópia dos inúmeros programas televisivos para que o governo pudesse avaliar, internamente, a grande cobertura da mídia sobre a referida campanha. O conteúdo do *clipping* será comentado mais adiante.

No final dos anos 1980, é o que informa Richard Parker, a sociedade civil começou a superar em parte a negação do período anterior. O Brasil vivia o governo José Sarney, mudava a política federal, havia um "clima" de redemocratização da vida brasileira que podia ser percebido concretamente em alguns níveis com o aumento das respostas não governamentais aos problemas sociais. Aumentou não só o número de ONGs de aids, mas também de ONGs de diversas áreas, como ecologia e violência urbana, na contramão da transformação lenta da máquina administrativa do governo federal. O governo Sarney coincide com o ponto de virada em que a sociedade brasileira começa a superar a herança do período autoritário. Para o governo, esse ponto de virada trouxe a fragilidade institucional: como ser democrático, viver a "abertura", sem perder o "natural" poder militar? Apesar do cenário de transição, avanços importantíssimos, no que se refere à participação política, foram trazidos pela volta da democracia. No entanto, em relação à epidemia, a centralização permanecia forte. As estatísticas epidemiológicas, por exemplo, eram rigorosamente controladas e apenas alguns "homens de confiança" no governo tinham acesso a elas. Hoje, números e tabelas são sistematicamente divulgados, e o *Boletim epidemiológico* está disponível na rede mundial de computadores.

c) 1990-1992 – Aids é problema da saúde

De 1990 a 1992, o otimismo na luta contra a aids foi frustrado pelo governo de Fernando Collor de Mello. As respostas não governamentais continuaram, no entanto, seus esforços foram comprometidos pela falta de diálogo entre a sociedade civil e o governo federal, pela falta de cooperação entre as ações de prevenção e a má condução política da pauta da aids.

---

[14] Realizar um *clipping* significa coletar a cobertura jornalística (televisão, rádio, jornais, revistas) sobre determinado assunto, sistematicamente, para arquivo ou divulgação, com objetivos institucionais ou informativos. Essa tarefa é, geralmente, realizada no âmbito da assessoria de imprensa e relações públicas.

Richard Parker refere-se a esse período como "um tempo fora do tempo" e "um pesadelo coletivo" para todo o país e para os setores mais diretamente envolvidos com a epidemia. Vinte anos depois da última eleição para presidente, quando a expectativa geral era compensar as ausências de maior participação nos anos 1980, todos os elementos-chave do projeto nacional que se firmava foram suspensos, deflagrou-se um antagonismo entre o Programa Nacional e outros setores envolvidos com a resposta à epidemia. Nesse período, a significação da aids ainda estava fortemente marcada pelos referenciais da saúde, resultando em vínculos institucionais para preveni-la e tratá-la que refletiam isso com ênfase na epidemiologia. Com a saída de Collor, o Brasil e, por decorrência, a comunidade de aids tornaram-se mais maduros para gerir uma outra etapa da política nacional, com a manutenção das instituições democráticas. Sociedade civil e Estado estavam dispostos a trabalhar juntos na solução dos problemas sociais e econômicos com os quais a nação se defrontava e essa vontade política refletiu-se na prevenção às DST e à aids.

No que se refere aos meios de comunicação, os primeiros sinais de mudança no tratamento do assunto puderam ser percebidos com evidência. É importante destacar que a mesma imprensa que anunciou a "peste *gay*" na primeira página, no começo da década de 1980, também pautou a discussão sobre o preconceito em relação aos pacientes com aids no final da mesma década. O "caso Sheila", como ficou conhecido o caso da menina paulista que teve a matrícula cancelada por ser "aidética",[15] mesmo anunciado sob o tom de manchete, marcou a participação do jornalismo na denúncia dos casos de discriminação.

d) 1992-1997 – Financiamento do Banco Mundial (BID)

De 1992 a 1997, as ações do governo foram reorganizadas. Uma resposta firme e conjunta tornou-se urgente não só para compensar as mazelas da administração anterior, mas também para unificar a ação brasileira. Tal necessidade promoveu um "espírito de colaboração" na comunidade de aids, nas palavras de Richard Parker:

---

[15] Os pais de Sheila eram soropositivos e ela foi abandonada no hospital Emílio Ribas, onde a mãe, em estado terminal, estava internada. Os médicos, os enfermeiros e os funcionários da equipe da dra. Marinella Della Negra a aceitaram. O casal Sônia Gomes Barbosa e Sérgio Ricardo Cortopassi a adotaram. O nome de Sheila Cortopassi de Oliveira chegou às manchetes quatro anos depois, quando seus pais adotivos tentaram inseri-la na rede de ensino e a matrícula foi recusada, levando-os a processar a escola. O "caso Sheila" aconteceu em 1991. O Projeto Aids, da Prefeitura de São Paulo, obteve, juntamente com a Organização Mundial da Saúde, um parecer favorável à criança, e a ação foi julgada em 1992. Sheila morreu em 1995.

Parte 1 – A aids vira uma campanha

Este espírito de colaboração claramente se reforçou e solidificou durante o processo de elaboração para uma proposta para o projeto do Banco Mundial [...] no qual rivalidades e disputas tradicionais foram em sua maioria deixadas de lado em favor do que todos acreditavam ser o bem comum – um espírito de colaboração.[16]

O tema dos financiamentos do Banco Mundial é muito importante e será mais comentado adiante. Como afirma Richard Parker, os recursos, antes mesmo da liberação da verba do Banco Mundial, foram dedicados ao apoio às ONGs. Com o acordo oficializado em 1994, houve radicais investimentos em programas de HIV/Aids por todo o território nacional, transformando a gestão e o enfrentamento da epidemia no país.

Certamente, há muito por fazer, mas o projeto do Ministério da Saúde para a aids é reconhecido como modelo internacional, entre outros fatores, pela diversidade de ações e perfis sociais envolvidos e pela ampla cobertura geográfica de uma articulada rede nacional de mobilização. A trajetória da aids em um país com as dimensões do Brasil transformou o modelo brasileiro em um banco de dados[17] que pode subsidiar as decisões no campo da saúde em todo o mundo. O prestígio internacional pode ser representado pelo fato de o Brasil ter sido escolhido para o lançamento mundial da campanha internacional de prevenção da aids em 1998, com a presença de Peter Piot, da Unaids, que foi recebido oficialmente pelo então presidente da República, Fernando Henrique Cardoso.

Foi a partir dos financiamentos do Banco Mundial que o "mercado publicitário de aids" se fortaleceu, tendo em vista que o Banco tornou-se o grande financiador, entre outras ações, das campanhas. Ao mesmo tempo em que a "aids virou campanha", o Ministério da Saúde afirmou-se como "cliente".

---

[16] PARKER, Richard. *Políticas, instituições e Aids*: enfrentando a epidemia no Brasil. Rio de Janeiro: Zahar/Abia, 1997. p. 11.

[17] CHEQUER, Pedro; SIMÃO, Mariângela. O Brasil e o combate internacional contra a aids. *Informativo Via ABC*, publicação da Agência Brasileira de Cooperação, p. 7 e 16, mar. 2007.

O "cliente" Ministério da Saúde

Foi a partir do acordo com o Banco Mundial que a publicidade como ação de prevenção à aids foi profissionalizada, possibilitando que as personalidades da mídia que apareciam nos comerciais, como a atriz Regina Casé, recebessem cachê ("Viver sem Aids só depende de você", 1999), abandonando o modelo do *pool* de empresas para garantir a veiculação de uma campanha, como aconteceu em 1988. Os custos da campanha, "Se você não se cuidar, a Aids vai te pegar", mencionada anteriormente, foram pagos por um grupo de empresas da iniciativa privada. Os custos de criação e veiculação, por exemplo, da agência de publicidade responsável por essa campanha foram negociados com valores muito abaixo dos vigentes no mercado.

O Ministério da Saúde dispende verba equivalente à dos maiores anunciantes do país, de acordo com os parâmetros do mercado publicitário. E é um dos principais anunciantes do governo, que sempre é considerado pelo mercado como uma "conta publicitária" importante e rentável, embora existam agências de propaganda conhecidas pela sua recusa de "contas públicas".[1] Cada uma das campanhas veiculadas pelo Ministério da Saúde pode custar entre 4 e 8 milhões de reais cada uma, podendo exceder esse valor. Em junho de 1995, período em que foram veiculadas várias campanhas de prevenção à aids, o Ministério da Saúde foi o segundo anunciante do setor público, seguido por Banco do Brasil e Correios.[2] A percepção do Ministério da Saúde como um

---

[1] As famosas e premiadas agências brasileiras de publicidade Talent e W/Brasil são exemplos clássicos nesse sentido, pois dizem recusar campanhas publicitárias para anunciantes de produtos como cigarro, partidos políticos, instituições e empresas do governo.

[2] Em 2006, de acordo com dados da Presidência da República, os investimentos em mídia do governo federal, contando as empresas estatais, somaram R$ 1.015.773.838,00, com um aumento de 5,48% em relação a 2005. Houve aumento de 12% das verbas publicitárias das estatais que concorrem no mercado. Tomando como referência dados do Ibope Mídia, empresa do grupo Ibope, a Presidência informa que este crescimento de 12% teria ficado abaixo do crescimento do mercado de publicidade como um todo, 12,3%. Teriam sido gastos pelo governo federal em 2006 R$ 90.271.386,00 com publicidade, e o segundo maior investimento publicitário da administração direta teria sido do Ministério da Saúde, no valor de R$ 65.272.281,26, com campanhas de utilidade pública (vacinação). É o que informa a notícia publicada no portal da Presidência da República: "Estatais expandem investimentos em mídia para acompanhar o mercado". Disponível em: <www. presidencia.gov.br/estrutura_presidencia/Subsecretaria/noticias/ultimas_noticias/not070424_2>.

anunciante rentável para o mercado publicitário, embora a iniciativa privada invista muito mais no setor, faz sentido à medida que o "anunciante" governo federal inclui ministérios, autarquias e empresas, multiplicando as possibilidades de lucro. Além disso, "atender" o governo significa que, a médio e longo prazos, outras contas igualmente importante poderão ser conquistadas pela agência em função da visibilidade e da reputação no mercado. Evidentemente, ocorrem licitações obrigatórias por lei,[3] mas geralmente são grandes e famosas empresas que assinam os contratos.[4]

Afirmando-se como anunciante, o Ministério da Saúde, por meio do Programa Nacional de DST e Aids, cristalizou diversas rotinas similares às do mercado privado. Dois exemplos: a regular contratação de agências publicitárias e a criação de uma rotina de aprovação das peças criadas, com a especificidade de existirem "clientes dentro do cliente". Hoje, os funcionários da Ascom no Programa Nacional de DST e Aids trabalham com o mesmo ritmo acelerado de uma agência de notícias. Aliás, a maior dificuldade encontrada para a realização de algumas conversas informativas durante a pesquisa, à época do mestrado, com os funcionários desse setor foi a "falta de tempo", a "correria", exatamente como aconteceu nas entrevistas com os publicitários. Não seria demasiado afirmar que o Ministério da Saúde e as agências de publicidade são os grandes expoentes do "mercado aids", que se constituiu ao longo das últimas décadas no Brasil, embora desse mercado também façam parte as inúmeras "ONGs aids".

---

[3] A Lei nº 8.666, de 21 de junho de 1993, regulamenta o art. 37, inciso XXI, da Constituição Federal, que institui normas para licitações e contratos da administração pública. O artigo 2º refere-se à obrigatoriedade de licitação para a contratação de obras, serviços, compras, alienações, concessões, permissões e locações da administração pública e de publicidade quando contratadas com terceiros. Sobre as campanhas do governo federal, acessar <www. planalto.gov.br/secom>.

[4] A complexidade dos clientes do setor público, em particular no âmbito federal, exige que as agências de publicidade tenham ágeis e sólidas estruturas, o que pode explicar em parte o perfil de grande porte das empresas da área que atuam no governo. Entre as agências que já atenderam o Ministério da Saúde, uma delas foi responsável pela publicidade que ajudou a reeleger Fernando Henrique Cardoso. Seu líder criativo à época monitorou a campanha do candidato José Serra, que disputou o pleito de 2002 como candidato do governo. Nessa disputa, a vitória de Luiz Inácio Lula da Silva, atual presidente da República, foi creditada, entre outros fatores, ao sucesso da campanha do PT, seu partido, realizada por uma equipe de publicidade experiente no *marketing* eleitoral, que já favoreceu a eleição de candidatos de legendas diversas. O líder criativo da equipe de publicidade contratada pelo PT já foi sócio do líder criativo contratado pelo PSDB, e até a crise política de 2005 era um dos homens mais influentes na gestão de comunicação do governo Lula. Até o lançamento deste livro, o contrato entre o governo federal e sua agência de publicidade havia sido rompido. Na última licitação de agências de publicidade realizada pelo Ministério da Saúde, uma das empresas vencedoras já havia participado e vencido outras edições desse concurso no mesmo ministério.

Parte 1 – A aids vira uma campanha

A larga visibilidade dos temas abordados pelo Ministério da Saúde na sua publicidade (como doação de órgãos, prevenção ao câncer de colo de útero, vacinação) potencializa-se com o assunto aids e ocorre, se não a múltipla interferência de outras instituições na aprovação das peças criadas, pelo menos a necessidade de longo debate sobre o material produzido e a ser veiculado, gerando descontentamento entre os publicitários, como disseram os profissionais da área entrevistados nesta pesquisa.[5] No entanto, esse fato não diminui a concorrência pela "conta" da aids.

Será que o retorno publicitário para a comunicação pública justifica os investimentos? Sobre esse assunto, é válido reproduzir um trecho da entrevista concedida por Andrea Matarazzo, então Ministro-chefe da Secretaria de Comunicação da Presidência da República no governo de Fernando Henrique Cardoso:

[...] (Os bancos) têm que ter verbas publicitárias que permitam que seus produtos concorram com de outros bancos. Além disso, não dá para fazer essa comparação que alguns têm feito: verbas publicitárias com rodovias federais. Como é que eu vou fazer uma campanha de vacinação[6] sem anunciar que ela vai acontecer?[7]

A verba publicitária específica do Programa Nacional de DST e Aids não vem diretamente do montante reservado para a Secretaria de Comunicação da Presidência, mas implica investimento de recursos públicos do Ministério da Saúde.

O primeiro acordo com o Banco Mundial, em 1994, resultou em um empréstimo que, até 1998, proporcionou investimentos de R$ 250 milhões, sendo R$ 90 milhões da contrapartida nacional. Em 1998, foi assinado o segundo acordo com o Banco Mundial. O valor do novo acordo foi de R$ 300 milhões. Com o foco em prevenção, o Banco Mundial tornou-se um dos seus

---

[5] O referido depoimento dos publicitários sobre a interferência de outras instituições na aprovação das campanhas do Ministério da Saúde está comentado na Parte 2 deste livro, A aids não tem vocação publicitária, no item "A fala de quem faz: os publicitários".

[6] Pode-se dizer que a campanha de vacinação contra a paralisia é a campanha mais importante do Ministério da Saúde, levando-o a investir bastante em publicidade, porém, o tipo de comunicação é muito diferente se comparado às campanhas de prevenção à aids: a veiculação da campanha de vacinação é pontual, a mensagem está concentrada na data da vacinação, a veiculação é concentrada em um único período do ano e não há como gerar polêmica ao pedir para a população que "vá ao posto levar seus filhos para que sejam vacinados".

[7] Jornal Correio Braziliense. Brasil, domingo, 20 de fevereiro de 2000. "Andrea Matarazzo: o secretário que quer mudar a imagem do governo." Entrevista a Mirian Guaraciaba e Rudolfo Lago.

principais financiadores das ações de publicidade. Com esses acordos, a responsabilidade do Ministério da Saúde foi implementar o projeto e cumprir uma contrapartida nacional. A contrapartida é o comprometimento do governo mediante o qual fica assegurado que este providenciará recursos próprios, alocados de recursos estaduais e municipais, para incrementar o investimento na prevenção e no controle de DST e aids. Por exemplo, dos R$ 300 milhões de 1998, R$ 165 milhões foram diretamente creditados, e R$ 135 milhões da contrapartida nacional.[8]

Em 2003, foi aprovado o "Aids III", com custo total de US$ 200 milhões, dos quais o Banco Mundial financiou cerca de US$ 100 milhões. Os fundos de contrapartida no total de cerca de US$ 100 milhões foram fornecidos pelo governo do Brasil. Em 2004, o governo brasileiro iniciou um programa por cooperação com o objetivo de fornecer tratamento médico e capacitação de profissionais de saúde a seis países participantes.

Na pesquisa documental, teve-se acesso a uma série de registros da alocação desses recursos financeiros para que o Ministério da Saúde viabilizasse suas ações, entre as quais as campanhas publicitárias de prevenção à Aids. O mais recente documento ao qual se teve acesso durante a pesquisa foi o "Acordo de Empréstimo 4392/BR – Relatório de Implementação – Aids II". Portanto, não se teve acesso ao "Aids III", no valor de US$ 200 milhões, dos quais US$ 100 milhões financiados pelo Banco Mundial e com fundos de contrapartida no valor de US$ 100 milhões fornecidos pelo governo do Brasil. Para finalizações das ações, o Aids III" foi prorrogado até o final de 2007. Até o momento da publicação deste livro, as discussões sobre uma nova edição do convênio, que talvez seja batizada de "Aids IV", ainda estavam ocorrendo no âmbito interno do Ministério da Saúde.[9]

O referido relatório foi elaborado pelo Ministério da Saúde, em junho de 1999, com o propósito de "descrever e analisar o processo de implementação das ações do Aids II, até 15 de junho de 1999, na instância federal". Seu conteúdo é a documentação e a avaliação da primeira etapa do financiamento Aids II, trazendo a descrição das atividades realizadas no período de 11 de dezembro de 1998 a 15 de junho de 1999. O teor informativo, portanto, continua sendo extremamente válido, principalmente

---

[8] Financiamento. *Informativo Saúde*, ano IV, n. 43. Terceira semana de janeiro de 2000. Coordenação Nacional de DST/Aids. Ministério da Saúde.

[9] Para acessar diretamente as informações sobre o "Aids III", utilize o seguinte endereço: <www.worldbank.org.br/index.php/content/view_projeto/1624.html>. Para acompanhar os convênios de saúde, educação e proteção social entre o Banco Mundial e o governo federal brasileiro, acesse <www.worldbank.org.br/>, selecione "Operações no Brasil" e depois "Projetos aprovados e em atividade".

Parte 1 – A aids vira uma campanha

porque o "Aids II" já é produto da experiência acumulada de gestão, consolidada com o "Aids I", e está a meio caminho da configuração de uma política ainda mais sólida de prevenção às DST e aids – realidade do projeto "Aids III".

A "Apresentação" do relatório referente ao "Aids II", assinada por Pedro Chequer,[10] afirma que "a luta contra a Aids criou bases para um novo tipo de relações entre o Estado e a sociedade, ao trazer à luz questões relacionadas com o direito das pessoas que vivem com HIV/Aids". É enfatizada a importância da parceria com a sociedade civil para que o governo realize seu objetivo de "reduzir a incidência da infecção pelo HIV/Aids e de outras DST e de ampliar e melhorar a qualidade de vida daquelas pessoas". Para cumprir essa meta, a atitude do governo indicada pelo documento é a implementação de soluções adequadas à realidade brasileira, que seriam tomadas sob dois aspectos. Primeiramente, o "incentivo a ações de mobilização social, com ênfase para a informação e a prevenção", a "melhoria da qualidade do diagnóstico, do tratamento e da assistência em HIV/Aids e outras DST e o fortalecimento das instituições públicas e privadas que atuam na área". Em um segundo momento, "o estímulo à participação dos segmentos organizados da sociedade, do setor privado, das instituições acadêmicas, da cooperação técnica com agências internacionais, entre outros".

Nesse trecho do documento, estão sintetizadas mudanças importantes na atitude política do governo ante a aids. O item em destaque, "as pessoas que vivem com HIV/Aids", faz referência ao sucesso na condução dos programas de distribuição de medicamentos anti-retrovirais que catapultou a imagem do Ministério da Saúde no exterior e aponta a mudança na linha de comunicação. A ênfase dada logo no início do texto sobre a determinante participação da sociedade civil na luta contra a aids é um dado importante. Esse comentário indica uma transformação significativa na administração da epidemia: a postura centralizadora do Programa Nacional, nos anos 1980 e começo dos anos 1990, mudou para um perfil administrativo mais dinâmico, calcado na tentativa de diálogo com aquelas entidades públicas e privadas, embora as lideranças dessas entidades nem sempre sejam unânimes no reconhecimento desse avanço. Como exemplo da interação entre governo e sociedade civil, nesse período, pode ser mencionado o programa televisivo local em Brasília, *Humanidades*, exibido em 12 de fevereiro de 2000, que abordou o tema das campanhas de prevenção à aids do Ministério da Saúde.[11]

---

[10] Pedro Chequer é o atual diretor e nome forte vinculado ao Programa Nacional e à política de prevenção e gestão da aids no Brasil e no mundo.

[11] Programa de entrevistas exibido semanalmente pela TV Brasília, canal 8, a partir das 22h, em Brasília-DF. O entrevistador Luis Humberto, professor da Universidade de Brasília e pesquisador das relações entre mídia e política, reúne dois convidados para o debate das questões nacionais que estão "na pauta do dia".

Participaram desse programa uma psicóloga da Comissão Nacional de Aids (CNAIDS) e o presidente do Fórum de Aids de Brasília, manifestando opiniões que se mantiveram opostas durante grande parte do programa. No último bloco, o presidente do Fórum descreveu as campanhas do Ministério da Saúde como inválidas porque não ensinam o cidadão a usar a camisinha. Ao responder o questionamento feito, a psicóloga relativizou a importância de uma campanha publicitária diante da comunicação interpessoal e das relações, mais diretas e humanas, possibilitadas pelos projetos de prevenção realizados pelo Ministério da Saúde em parceria com organizações da sociedade civil. Embora o presidente do Fórum de Aids não tenha discordado da existência e da importância desses projetos, ele pareceu reivindicar uma participação mais efetiva no esquema supostamente ainda muito fechado de elaboração das mensagens oficiais do governo. De qualquer modo, o fato de uma transmissão televisiva, ao vivo, da conversa tensa entre um representante do governo e um representante da sociedade civil é a marca do novo tempo na administração da aids.

Os inúmeros tópicos que constituem o "Relatório de implementação – Aids II" são abrangentes. Especificamente, interessa compreender, por meio deles, como se dão as ações e as estratégias relacionadas ao uso dos recursos e de que forma essa administração interfere nas campanhas publicitárias. Nesse sentido, é relevante uma leitura do item "Ações e estratégias adotadas em cada componente e subcomponente".

"Componente" e "subcomponente" foram categorias utilizadas no "Relatório Aids II" para identificar as grandes áreas de atuação e suas respectivas subáreas. A partir dessas segmentações estratégicas, foram descritos os investimentos dos recursos obtidos com o Banco Mundial. Essa estruturação está exposta no "Sumário" do "Relatório", e para facilitar a compreensão dos dados optou-se neste livro pela organização das informações em uma tabela orientadora, com a definição de uma palavra-chave para cada "componente" e "subcomponente". São elas: informação e educação, hospital e laboratórios, pesquisa e treinamento. O único objetivo desse "apelidamento" foi sintetizar a identidade de cada "componente" e "subcomponente".

O subcomponente 1.1 "Promoção de práticas mais seguras por meio de comunicação de massa" do Componente 1 (Informação e educação) interessa mais de perto nessa leitura do "Projeto – Aids II". O texto que expõe as atividades do referido subcomponente 1.1 está organizado de acordo com a seguinte estrutura: linha de ação; situação atual; atividades; publicações e eventos; dificuldades observadas na implementação; documentos de referência. Nessa linha de ação prevista pelo Banco Mundial, está abordado, especificamente, o tema campanhas publicitárias:

TABELA 2

Relatório Aids II BID: síntese dos dados

Componente	Subcomponentes	Palavra-chave
1. Promoção à saúde, proteção dos direitos fundamentais das pessoas com HIV/Aids, prevenção da transmissão das DST, do HIV/Aids e do uso indevido de drogas	1.1 Promoção de práticas mais seguras, por meio de campanhas pelos meios de massa 1.2 Promoção de práticas seguras por meio de educação, distribuição de preservativos, prevenção entre populações específicas e outros grupos vulneráveis 1.3 Promoção e garantia de direitos humanos das pessoas que vivem com HIV/ Aids 1.4 Articulação com Organizações Não Governamentais para o desenvolvimento de projetos de prevenção das DST/Aids e assistência aos portadores de DST e aids 1.5 Serviços de prevenção: aconselhamento, centros de testagem e aconselhamento e disque saúde/Pergunte aids	**Informação e educação**
2. Diagnóstico, tratamento e assistência às pessoas portadoras de DST/ HIV/Aids	2.1 Diagnóstico e acompanhamento laboratorial e fortalecimento da rede de laboratório para controle da qualidade e pesquisa 2.2 Assistência e tratamento dos portadores de DST, HIV e aids e implementação do sistema logístico de medicamentos	**Hospital e laboratórios**
3. Desenvolvimento institucional e gestão do projeto	3.1 Vigilância epidemiológica das DST e aids 3.2 Treinamento de profissionais das instituições públicas e privadas que atuam na prevenção e no controle das DST/Aids 3.3 Pesquisa 3.4 Gestão do projeto: planejamento, monitoramento e avaliação; administração e finanças; informática 3.5 Cooperação internacional	**Pesquisa e treinamento**

Linha de ação prevista

Execução de campanhas pelos meios de comunicação de massa para aumentar a conscientização e o entendimento da transmissão da Aids e de DST e promover práticas mais seguras.

As campanhas, portanto, constituíam com destaque a linha de ação prevista para o trabalho de comunicação, pois a veiculação de campanhas foi determinação oficial do "Relatório de Implementação – Aids II". Em outras palavras, o Ministério da Saúde foi incentivado a exercer o papel de anunciante pelo seu financiador a partir da veiculação de "campanhas pelos meios de comunicação de massa". Em entrevista ao *Jornal da Cidadania*, do Instituto Ibase, o "cliente" Pedro Chequer protestou contra o alto custo da publicidade nos meios de comunicação de massa:

JC- Qual a sua avaliação sobre o comportamento das TVs na tarefa de prevenção?

Chequer – A televisão só fala de Aids quando o governo paga. Nós gastamos uma fortuna para veicular 30 segundos de um comercial estimulando o uso da camisinha, enquanto a TV promove o sexo nas novelas sem que em nenhum momento se fale no uso de preservativos. Isso não é reconhecer a sua responsabilidade. Existe uma dicotomia entre o que é necessário à sociedade e o lucro imediato. E é preciso lembrar que os canais de televisão são concessões públicas. Nem as TVs do Estado têm contribuído como deveriam. A MTV[12] é uma das poucas que foge à regra (*Jornal da Cidadania*, 1999; 2000, p. 3).

Alguns funcionários relataram que a própria Comissão do Banco Mundial, quando visitou oficialmente o Ministério da Saúde durante o começo de 2000 para avaliar e auditar a primeira etapa do "Aids II", reiterou a crítica aos incríveis valores que são investidos nas campanhas publicitárias do governo. O debate pertinente mantém-se atual. Apesar das positivas experiências de PPP, isto é, Parceria Público Privada, são altos os custos para a veiculação de campanhas de utilidade pública. É possível rever a parceria existente com a Associação Brasileira das Emissoras de Rádio e Tevê (Abert), para firmar um outro paradigma da publicidade de utilidade pública realizada pelo governo federal?[13]

---

[12] *MTV*, Music Televison é um canal fechado de TV por assinatura, com programação musical voltada exclusivamente para a audiência jovem que veicula campanhas próprias de prevenção à aids.

[13] Campanhas de prevenção à aids, às DST e à vacinação, ainda que tenham caráter educativo, não podem ser beneficiadas pelo Acordo MEC/Abert. É possível discutir a ampliação do Acordo

Parte 1 – A aids vira uma campanha

Com o acordo MEC/Abert, somente as campanhas do Ministério da Educação podem ser veiculadas de graça.

Existe uma crença generalizada de que a situação da aids no país poderá ficar pior sem campanhas no ar. Um outra hipótese interessante é pensar que a aids deixaria de existir a partir do momento em que deixasse de existir na mídia. Essa idéia é sustentada pelo bom índice de lembrança de alguns anúncios, pela importância dos meios de comunicação para a obtenção de informações pela maioria da população brasileira e tendo em vista que fatos sociais que "não existem na mídia", efetivamente, não existem no mundo. As pesquisas de avaliação que indicam o sucesso das campanhas de prevenção à aids veiculadas pelo Ministério da Saúde são, em sua maioria, pesquisas de *recall*.[14]

A pesquisa de *recall* é um índice amplamente utilizado na publicidade. O jornal *Meio e Mensagem*, publicação de referência do mercado publicitário brasileiro, toma como referência esse índice para avaliar a receptividade dos anúncios e anunciantes entre telespectadores. Um dos maiores sucessos de *recall* na publicidade brasileira foi a campanha dos "mamíferos", como ficou conhecido o filme do produto leite Parmalat, veiculado em 1997. Mesmo depois de três meses fora do ar, o filme "Mamíferos" ainda era lembrado como a melhor publicidade pelos telespectadores. Uma campanha sobre aids do Ministério da Saúde que obteve alto índice *recall* foi veiculada no carnaval e contou a história de um casal de namorados que procurava a camisinha nos bolsos, em plena festa de rua. A participação da cantora de "axé music" Ivete Sangalo como a cantora do

---

ou um novo desenho, que garanta a utilização do espaço grátis na mídia com conteúdos do governo federal realmente voltados para temas de utilidade pública? O convênio MEC/Abert remonta ao projeto Minerva, criado nos anos 1970, que destinava 30 minutos do tempo das emissoras de todo o país a conteúdos informativos, culturais e educativos, com transmissão obrigatória e gratuita. A cessão deste espaço ficou relativamente esquecida até fevereiro de 1999, quando o então ministro da Educação Paulo Renato de Souza substituiu o projeto Minerva por um novo acordo com as emissoras associadas à Abert. Os conteúdos veiculados, além de programas como "Salto para o Futuro", passaram a tratar também de ações do MEC e do ministro. Embora não seja este seu principal objetivo, o convênio MEC/Abert tem permitido a veiculação gratuita de todas as campanhas publicitárias do Ministério da Educação, como informa a assessoria de comunicação do MEC no endereço <www.mec.gov.br/acs>: "A publicidade utiliza-se do convênio MEC/Abert para a veiculação de campanhas em rádio e televisão, o que resulta em grande economia de recursos". Sem a necessidade de comprar mídia e pagar os altos custos do espaço publicitário, o MEC pode investir na produção de filmes e programas e manter-se o ano todo no ar. Em 2003, o então ministro Cristovam Buarque renovou o acordo MEC/Abert, assim como Tarso Genro, que o sucedeu. Em abril de 2007, o ministro Fernando Haddad, que sucedeu Genro, também renovou o Acordo.

[14] "Pesquisa de *recall*" é um tipo de pesquisa quantitativa que mede os níveis de memorização de marcas e campanhas publicitárias.

trio elétrico certamente foi determinante para que o anúncio fosse visto e lembrado.

Campanha "Sem camisinha não tem carnaval" (1998)

Resultado: a campanha de carnaval do Ministério da Saúde esteve entre os comerciais favoritos dos telespectadores, junto com os "mamíferos" da Parmalat, que é um resultado importante de visibilidade. A seguir, os dados dessa avaliação.[15]

Esta campanha foi escolhida pelos brasileiros como uma das melhores no mês de fevereiro (segundo pesquisas do Instituto DataFolha, publicada no jornal *Meio e Mensagem* de 16/03/98).

Pesquisa: Propaganda Preferida na TV/mês de fevereiro
Instituto: DataFolha – publicada no jornal *Meio e Mensagem* de 16/03/1998
Metodologia: pesquisa quantitativa
População: em geral a partir de 16 anos residente na cidade de São Paulo
Abordagem: pontos de fluxo populacional
Amostra: 628 entrevistas
Margem de erro: 3,9 pontos para o total da amostra
Entrevistas: pessoais, questionário estruturado
Checagem: *in loco*, cobrindo 30% do total de amostra por pesquisador
Data de campo: 26/02/1998

A pesquisa é realizada mensalmente pelo DataFolha em São Paulo com o objetivo de medir (para efeito de publicação no *M&M*):

1) quais as propagandas preferidas pela população;
2) quais as propagandas mais lembradas nos últimos trinta dias.

No caso do filme *Trio Elétrico*, veiculado durante as três semanas que antecederam ao carnaval (fins de fevereiro), uma média de 1,0% dos entrevistados elegeu o filme como o preferido. Isso o colocou como o 15º filme preferido no total geral, e 7º filme preferido

---

[15] Estes dados estavam disponíveis em: <www.aids.gov.br/campanha_carnaval1998.htm>.

Parte 1 – A aids vira uma campanha

pela população masculina e feminina de 16 a 25 anos (faixa etária alvo prioritário da campanha). Neste segmento, 2,4% das pessoas escolheram o filme da campanha de prevenção à Aids. O filme foi especialmente citado pelas pessoas do sexo feminino (1,8% do total entrevistado), que se identificaram mais com a situação retratada. A preferência das mulheres compensou, inclusive, a recepção dos homens ao filme. O filme teve a preferência, também, em especial das pessoas com rendimentos entre 5 e 10 SM (1,6%) e 10 a 20 SM (1,4%). Constatamos que, na faixa até 5 SM, o número de citações como preferido ficou inferior a 0,3%. Finalmente, vale salientar que o filme teve especial acolhida entre pessoas com até segundo grau de escolaridade (2,3%). Além da campanha de prevenção à Aids, a campanha contra as drogas e a campanha de prevenção e alerta contra o alcoolismo foram citadas na campanha, registrando uma *performance* especialmente boa da comunicação de serviços comunitários e educativos.

Em 1999, outro sucesso de *recall*. Dessa vez, a campanha de carnaval foi protagonizada pela atriz humorística Regina Casé – outro apelo à autoridade de uma personalidade da mídia. A engraçada fala de Regina ao telespectador, mais precisamente à telespectadora, pois a campanha era dirigida às mulheres, protagonistas da nova fase da epidemia de aids,[16] citava marchinhas famosas de carnaval ("mamãe eu quero", "ô balancê, balancê, quero dançar com você", "vai ter que dar, vai ter que dar"). Resultado: índice de *recall* espontâneo de 10% sem estímulo de qualquer ordem, equivalente ao obtido pela cerveja Brahma e superior, por exemplo, ao obtido por marcas como Coca-Cola e Skol (4%).

Campanha "Viver sem Aids só depende de você" (1999)

Essas informações foram divulgadas na internet pelo Programa Nacional de DST e Aids, entre outros dados relevantes, como estes reproduzidos a seguir:

---

[16] Aumentou o número de casos de HIV na população feminina durante a última década (44% entre 1996 e 2005), de acordo com as informações do Ministério da Saúde. Em 2007, no Dia Internacional da Mulher, 8 de março, a Secretaria Especial de Políticas para as Mulheres, articulada com outros parceiros, lançou um conjunto de ações integradas, além de *folder* e cartaz, sob o conceito "Mulheres contra as DST e Aids".

"Viver sem Aids só depende de você".[17]

Este é o *slogan* da campanha de prevenção que o Ministério da Saúde lança para o carnaval de 1999. O objetivo é despertar a responsabilidade individual para o combate da Aids, além de informar a população sobre como prevenir as doenças sexualmente transmissíveis (DSTs).

O filme para TV, estrelado por Regina Casé, tem duração de trinta segundos. A atriz ensina, de forma bem-humorada, como a mulher deve reagir se um homem se recusar a usar a camisinha. O texto usa versos populares de marchinhas carnavalescas famosas (roteiro a seguir).

Campanha de Carnaval com Regina Casé é aprovada

Pesquisa de *recall* realizada pelo Ibope em fevereiro, com 2 mil entrevistas em todo o país, apurou que a campanha de carnaval do Ministério da Saúde obteve um índice de *recall* espontâneo (sem citar foco ou estímulo de qualquer ordem) de 10% – equivalente ao obtido pela cerveja Brahma e superior, por exemplo, ao obtido por marcas como Coca-Cola e Skol (4%).

Ao serem questionados objetivamente sobre a campanha de prevenção à Aids no carnaval, o *recall* espontâneo cresceu para 36%. Finalmente, com o estímulo da lembrança do "comercial com a atriz Regina Casé falando sobre prevenção à Aids no carnaval", a pesquisa apurou que 72% dos entrevistados lembravam do comercial.

O mais importante: os públicos prioritários da ação – mulheres e jovens em geral – foram os que mais se identificaram e lembraram do comercial. Entre os jovens de 16 a 24 anos, por exemplo, o *recall* estimulado chegou a 77%. A pesquisa do Ibope também mostrou que 15% adoraram o comercial, enquanto 78% disseram ter gostado ou gostado muito. As principais características relacionadas ao comercial foram "criativo", "inteligente", "divertido" e "para jovens".

Usando uma lista com qualidades e defeitos, os entrevistados confirmaram a avaliação geral positiva do comercial, escolhendo praticamente só atributos positivos para descrevê-lo [...]

Embora ocorra prestação de contas sobre gastos com publicidade e demais ações, o Ministério da Saúde, por meio do Programa Nacional de DST e

---

[17] Conforme informações disponíveis em: <www.aids.gov.br/campanha_carnaval99.hjtm>.

Parte 1 – A aids vira uma campanha 79

Aids, possui autonomia de gerenciamento das campanhas, embora órgãos internacionais, que atuam na mobilização mundial de aids, eventualmente, possam propor sua mensagem estratégica. Um exemplo disso foi a campanha mundial "Jovens contra a Aids, a força para a mudança", quando Ronaldinho, o famoso jogador brasileiro de futebol, foi escolhido pela Unaids como "garoto-propaganda":

O diretor-executivo da Unaids, Peter Piot, está entusiasmado com o apoio dado pelo jogador brasileiro à iniciativa das Nações Unidas. "Ronaldo é um ídolo para os jovens de todo o mundo. Por isso, estamos felizes com a sua participação na campanha, que deverá motivar os jovens a se protegerem da infecção

Campanha "A força da mudança com os jovens em campanha contra a aids" (1998)

80 Aids anunciada: a publicidade e o sexo seguro

pelo HIV e a darem atenção e ajuda àqueles que estão sofrendo o impacto da epidemia".[18]

Apesar do entusiasmo de Peter Piot, o filme publicitário e o cartaz, ambos com a imagem de Ronaldinho e o *slogan* "Camisinha é gol" (*Play Safe*, na versão em inglês), tiveram veiculação restrita e não receberam a tradicional cobertura da mídia no Brasil. Embora Ronaldinho seja sinônimo do futebol brasileiro, seu "testemunhal"[19] não "abrasileirou" a aids, não estetizou de verde-e-amarelo o discurso das Nações Unidas.

Será que a população se identificou com essa mensagem do Ronaldinho? Será que funcionou? Essas são perguntas inevitáveis quando se fala em campanhas de publicidade, especialmente quando se trata de prevenção à aids feita pelo governo, aliado a um órgão internacional. É possível afirmar que esse cartaz tinha algum compromisso com a prevenção da aids? Não se tratou de mera publicização dos apoios políticos e institucionais relacionados à prevenção da aids? Uma contrapartida institucional aos financiadores dos projetos brasileiros? Quantas campanhas do Ministério da Saúde foram veiculadas apenas privilegiando o sentido político e de prestação de contas à população? Não se poderia pensar assim sobre os filmes publicitários de curtíssima veiculação que comparecem à mídia de massa no carnaval e no 1º de dezembro, anualmente? Essas campanhas, com o enfoque institucional e o curto tempo de exibição que mantêm, podem ser entendidas como esforços comunicativos de prevenção à disseminação do HIV?

Em 1996, o Ministério da Saúde realizou a pesquisa de opinião pública "O brasileiro e a aids" (consultar *site* do Programa DST/Aids). As entrevistas foram realizadas nos dias 13 e 17 de junho, em todo o país, totalizando 2 mil. Por meio do acesso aos gráficos dessa pesquisa, foi possível destacar algumas informações que se referem a dois aspectos: 1) a importância dos meios de comunicação para obter informações sobre a aids; 2) a importância específica da publicidade para obter tais informações:

- As maiores fontes para se informar sobre a aids apontadas pelos entrevistados foram "procurar um médico" (86%), "conversar com alguém

---

[18] *Aids imprensa*. 18 de junho de 1998. Documento destinado ao editor de Nacional/Brasil/ Saúde/Ciência. Ministério da Saúde; Secretaria de Projetos Especiais de Saúde; Coordenação Nacional de DST/Aids.

[19] Testemunhal é uma técnica publicitária que explora a autoridade de personalidades para valorizar o produto anunciado. É a forma mais tradicional da mensagem publicitária, reconhecida como uma das mais eficazes na persuasão do consumidor. "Quando possível, mostre alguém real, de corpo presente, falando bem de seu produto em seus anúncios" (BARRETO, Roberto Menna. *Criatividade em propaganda*. 3. ed. São Paulo: Summus, 1982, p. 194).

Parte 1 – A aids vira uma campanha

de um centro de estudo e tratamento da aids" (44%), "ter um telefone para ligar e fazer perguntas" (33%) e "ter programas na tv e no rádio para você ouvir e ver" (32%).

- Entre as melhores maneiras para se informar sobre a aids, foram mais apontadas as razões "comerciais no rádio" (25%), "programas de tv e rádio só sobre aids" (28%) e "comerciais na tevê" (71%).

- Sobre a forma como o entrevistado mais aprendeu sobre aids, foram mencionados "na escola com professores" (8%), "programa de rádio e tevê só sobre aids" (10%) e "comerciais na tevê" (45%).

Junte-se a isso uma pesquisa realizada em 1997, em parceria com o Exército, entre os jovens no período de alistamento militar que informou:

- Cerca de 50% dos jovens do sexo masculino tinham na mídia a sua principal fonte de informação sobre prevenção.

É importante considerar também uma outra pesquisa de 1997, realizada em parceria com o Sesi, sobre os trabalhadores da indústria. Os entrevistados disseram que sua principal fonte de informação está nos meios de comunicação:

- 70% afirmaram obter as mesmas informações no rádio e na tevê.

No mesmo sentido, em 1999, a pesquisa do Cebrap ressaltou que:

- 99% da população está exposta à televisão.

O maior desafio reservado à área da comunicação publicitária, segundo o "Relatório Aids II" – Banco Mundial, é atuar de modo compatível com as necessidades impostas pelo "quadro atual da epidemia": não é mais necessário "o simples repasse de informação para a população". "O desafio é fazer com que o indivíduo que adota comportamentos de risco deixe de adotá-los." O objetivo do projeto "Aids II" estaria em "alcançar a mudança efetiva de comportamento", uma mudança de comportamento que "passa por um maior conhecimento sobre comportamentos de alto risco, redução no número de parceiros, aumento do uso do preservativo, adiamento da primeira relação sexual e redução do uso compartilhado de seringas e agulhas". A publicidade foi o meio compreendido pelo Programa Nacional de DST e Aids como um dos mais adequados para o exercício das atividades de informação, educação e comunicação (IEC); e para cumprir o objetivo maior desse esforço, que é a mudança comportamental:

[a mudança do perfil epidemiológico da aids] requer uma nova abordagem conceitual e metodológica da comunicação social em DST/HIV/Aids e a reorientação das suas ações visando a um desafio maior e fundamental para o sucesso da prevenção e controle da epidemia: a mudança comportamental.

De acordo com os cidadãos entrevistados pelo Ministério da Saúde na pesquisa realizada em 1996, a melhor maneira de fazer prevenção à aids é pelos meios de comunicação, especificamente por meio da publicidade, e os comerciais sobre a aids na tevê deveriam seguir estas orientações:

- Dar informações úteis de forma fácil e direta sem enfeitar (45%).

- Usar bom humor para chamar a atenção das pessoas, dos jovens (21%).

- Assustar um pouco as pessoas para convencê-las (16%).

- Usar gente famosa que tem aids (14%).

- A maioria dos entrevistados avaliou as campanhas publicitárias como "boas" (60%) e "muito boas para informar e convencer as pessoas"(25%). Menos de 10% as consideraram ruins.

Com a divulgação da pesquisa do Cebrap, em 1999, foram atualizados os dados sobre o nível de conhecimento dos brasileiros em relação à aids. Os dados de 1996, informaram que:

- 27% dos entrevistados consideravam ter um ótimo conhecimento sobre aids; 26%, um conhecimento regular, e a maioria, 48% dos entrevistados, considerava que seu conhecimento sobre a aids era ruim/péssimo.

- Entre os entrevistados, 32% acharam que não existe risco próprio de ser infectado pelo HIV, embora percebam que a mesma garantia é de apenas 11% para algum amigo ou colega.

As informações trazidas pela pesquisa do Cebrap, três anos depois, confirmaram a mudança para melhor do nível de informação do brasileiro sobre a aids:

- 69% da população brasileira sabe que o preservativo previne contra a aids.

- 79% que o sexo oral pode transmitir o HIV.

- 60% sabe que o uso compartilhado de agulhas e seringas transmite o vírus.

Parte 1 – A aids vira uma campanha

- 95% reconhece como situações de alto risco as relações com muitos parceiros.[20]

Grande parte desses bons resultados é tributada às campanhas publicitárias, mas é difícil mensurar até que ponto as mensagens veiculadas pelos meios de comunicação podem realmente tocar os cidadãos sobre o problema. Há o pressuposto behaviorista de que as campanhas publicitárias na tevê podem mudar o comportamento sexual do brasileiro. São reflexões sobre esses pressupostos que estão apontando novos desafios para a comunicação social em DST/HIV/Aids.

As dificuldades para um cumprimento "publicitário" dos desafios nessa nova etapa da epidemia são tão evidentes que justificaram a inscrição de um item no "Relatório Aids II" com o seguinte título: "Principais dificuldades observadas no processo de implementação do projeto". É válido reproduzir integralmente o texto que fala das dificuldades em relação às campanhas:

As ações de comunicação estão associadas diretamente à educação para prevenção da Aids e demais doenças sexualmente transmissíveis. Em razão disso, as dificuldades encontradas estão relacionadas à diversidade de público-alvo de nossas ações – mulheres, jovens, população rural, pessoas em situação de pobreza, usuários de drogas, etc. Cada um desses grupos possui códigos e conceitos com variantes dentro dos próprios grupos. O que dificulta a nossa focalização para a abordagem dos temas com uma mensagem eficiente e eficaz e, até mesmo, para a escolha de um veículo mais adequado.

Tendo como referências as "teorias da comunicação" é possível identificar que o texto extraído do "Relatório Aids II – Banco Mundial" possui raízes nos referenciais hipodérmicos.[21] A "dificuldade" estaria em encontrar

---

[20] Para conhecer a segunda rodada de pesquisas sobre o comportamento sexual do brasileiro, realizada pelo Cebrap, sob o título "Comportamento Sexual da População Brasileira e Percepções do HIV/AIDS 2003-2004", acesse diretamente o endereço: <www.cebrap.org.br/index.asp?Fuseaction=Conteudo&ParentID=544&Menu=309.544.0.0&materia=244>. Para acompanhar outras pesquisas do Cebrap sobre saúde, acess o *link* "Pesquisas" em: <www.cebrap.org.br>.

[21] "Não há dúvida de que esta teoria da acção, de cariz behaviorista, se integrava bem nas teorizações sobre a sociedade de massa, fornecendo-lhes o suporte em que se apoiavam as convicções acerca da instantaneidade e da inevitabilidade dos efeitos. [...] Neste sentido, tem razão Bauer (1964) quando observa que, durante o período da teoria hipodérmica, os efeitos, na sua maior parte, não são estudados, são dados como certos. [...] a teoria hipodérmica – *bullet theory* – defendia, portanto, uma relação directa entre a exposição às mensagens e o comportamento: se uma pessoa é 'apanhada' pela propaganda, pode ser controlada, manipulada, levada a agir. Este é o ponto de partida que toda a pesquisa posterior tenta modificar mais ou menos totalmente". (WOLF, Mauro. *Teorias da comunicação*. Portugal: Presença, 1995. p. 24-25 (Textos de Apoio, vol. 21)).

uma "mensagem eficiente e eficaz", uma mensagem ideal, embora fosse difícil encontrá-la em função da multiplicidade de assuntos que devem ser tratados: aids, preservativos, DSTs e da diversidade do público-alvo. Em outras palavras, pressupõe-se que, se fosse possível falar apenas de aids e para um só "público-alvo", seria possível dar o tiro certeiro da *bullet theory* e dizer a mensagem ideal, fatalmente "eficaz e eficiente".

DST foi um tema abordado com destaque no "Relatório Aids II", Componente 1 (Informação), no que se refere aos esforços de comunicação publicitária, pois foi afirmado o duplo foco para os conteúdos das campanhas, isto é, aids e DST:

Com relação a outras doenças sexualmente transmissíveis (DST) ainda é notado, na população brasileira, um relativo desconhecimento sobre o tema. Nesse caso, o trabalho que se apresenta para a área de comunicação é semelhante ao que foi feito em relação à Aids no início da epidemia: informar as pessoas sobre os riscos aos quais estão expostas e tornar conhecidos os meios de prevenção.

Os manuais de redação publicitária informam que a mensagem publicitária não deve enviar "dois comandos" à recepção, duas ordens ao mesmo tempo. Quanto mais objetivo, direto e resumido o conteúdo da mensagem, maior a garantia do seu entendimento. Certamente, problemas concretos e importantes são enfrentados pelos "criativos"[22] na elaboração de uma mensagem que deva mencionar, ao mesmo tempo, aids e DST, principalmente se considerarmos que toda a formação desses profissionais foi baseada no consumo de "regras para a criatividade". A tarefa dos "criativos" profissionais da propaganda, que precisam resumir esses dois conteúdos e tirar da cartola um *slogan*, é desafiadora, mas atribuir à falta de talento dos publicitários toda a impossibilidade de o discurso publicitário dizer uma aids consensual é reduzir uma questão altamente complexa. A pergunta a ser feita é mais complicada: a publicidade tem competência discursiva para dizer a aids?

É interessante lembrar neste livro que durante a referida visita do Banco Mundial ao Ministério da Saúde, que aconteceu em fevereiro de 2000, a pesquisa para a dissertação de mestrado foi suspensa porque os funcionários estavam às voltas com a prestação de contas sobre as atividades desenvolvidas. Cerca de uma semana depois, quando se retornou à rotina

---

[22] No jargão profissional, "criativos" refere-se aos publicitários que trabalham no departamento de criação da agência de publicidade, ou seja, redatores, diretores de arte, diretores de criação, duplas de criação... Alguns aspectos organizacionais do mercado publicitário serão comentados no capítulo Parte 2 intitulado "A aids não tem vocação publicitária" – "A fala de quem faz: os publicitários".

Parte 1 – A aids vira uma campanha

da pesquisa, teve-se acesso a uma série de informações relativas à visita do Banco Mundial.

Entre os documentos mais importantes acessados está um relatório de vinte páginas que descreve todas as atividades desenvolvidas pela Ascom entre dezembro de 1998 e dezembro de 1999 e contextualiza a atual situação do subcomponente 1.1. Esse subcomponente estratégico diz respeito à "execução de campanhas pelos meios de massa para aumentar a conscientização e o entendimento da transmissão da aids e das DST e promover práticas mais seguras". No relatório, foi abordada uma série de itens que remonta aos principais focos de atuação da Assessoria de Comunicação:

- Informação, Educação, Comunicação – IEC.
- Plano Estratégico de Comunicação da CN-DST/Aids.
- Assessoria de Imprensa.
- Eventos.
- Campanhas.

O IEC, como é chamado o foco Informação, Comunicação e Educação, representa a grande ênfase do "Projeto Aids II". Os principais objetivos na atuação do Ministério da Saúde nessas três áreas seriam:

1) Promoção à saúde (prevenção, direitos humanos, comunicação) para reduzir a incidência de infecção pelo HIV/Aids e outras DST.

2) Assistência e acompanhamento epidemiológico, ampliando o acesso e melhorando a qualidade do diagnóstico, do tratamento e da assistência em HIV/Aids.

Para cumprir esses objetivos mais gerais, as estratégias e as ações de IEC foram definidas com os seguintes objetivos específicos:

- Promover a adoção de práticas seguras em relação às DST/HIV/Aids.
- Aumentar o uso de serviços de diagnóstico e aconselhamento em HIV/Aids.
- Aumentar o uso dos serviços de diagnóstico, aconselhamento e tratamento das doenças sexualmente transmissíveis (DST).
- Promover a garantia dos direitos fundamentais das pessoas atingidas, seja direta ou indiretamente, pelo HIV/Aids.

- Promover o acesso das pessoas com HIV/Aids à assistência de qualidade e à adoção de práticas seguras quanto às DST/ Aids.

- Promover o acesso dos portadores de DST à assistência de qualidade na rede pública (isto é, governamental) de saúde.

O texto desse relatório, apresentado à Ascom no começo de 1999, durante a visita do Banco Mundial, informa que:

[...] buscar-se-ão estratégias de comunicação social que ajudem a evitar novas infecções e promover a melhoria da qualidade de vida das pessoas com HIV/Aids e outras DST. E terão destaque, certamente, aquelas que concorram à maior adesão aos serviços de atenção à saúde e tratamento, neutralização das situações preconceituosas e estigmatizantes e redução do impacto social da epidemia.

O Plano Estratégico de Comunicação do Programa Nacional de DST e Aids documentou os princípios, as diretrizes e as estratégias de ações para as atividades planejadas na área de comunicação. Para a nova etapa do contrato com o Banco Mundial, os princípios norteadores definidos para a política de comunicação nas atividades de IEC referentes à transmissão do HIV/Aids foram: via sexual, via sangüínea; uso de drogas injetáveis; transmissão vertical; biossegurança. Em outras palavras, isso significa que essas seriam as abordagens priorizadas nas ações de comunicação, incluindo as campanhas publicitárias, mas não só elas. Os cinco conteúdos listados anteriormente também deveriam ser abordados pela Assessoria de Imprensa, Eventos e Editoração, que compõem os esforços de IEC. Na Assessoria de Imprensa, de acordo com o Relatório da Ascom, por exemplo:

[seriam] preparadas entrevistas coletivas de imprensa, *press-release,* informativos periódicos para públicos específicos, programas de rádio e outros textos de apoio (*briefing papers*), intermediação entre os veículos de informação e a CN-D ST/ Aids e capacitação de profissionais de mídia.

No que se refere ao 1º de dezembro, dia mundial de luta contra a aids ocorreriam diversos congressos, seminários, oficinas de trabalho e treinamento, teleconferências e outras ações.

A quantificação de algumas dessas e outras demandas[23] pode ser tomada como referência para mensurar o quanto as respostas do governo ao advento

---

[23] No relatório de atividades elaborado pela Ascom durante a visita do Banco Mundial, em fevereiro de 2000, foi quantificada uma infinidade de ações por meio da listagem detalhada de cada realização. Hoje, é possível ter acesso pela internet às tiragens, aos públicos escolhidos e à grade de distribuição dos materiais, entre outros dados técnicos.

Parte 1 – A aids vira uma campanha

da aids, por meio da publicidade, favoreceram a consolidação da identidade do Ministério da Saúde como anunciante:

- No primeiro ano de vigência do contrato "Aids II" com o Banco Mundial, foram veiculadas sete campanhas nacionais e uma regional.

- Entre dezembro de 1998 e dezembro de 1999, o assunto "aids" foi tratado 471 vezes na tevê em matérias que geralmente tiveram a Coordenação Nacional como principal fonte e/ou personagem da notícia.

- Entre 1998 e 1999, primeiro ano de vigência do "Aids II", foram realizados 49 eventos envolvendo 9.373 pessoas.

- 50 mil exemplares do cartaz da campanha do 1º de dezembro – Dia Mundial de Luta contra a Aids em 1999.

- Circularam no mesmo ano, 20 mil cartazes da campanha do carnaval.

- 15 mil cartazes para a campanha de adesão dos pacientes soropositivos aos medicamentos, 1 milhão de cartazes para a campanha sobre a DST e 12 mil exemplares de *folders* foram impressos para a campanha de carnaval de 1999.

- 44 programas de 5 minutos e 20 *spots* de 30 segundos entre 1998 e 1999 foram produzidos.

- Foram distribuídos 1 milhão de unidades de uma série composta de 10 cartões telefônicos com mensagens de prevenção à aids, 100 mil gibis, 28 mil calendários para profissionais da saúde e 280 filipetas sobre DST, entre 1998 e 1999.

A multiplicidade dos formatos comunicativos utilizados (*folders*, cartazes, programas, calendários) e a quantidade de exemplares de cada peça publicitária confirmam a vocação de anunciante do Ministério da Saúde. Mas, e a aids? O que dizer da "vocação" publicitária da aids?

PARTE 2

A AIDS NÃO TEM VOCAÇÃO PUBLICITÁRIA

Parte 2 – A aids não tem vocação publicitária

A etiologia da aids lembra que o sexo pode não ser fácil; sua profilaxia, que o impulso precisa ser contido. Sua trajetória social condena estereótipos, acusações, discriminações. Sua epidemiologia relativiza qualquer público-alvo. Sua pesquisa ainda não oferece prazos. Sua permanência compromete o sucesso das avaliações imediatistas. A complexidade da aids, definitivamente, não cabe em um *briefing*. Ainda assim, o governo brasileiro continua a realizar campanhas publicitárias de prevenção à aids. O que significa isso?

Como foi visto, a primeira campanha foi veiculada nos anos 1980. De lá para cá, tal prática tem sido recorrente, embora hoje os esforços de comunicação do governo para prevenir a aids não sejam exclusivamente concentrados em publicidade e as campanhas não sejam mais tão freqüentes. Nos anos 1980, as notícias sobre o HIV geraram muitas dúvidas, incertezas e curiosidade. A demanda de perguntas da população foi ficando maior que a oferta de respostas, e temia-se que as dúvidas sobre a "nova doença" evoluíssem para o pânico em massa. A situação provocou a necessidade de uma articulação do Ministério da Saúde. Enquanto isso, a população, tomada de assalto por um "vírus americano" que estava invadindo o Brasil, queria saber: picada de mosquito transmite aids? O silêncio do governo só poderia agravar as circunstâncias daquela situação inédita. Mesmo que a medicina não pudesse afirmar exatamente o que a aids representava, o Ministério da Saúde precisou manifestar-se e transformar o amontoado de questionamentos em respostas claras, acessíveis, objetivas, seguras e definitivas. Em outras palavras, o Ministério da Saúde precisou fazer uma campanha.

A veiculação de uma campanha publicitária foi uma estratégia que se antecipou ao desenho das bases de um programa nacional de prevenção. E o que o governo disse? Disse um *slogan*: cuidado, aids mata.

A idéia de um vírus que mata parecia ficção científica. Para esse distanciamento também contribuiu a trajetória da epidemia, como já foi exposto aqui, que se configurou como a "doença do outro". Ainda hoje, apesar das alarmantes estatísticas entre brasileiros heterossexuais[1] e da superação dos primeiros modelos que orientaram os estudos da epidemia, resiste a idéia de que aids é perigo exclusivo de homossexuais masculinos e que as vítimas potenciais são as pessoas que pertencem ao "grupo de risco". Em 1999, tentando eliminar

---

[1] De acordo com dados do Programa Nacional de DST e Aids, o Brasil tem cerca de 600 mil portadores do vírus da aids. Este número contraria a previsão do Banco Mundial, que estimava cerca de 1,2 milhão de infectados já no ano 2000. Estão contabilizados, na estatística de 600 mil portadores do HIV, os casos de pessoas que já desenvolveram aids. Não são considerados os óbitos e nem podem ser determinados as principais vias de infecção, antes da notificação da aids, pois os dados de infecção são estimados. O Ministério da Saúde explica que a pessoa infectada pode demorar entre 8 e 10 anos para desenvolver os sintomas de aids, permitindo, somente assim, a notificação de um novo caso de aids.

esses "ruídos" na mensagem, o Ministério da Saúde desenvolveu, entre outras ações, em parceria com a Telecomunicação e Multimídia – Telecentrosul/Telepar, o projeto "Juntos contra a aids". Foi criada uma série especial de 1 milhão de unidades de cartões telefônicos para abordar questões relacionadas à aids. Foram distribuídas 100 mil unidades com dez temas diferentes, e, em um dos cartões distribuídos, uma mensagem tocou diretamente no tema do "grupo de risco". A ilustração mostra um homem e uma mulher romanticamente sentados no banco da praça, ao luar. É a representação de um casal heterossexual. O texto inscrito à direita da imagem diz: "Não existe grupo de risco. O que existe é comportamento de risco. Use sempre camisinha e evite a aids".

Campanha "Juntos contra a aids" (1999)

Décadas depois, o Ministério esforça-se para desconstruir a abordagem do conceito "grupo de risco", conceito já superado nos estudos epidemiológicos da aids. Por quê? Porque apesar do bom nível de informação do brasileiro, como demonstrado no capítulo anterior, ainda há forte preconceito. No governo José Sarney, o Ministério da Saúde veiculou um filme publicitário de prevenção que utilizou a expressão "pessoas que vão para a cama com muita gente", indicando que apenas aqueles que levam uma vida sexual promíscua estão sujeitos à aids (campanha "Vila Saúde", que será comentada mais adiante). O esforço realizado pela publicidade nos anos 1990 foi exatamente contrário àquele empreendido na década de 1980. Nos anos 1980, o conceito "grupo de risco" balizava as campanhas. Nos anos 1990, o foco das campanhas era afirmar que o risco existe mesmo para o cidadão que não é *gay*, nem homossexual passivo, nem usuário de drogas, nem hemofílico e para aquele que é heterossexual e monogâmico. Era preciso dizer nas campanhas publicitárias que todos estão expostos à infecção pelo HIV e que, portanto, não existe (mais) "grupo de risco". Porém, enquanto as campanhas do Ministério da Saúde apareciam na televisão, a vida real, vivida em uma cultura machista, a despeito da genialidade publicitária, criava seus próprios *slogans*:

Parte 2 – A aids não tem vocação publicitária

- A aids foi inventada pelos americanos em laboratório.

- Aids é doença de veado.

- Veado é quem dá e não quem come, e eu como, então, não há risco de pegar aids.

- Usar camisinha brocha, e eu não sou homem de afinar.

- Transar com camisinha é chupar bala com papel.

- Mulher que anda com camisinha é piranha.

- Mulher que amamenta não pega aids.

- Mulher está fora do grupo de risco.

- Quem é casado está seguro.

- Camisinha é pecado.

- Sexo não é assunto para crianças de 13 anos.[2]

Mesmo que tenha "passado na tevê", há quem não acredite que o homem tenha ido até a Lua, conquistado o espaço. Apesar das campanhas publicitárias, há quem desconfie ainda hoje: será mesmo que "usar os mesmos talheres não pega[3]"? Um exemplo significativo do jogo de dúvida e certeza que caracteriza toda a trajetória da aids aconteceu em 1996, com o cantor brasileiro Milton Nascimento. Ele assistiu ao seu próprio velório ao sofrer uma grande e rápida perda de peso em função de diabetes. O estereótipo do "aidético", cadavérico e incapaz, personagem tão marcante no começo da epidemia, voltara com força, em pleno final do século XX, e Milton precisou dar explicações. Sobrevive o signo do paciente construído sob uma imagem cruel e torturante da aids.

---

[2] Fez parte da metodologia da pesquisa que deu origem a este livro uma investigação participativa na ONG Gapa-DF. No treinamento de novatos, em maio de 1998, ouviram-se exemplos de falas como essas, exemplos reais de dúvidas e comentários dos cidadãos que procuravam atendimento no Gapa-DF. O trabalho desenvolvido como voluntária no "Disque-Aids" permitiu o atendimento de ligações diárias de pessoas comuns. A despeito das campanhas veiculadas, o que se percebeu pelas perguntas e pelos depoimentos de quem telefonava foi uma contundente prova da vigência do conceito do "grupo de risco" no imaginário popular.

[3] Máxima utilizada em algumas peças publicitárias sobre aids.

Com açúcar e muito veneno

Magro e abatido pela diabetes tipo II, Milton Nascimento é alvo das más-línguas, mas seu médico em Nova York assegura que ele não tem Aids

O cantor num show em Brasília, semana passada: cumprindo a agenda

Revista *IstoÉ*, 18 de dezembro de 1996

Na tentativa de romper com essa cristalização de representações, lideranças da sociedade civil e o próprio Ministério da Saúde, como se sabe, recomendam que não se diga "aidético": o que se pretende é uma construção simbólica feita sob o signo de uma realidade médica mais otimista, com um saldo de vitórias laboratoriais que está mudando alguns prognósticos. Não todos.

Ainda se morre de aids. A aids ainda mata. A novidade é que se pode *viver* com aids. Pacientes infectados pelo HIV que receberam o tratamento há anos se mantêm longe das estatísticas de óbitos em decorrência da aids. Os benefícios da ciência trouxeram novas interpretações para a epidemia, embora existam incríveis dúvidas sobre a eficácia do tratamento a longo prazo. Nada disso, porém, está presente nas bem-humoradas campanhas publicitárias do governo.

Parte 2 – A aids não tem vocação publicitária

Campanha do governo australiano para prevenir a aids (1987)

Nos anos 1980, a morte riu da vulnerabilidade brasileira e de outros países. Para citar um exemplo internacional dessa época, vale lembrar um filme publicitário australiano que exibia a morte jogando boliche. A morte era a aids. Nesse inusitado jogo, os pinos eram as pessoas.[4]

Nos anos 1990, foi possível rir da morte. Há um consenso no mercado criativo publicitário internacional indicando que o humor é a grande tendência, e o Ministério da Saúde parece segui-la, pois em seus anúncios mais recentes a aids é absolutamente euforizada. É a "aids-vida".

A publicidade vai ao ar para publicizar certezas. Todo produto anunciado deve estar no limite daquilo que se pode oferecer incontestavelmente como objeto de prazer, benefícios, comodidade. Não são questionadas as necessidades que extrapolam o produto. Não no intervalo comercial. O intervalo comercial é um aglomerado de convicções, assertivas, pontos finais. "Existem coisas que o dinheiro não pode comprar", diz o *slogan* de um cartão de crédito, mas elas não interessam para a publicidade.

---

[4] Um dos publicitários entrevistados nesta pesquisa mencionou esse filme. Trata-se da primeira campanha educativa sobre aids realizada na Austrália, em 1987.

Os anúncios do Ministério da Saúde na década de 1980 mostraram-se assim, inabalavelmente seguros, compostos de frases curtas, cenas impactantes e depoimentos confiáveis. Não por acaso, um dos principais formatos utilizados pelo governo na campanha de prevenção sempre foi o "testemunhal", no qual, os "olimpianos"[5] aparecem. Um exemplo de utilização dessa abordagem criativa pode ser o filme de uma campanha veiculada pelo Ministério da Saúde sob a assinatura "Brasil X Aids", do qual participaram várias personalidades como o jogador de futebol Zico, a atriz Vera Fisher, o piloto Ayrton Senna, a apresentadora Xuxa, falando ao telespectador frases informativas e positivas sobre prevenção à aids, entre elas a polêmica sugestão de "redução do número de parceiros".

Campanha "Brasil X Aids" (anos 1980)

Não é por acaso que o "testemunhal" é um formato amplamente explorado: ele potencializa a promessa de veracidade de uma propaganda. Um exemplo clássico de "testemunhal" é a comunicação internacional da conhecida marca de sabão em pó, na qual donas de casa afirmam que "Omo lava mais branco".

A expectativa sobre a veiculação das primeiras campanhas de prevenção à aids era extremamente otimista. Pretendia-se garantir que a campanha imediatamente gerasse esclarecimento e tranqüilidade, medos e temores freados, versões populares da aids corrigidas pela versão oficial. Tudo acontecendo mecanicamente, como a população que se enfileira na calçada para comprar a promoção anunciada na loja de departamentos. Não aconteceu bem assim com a aids. Ela trouxe para a publicidade um desafio singularíssimo: como mudar práticas sexuais enraizadas numa cultura sexual tradicional? Como compensar as mazelas do projeto educativo brasileiro e as condições absolutamente precárias para a promoção da saúde no país? **O que fazer?**

---

[5] " [...] Referimo-nos aos chamados 'olimpianos', heróis e mitos produzidos pela cultura de massa; espécie de celebridades do mundo do cinema, da música, da poesia, da política e, particularmente, no Brasil, da televisão" (FAUSTO, Antônio Neto. *Mortes em derrapagem*: os casos Corona e Cazuza no discurso da comunicação de massa. Rio de Janeiro: Rio Fundo, 1991. p. 16).

Parte 2 – A aids não tem vocação publicitária

Sim, o manuseio do preservativo e as orientações médicas são compreendidas pela população, como as pesquisas do Cebrap mostram. Todos estão muito bem informados sobre a epidemia, e a publicidade certamente contribuiu para a divulgação dos procedimentos. Das conclusões citadas nas pesquisas, duas chamaram a atenção, em particular. A primeira: a certeza de que o nível de informação da população é muito bom. A segunda: não é assegurada uma relação direta entre a veiculação de campanhas publicitárias e o nível de informação atingido. **O que pensar?**

Parece que a aids, no quebra-quebra que causou, desconstruindo o mito da medicina e a onipotência do Estado, também relativizou a competência publicitária, duvidando que também a propaganda sobre a aids possa persuadir, mudar comportamentos, promover a adesão de idéias. **O que dizer?**

A aids, grande para o mundo, ficou maior que a publicidade, embora a publicidade seja globalizada. A aids mostrou que a publicidade não pode narrar plenamente determinadas histórias, embora seja definida como a fala capaz de discorrer sobre qualquer referente e empreender sua viagem poética.[6]

Os comunicados publicitários do governo foram ao ar um pouco depois que a imprensa abriu caminho nos telejornais, como já visto, ancorando a "doença" em território brasileiro por meio da veiculação de notícias sobre o pânico americano. Nessa época, uma epidemia, efetivamente, não se tinha configurado aqui. Ou seja, a aids chegou antes da aids.[7]

Seguindo a linha traçada pelas manchetes da imprensa, a publicidade refutou qualquer possibilidade de euforização. Diante da sentença de morte

---

[6] "A propaganda, outrora um jogo, transformou-se assim, sob direção hábil, numa das mais seguras aventuras comerciais. Certamente, nenhuma outra empresa com possibilidades comparáveis envolve tão pouco risco" (HOPKINS, Claude. *A ciência da propaganda*. 5. ed. São Paulo: Cultrix, 1993. p. 19). "As pessoas – dizia Goebbels [ministro de propaganda de Hitler]– têm propensão imensa para acreditar. Elas precisam e estão sempre prontas a acreditar em tudo.' Digam o que quiserem, o homem entendia de propaganda [...]" (BARRETO, Roberto Menna. *Criatividade em propaganda*. 3. ed. São Paulo: Summus, 1982. p. 190). "A propaganda não pode, desta maneira, ser colocada dentro de um certo número de leis, dispondo na verdade de recursos sem fim" (PINHO, José Benedito. *Comunicação em marketing*: princípios da comunicação mercadológica. 2. ed. Campinas: Papirus, 1991. p. 163). "Vênus tem mil artimanhas sedutoras e pode outra vez mudar de tática para chegar ao seu objetivo. Aos publicitários cabe a tarefa de captar as mudanças, pois nelas está, não raro, o segredo do novo [...]" (CARRASCOZA, João Anzanello. *A evolução do texto publicitário*: a associação de palavras como elemento de sedução na publicidade. São Paulo: Futura, 1999. p. 179).

[7] DANIEL, Herbert. *Aids*: a terceira epidemia. São Paulo: Iglu, 1991. A expressão citada pelo autor é também de uso recorrente entre outros estudiosos da epidemia, como se percebeu na bibliografia específica. Dizer que "a aids chegou antes da aids" ou "a doença chegou antes da epidemia" é aludir à cobertura da imprensa brasileira dos primeiros casos americanos. Quando os registros dos pacientes brasileiros começaram a ser divulgados, a população já havia sido "atingida" pelo noticiário impresso e televisivo.

que a infecção pelo HIV significava, não havia como recorrer à estética dos cremes anti-rugas. Nas campanhas, a aids foi associada à morte, assim como a margarina sempre esteve associada à família sentada à mesa. No que se refere à gramática publicitária, a abordagem da morte é promessa de alto índice de lembrança para um comercial porque gera impacto, e impacto é parâmetro para a análise do sucesso da comunicação publicitária. São exemplos de campanhas publicitárias com essa abordagem os anúncios contra as drogas e pela paz no trânsito que exploram, respectivamente, imagens de acidentes de carro e a decadência física do usuário. Como o tamanho da audiência a ser atingida é e sempre foi muito grande na prevenção à aids, a televisão afirma-se como o veículo de comunicação mais adequado para a divulgação de mensagens de impacto.

Aids, morte e televisão: o "diagnóstico" publicitário inicial da epidemia. Havia a demanda social pela culpa de homossexuais e usuários de drogas, tendo como subsídio as estatísticas. Com a mobilização das minorias e a luta organizada pelos direitos sociais, os anos 1990 vetaram o argumento da culpa; e as conquistas médicas com "azetês", coquetéis e testes de vacina vetaram a retórica da morte: estavam proibidos os dois grandes filões publicitários.

Não obstante essas barreiras, como falar de aids num país que, ao mesmo tempo, é a pátria do rebolado e a pátria da fé? Como falar, ao mesmo tempo, da diversidade sexual, dos jovens que "ficam" e "moram juntos", do turismo sexual e daqueles que só ganham visibilidade nas ruas e no posto policial sem desconsiderar a influência das lideranças religiosas, o lamento das romarias, a condenação da camisinha, o tabu da virgindade, o tabu do adultério, do amor pelo mesmo sexo, as possessões demoníacas, o pecado? Como falar de *uma* aids num país com radicais diferenças regionais, econômicas, sociais, culturais? Aos publicitários foi reservada uma boa parcela desse dilema.

Era preciso encontrar uma forma de dizer a aids e tratá-la como uma doença sexual, principalmente. A publicidade, tão acostumada a sexualizar os objetos mais díspares, poderia avançar pelo caminho dessa abordagem, já que era preciso falar de sexo para falar de aids. No entanto, a cultura religiosa e a pressão política ditaram o que poderia ser dito e o que não poderia e inverteram a necessidade: falar de aids *sem* falar de sexo. Para o cumprimento da árdua tarefa de dizer essa aids, a organização institucional do governo, historicamente dividida entre antes e depois da fundação do Programa Nacional de Prevenção das DST e Aids, solicitou outros interlocutores, além do próprio governo. Esses grupos, formados por ONGs, médicos, psicólogos, educadores, comunicadores, cidadãos comuns, passaram

Parte 2 – A aids não tem vocação publicitária

a participar, em diversos níveis, do processo de elaboração das campanhas publicitárias. Houve uma preocupação em constituir um processo de tomada de decisão democrático. Houve também uma profunda preocupação institucional. O governo não poderia perder de vista os riscos de recepção do que vai ser dito em seu nome, isto é, em nome da Presidência da República, isto é, em nome do Brasil. Além da comunidade de aids, o mundo político também é telespectador, por isso as campanhas de prevenção no país devem estar alinhadas à luta internacional.

Como se não bastassem essas limitações, sempre há desacordo entre os grupos mais diretamente envolvidos com a criação das campanhas no Ministério da Saúde e nas agências de publicidade. Resolver tudo isso em trinta segundos. Como?

A onipresença do discurso publicitário indica que a ética da sociedade de consumo insiste em suplantar qualquer ética. E a cada dia a publicidade ganha mais intimidade na vida cotidiana. Todos estão apressados demais e os anúncios têm o mesmo ritmo. Todos estão sozinhos demais e os anúncios servem como companhia, em todo lugar, em qualquer horário. O mundo tem problemas demais e os anúncios contam piadas. É publicitário o anúncio de refrigerante no intervalo comercial que se exibe igual aos olhos do Ocidente e do Oriente e também é publicitária a disputa por audiência dos telejornais, os *talk-shows*, o *merchandising*[8] no cinema, a música na rádio FM, a indústria da moda, a avalanche de novidades tecnológicas.

A publicidade é despolitizada, acrítica[9] e funciona como uma cola do capitalismo (ROCHA, 1995), que tenta unificar suas manifestações sociais. Os conflitos e as contradições do mundo vivido passam ao largo dos trinta segundos publicitários. Um seguro pode ser vendido exibindo pessoas "cheias de vida"; o carro feito em série, estacionado no imenso pátio da fábrica, pode ser vendido como o "meu" carro. É esse o papel da publicidade: falar com a massa como se o que está sendo dito estivesse sob medida para a recepção. Seu

---

[8] A forma mais comum de *merchandising* no Brasil é a inserção de anúncios no interior de programas televisivos como telenovelas, programas de auditório e seriados, permitindo que o telespectador crie uma identificação de determinado produto ou marca com a ambiência na qual é anunciado.

[9] O contrário disso deveria ser a fala da imprensa, mas o discurso jornalístico vem se mostrando tão preocupado com os índices do mercado quanto a publicidade. Sobre a função anestésica da propaganda, a citação de Roberto Menna Barreto é clara: "Se o tema do anúncio não tratar especificamente de qualquer coisa ruim, a cena toda estará absolutamente purificada de todo mal, em qualquer quantidade: nada de complexo de Édipo, luta de classes, opressão, poluição, uma unha partida, uma mosca no ombro dela – nada disso ocorre no país do anunciante, homens e mulheres elevados à quintessência da perfeição, graças à presença mágica e protetora do produto". Roberto Menna Barreto. *Criatividade em propaganda*. 3ª ed. São Paulo: Summus, 1982. p. 195.

grande trunfo é tocar a todos e a cada um, ao mesmo tempo. No entanto, a aids causou fraturas nessa competência publicitária. Parece que em se tratando de aids, quem tem vocação publicitária é apenas a camisinha.[10]

Ao contrário do que acontece na maioria das comunidades religiosas, a camisinha é largamente recomendada pelas autoridades de saúde como método de excelência na prevenção da aids.[11] Além disso, explorar visualmente a forma do preservativo facilita a abordagem publicitária. O apelido no diminutivo também contribui para que se dilua sua identidade de aparato de saúde. Tudo isso, e o aumento da visibilidade e da distribuição do produto em farmácias, supermercados, postos de saúde, ajudou a transformar a camisinha em ícone da luta contra a aids.[12] No entanto, o uso da camisinha gera dúvida entre os usuários. Seu manuseio correto é explicado didaticamente em folhetos de distribuição gratuita, mas isso não impede a ocorrência de fatos como os comentados pelos voluntários da ONG Gapa-DF durante o treinamento de novos ajudantes. Relatos "anedóticos", contados nas oficinas educativas, mensuram a dificuldade de determinados grupos sociais em compreender os procedimentos corretos para o uso da camisinha. Os voluntários mais experientes narram episódios em que pessoas expostas às demonstrações improvisadas com cabos de vassoura, cenouras e bananas reproduziram exatamente o que aconteceu na oficina quando, em casa, se preparavam para o ato sexual. Algumas teriam tentado engolir o preservativo, dizem.

A camisinha está mais para um paliativo – dos males, o menor. Ela pode impedir a infecção pela via sexual, o que já é bastante, pois a maioria das transmissões se dá por essa via. Entretanto, seu uso pouco ou nada resolve em relação ao problema da infecção entre os usuários de drogas injetáveis, os que necessitam de transfusão de sangue e as gestantes que têm aids. O preservativo também representa para os parceiros sexuais uma barreira em relação ao corpo do outro e separa, quando o impulso é o do pleno encontro. Sinônimo da racionalização

---

[10] A camisinha está presente no texto e na imagem da maioria das campanhas, especificamente o preservativo masculino. Até o momento, nenhuma campanha de massa dirigida especificamente para a camisinha feminina foi veiculada na televisão, embora cartilhas e folhetos já tenham sido publicados sobre o assunto. O novo preservativo é comercializado em vários países da Europa e nos Estados Unidos (a FDA permitiu a comercialização em 1993). No Brasil, após o registro na Vigilância Sanitária, em dezembro de 1997, a camisinha feminina passou a ser comercializada em drogarias. Seu custo ainda é muito alto, e seu manuseio não é tão fácil quanto o da camisinha masculina.

[11] Sobre os desafios de prevenir a aids a partir das comunidades religiosas, vale destacar um dos projetos educativos financiados pelo Ministério da Saúde que explora a associação da mitologia africana aos procedimentos de prevenção: "fechar o corpo" torna-se sinônimo de usar camisinha.

[12] Assim como o laço vermelho, símbolo da luta internacional contra a aids, a camisinha foi investida de um apelo similar aos logotipos empresariais.

Parte 2 – A aids não tem vocação publicitária

dos sentidos, o uso da camisinha pressupõe um diálogo delicado ao qual os "machões" e as "amélias" brasileiras não estão habituados. Para falar sobre a camisinha é preciso falar sobre sexualidade, e o brasileiro faz sexo, exibe o corpo, aqui e no exterior, mas não fala sobre "certas coisas". Não fala, nem quer ouvir falar. Porém, se esses cidadãos ligarem a tevê, a publicidade estará lá, na contramão das resistências culturais, martelando: "use camisinha, use camisinha".

Que outras contribuições a publicidade trouxe e poderá trazer para a prevenção da aids além de "bordões"?

A despeito das dificuldades para ser falada, a aids transita reinventada nos meios de comunicação, especialmente nas campanhas, mesmo que a "aids-epidemia" não tenha vocação publicitária. Pelo menos não a mesma que o cigarro pode ter. Esse é o advento da "aids anunciada".

E qual o estado das coisas hoje?

Já se foi o tempo em que as palavras HIV, aids e camisinha representavam alguma novidade. Hoje, ao contrário do começo da década de 1980, a maioria das pessoas sabe o que é, como se pega e qual o procedimento de prevenção recomendado. Uma forma de intimidade com o vírus é experimentada, e justamente por saber da sua cotidiana existência todos deveriam estar mais sensibilizados ao perigo. No entanto, o gráfico das estatísticas de infecção ainda aponta para cima.

O que fazer? A despeito das estatísticas – ou exatamente por esse motivo –, a publicidade certamente deve continuar compondo os esforços de prevenção da aids nos próximos anos, de modo menos freqüente mas com destaque.

O que pensar? Mesmo que sua cota de responsabilidade na promoção da informação seja polêmica, as campanhas provavelmente não sairão do ar.

O que dizer? Fazer propaganda é caro, mas a ausência do governo nos meios de comunicação poderia ter um alto custo simbólico para as políticas de saúde pública.

A justificativa para essas assertivas é uma só: a publicidade é um lugar privilegiado para que o governo possa transitar no movediço terreno discursivo da aids.

Da chegada televisiva da aids até a permanência do HIV, muito já se fez, muito já se conquistou, muitas mudanças importantes ocorreram, tanto no campo da comunicação quanto no campo da saúde. As agências de publicidade passaram a ser escolhidas por licitação. O rótulo da peste *gay* organizou as minorias norte-americanas e inspirou a mobilização no Brasil, não só nos espaços criados pelo governo mas também, e principalmente, nas ONGs.

Ao longo dos anos, os cenários da epidemia de aids mudaram muito no mundo e no Brasil: a sobrevida pulou de seis meses para dez anos. A mãe infectada, hoje, pode lutar com possibilidade de vitória para que seu filho nasça sem a sentença de morte. É certo que a euforia da imprensa diante dos coquetéis sempre reduz a complexidade do tratamento, porém nunca se conheceu tanto um vírus e em tão pouco tempo.

Desse panorama dinâmico de luta contra a aids, a publicidade deverá continuar fazendo parte. Como se realiza essa comunicação publicitária? O que o Ministério da Saúde publiciza diante do (ainda) longo futuro que se anuncia para a epidemia de aids? O que significa a publicidade ser tomada como "promotora" dos interesses públicos?

Antes e depois do "Bráulio": anos 1980 e 1990[1]

A partir da reflexão sobre questões como essas, foi realizada uma leitura abrangente de todas as campanhas já veiculadas, considerando que uma campanha começa muito antes do intervalo comercial e vai além dele. A análise foi dividida em duas partes:

- campanhas publicitárias dos anos 1980.

- campanhas publicitárias dos anos 1990, incluindo o ano 2000.

Nos anos 1980, a pressão por alguma resposta oficial do governo ao advento da aids exigiu que a manifestação publicitária ocorresse em caráter de urgência. O Programa Nacional ainda não tinha se profissionalizado, não havia licitação e a participação de profissionais do mercado publicitário, na elaboração de filmes e cartazes chegou a ser realizada com base em acordos individuais. Trata-se do período compreendido entre os anos de 1985 e 1990, que remonta aos governos dos presidentes José Sarney, Itamar Franco e Fernando Collor de Mello.

---

[1] A opção metodológica de agrupar a análise das campanhas publicitárias em função da década em que foram veiculadas (anos 1980 e anos 1990) e do período de veiculação (primeira metade e segunda metade da década) se deve, como já exposto, ao fato de o acervo da Assessoria de Comunicação (Ascom) não possuir, à época da realização desta pesquisa, um arquivo completo de todas as peças veiculadas e seus respectivos documentos (planilhas, planos, comprovantes de exibição). A maioria das campanhas da década de 1980 não tem nenhuma espécie de registro, a maioria da equipe de funcionários consultada estava vinculada ao Ministério da Saúde apenas recentemente e na internet estiveram disponíveis dados referentes apenas às campanhas exibidas nos meios de comunicação entre 1994 e 2000. Diante dessa circunstância, a observação da assinatura final dos filmes publicitários, momento em que os *slogans* de governo são visualmente ou verbalmente comunicados, passou a identificar o período de veiculação de cada peça. O *slogan* "Tudo pelo social", por exemplo, identificou as campanhas veiculadas ao longo do governo José Sarney. Essa estratégia, apoiada pelas coletas de jornais, revistas, livros, relatórios e depoimentos, permitiu a identificação do período aproximado de veiculação de cada filme.

104 Aids anunciada: a publicidade e o sexo seguro

TABELA 3
Trajetória da aids – anos 1980

Década	Cronologia Richard Parker	Trajetória da aids
1ª metade da década de 1980	1982-1985 Governo Sarney	CDC, EUA, comunica a sigla AIDS Identificação do HIV Início da epidemia no Brasil Descoberta do teste Elisa Programa de prevenção da Secretaria de Saúde de São Paulo Infecção entre hemofílicos Programa Nacional do Ministério da Saúde/dra. Lair Guerra O travesti Brenda Lee funda uma casa de assistência para os "aidéticos", experiência pioneira na América Latina
2ª metade da década de 1980	1986-1990 Governo Collor	Obrigatoriedade legal da testagem do sangue Chega o teste Elisa ao Brasil Luta contra a discriminação do paciente e conquistas trabalhistas O caso Sheila Fundação da ONG Gapa em São Paulo GIV: 1ª ONG de soropositivos

Desse período, final dos anos 1980, destacam-se várias campanhas, entre elas "Vila Saúde". A campanha "Vila Saúde" utilizou-se de um dos formatos publicitários mais recorrentes, nomeado pelos manuais de propaganda como "cenas do cotidano" ou *slice of life*.[2] A "Vila Saúde" narra o cotidiano de um grupo de personagens que em seus encontros e conversas

---

[2] *Cenas do cotidiano*, "fatias da vida" ou *slice of life* são definições para a abordagem criativa da mensagem publicitária que reproduz imagens ou diálogos cotidianos, inserindo o produto nesse cotidiano e, assim, aproximando o consumidor de determinada marca. "Não pense nas pessoas como massa – ensina Claude Hopkins –, pense num indivíduo típico, homem ou mulher, que provavelmente irá querer aquilo que você vende. Pois há oportunidades em que você pode colocar adequadamente este homem típico numa posição tão crítica que ele se convencerá por si próprio" (BARRETO, Roberto Menna. *Criatividade em propaganda*. 3. ed. São Paulo: Summus, 1982, p. 211).

Parte 2 – A aids não tem vocação publicitária   105

troca informações sobre saúde. Os filmes abordam diversas questões como uso da camisinha, promiscuidade sexual, transfusão de sangue e compartilhamento de seringas entre usuários de drogas injetáveis. Um dos filmes aborda especificamente a epidemia de aids, definindo-a. O cenário é um bar, onde o protagonista joga sinuca. Seu jovem amigo entra no bar logo anunciando que tem um encontro amoroso. O diálogo que se realiza entre eles inclui a fala "aids pega em quem transa com qualquer um". O jovem amigo explica ao protagonista que vai "encontrar uma morena num bar de família", mas o protagonista lembra que se ele vai "transar com quem não conhece direito" é melhor usar camisinha. Esse diálogo afirma que a vulnerabilidade existiria apenas entre determinados "grupos de risco". Todas as representações na "Vila Saúde" são preconceituosas e discriminatórias, endossando o pessimismo e o individualismo como sinônimos de prevenção.

Campanha "Vila Saúde" (anos 1980)

No outro extremo de "Vila Saúde", a campanha do Ministério da Saúde veiculada em 1994, que teve como *slogan* "Você precisa aprender a transar com a existência da aids", foi uma das primeiras respostas mais evidentes às reivindicações da comunidade de aids no que se refere a uma outra abordagem da epidemia. A partir dessa campanha, uma aids mais leve passou a ser dita pela mídia, mobilizando os veículos de comunicação dirigidos ao público jovem para o engajamento. Certamente, foi essa necessidade de comunicação mais sensível ao público-alvo que justificou a investida, por exemplo, da revista para adolescentes *Capricho* em uma seção permanente que mostrava ídolos das suas leitoras afirmando "camisinha, eu uso".

Campanha "Você precisa aprender a transar com a existência da aids" (1994)

Seria ingênuo esperar que as campanhas dirigidas aos jovens veiculadas pelo Ministério da Saúde fossem tão expressivas quanto as campanhas de prevenção à aids dirigidas ao mesmo público veiculadas pela revista *Capricho* e pela MTV.[3] Um dos filmes realizados pela MTV sobre a aids mostrava um grupo de adolescentes "comuns" enquanto o *off* fazia a seguinte pergunta: "Quem você acha que tem aids?", reforçando a idéia de que a aids pode atingir qualquer um. Nenhum custo é cobrado pela MTV ao Ministério da Saúde por essas campanhas. Obviamente, elas refletem um envolvimento com a causa da aids pautado por interesses comerciais, pois se trata de um canal de tevê restrito aos assinantes, que faz autopublicidade ao falar de aids com o consumidor jovem. É um exemplo de como uma empresa privada pode cumprir responsabilidades sociais sem comprometer seu negócio.

No que se refere aos anos 1990, torna-se imprescindível destacar a "campanha do Bráulio", veiculada em 1995, pois ela simboliza a afirmação do humor como uma possibilidade criativa supostamente eficaz para a aids: rindo, o telespectador ficaria mais receptivo às mensagens do governo. Na trilha aberta pela campanha do Bráulio, foi possível veicular, no período de carnaval, dois anos depois, uma campanha na qual o órgão sexual masculino era, metaforicamente, representado pela ave peru.

---

[3] A MTV também adotou uma linha criativa de programas sobre dúvidas, medos e tabus dos jovens a respeito do sexo. A tendência da mídia *teen* ainda era novidade na tevê. Por causa desta iniciativa da MTV, o jovem médico Jairo Bouer, que já trabalhava com a temática antes de apresentar um programa de sucesso na emissora, tornou-se figura popular. Hoje, entre outras atividades, é apresentador do Canal Futura da Rede Globo e seu blog http://doutorjairo.uol.com.br – no portal Uol é um dos mais conhecidos.

Parte 2 – A aids não tem vocação publicitária

Campanha "Carnaval do peru é carnaval com camisinha" (anos 1990)

Embora algumas práticas "de mercado" já estivessem consolidadas no Programa Nacional de DST e Aids no início dos anos 1990, o objeto de comunicação "prevenção à aids" ainda não tinha um histórico de abordagens que pudesse servir de referência, tal como acontece no mercado privado: os diversos modelos comunicativos de publicidade, como o das bolhas de sabão para anunciar a brancura da roupa, foram constituídos e testados ao longo de décadas, criando uma espécie de sólido imaginário acerca dos produtos. Não aconteceu o mesmo com as primeiras campanhas de prevenção à aids: houve muita experimentação na abordagem das campanhas – o que, necessariamente, não pode ser tomado como um aspecto negativo, embora a descontinuidade da linha de comunicação soe como heresia aos homens de *marketing*. Com a criação de uma espécie de "cultura de aids" a partir dos anos 1990, a publicidade, evidentemente, mudou de tom e começou a cristalizar seus modos de anunciabilidade.

Tabela 4
Trajetória da aids – anos 1990

Década	Cronologia Richard Parker	Trajetória da aids
2ª metade da década de 1990	1990-1992 Governo Itamar Franco	AZT: primeira droga testada e distribuída
2ª metade da década de 1990	1992-1997 Governos Itamar Franco e Fernando Henrique Cardoso	1º acordo com o Banco Mundial. ONU funda a Unaids Conferência de Vancouver

Mas em meados dos anos 1990, esta cultura afirmativa da aids não estava apropriada pela publicidade. Consultando um *briefing* entregue às agências concorrentes, que participaram de uma licitação do Ministério da Saúde em 1994, foi possível observar a necessidade de o "cliente" governo retomar o histórico das campanhas de prevenção à aids para indicar aos publicitários em disputa o que poderia ser dito na campanha a ser criada, que era um dos itens para a seleção da agência vencedora. O referido *briefing* traz um resumo sobre as várias abordagens da aids já realizadas até aquela data nas campanhas, sem um julgamento mais explícito sobre a eficácia e a adequabilidade dos diferentes tipos de abordagem. Nessa breve memória, o texto observa que as campanhas publicitárias realizadas até aquela data da licitação exploraram do tratamento mais impactante ao humorístico. Ou seja, todas as abordagens poderiam ser exploradas, pois o documento não indicava preferência por nenhuma linha criativa. É a prova mais concreta de que o mercado de propaganda estava só começando a acumular experiência no tratamento do temas aids e seus temas correlatos. Considerando a liberdade de apelos para a aids oferecida às agências de publicidade, ficou evidente que o conteúdo desse *briefing* só foi possível numa realidade social em que as certezas sobre a epidemia ainda estavam vacilantes (naquela época, mais que hoje) e que, principalmente, a atuação das ONGs não tinha a força e o espaço que foram assegurados a partir da segunda metade da década de 1990. Hoje, esse *briefing*, ao contrário do seu conteúdo em 1994, teria descartado, explicitamente, campanhas de impacto negativo e a ênfase no risco da morte como motes criativos.

Tabela 5

Trajetória da aids – anos 1990

Década	Cronologia Richard Parker	Trajetória da aids
Final da década de 1990	1998-2000 Governo Fernando Henrique Cardoso	Teste com mulheres realizado pelo Ministério da Saúde aprova a camisinha feminina Projetos são financiados pelo governo para divulgá-la Pela primeira vez, o Ministério da Saúde distribui a camisinha feminina

Parte 2 – A aids não tem vocação publicitária

Assim como as ONGs tiveram atuação importantíssima contra a discriminação dos pacientes no início da epidemia, hoje elas também podem ser mencionadas como marcos desse outro momento vivido, de legitimação das ações de prevenção à aids por meio da publicidade. A página na internet do Gapa/BA, por exemplo, embora, obviamente, seja utilizada para troca de experiências e informações sobre aids, também funciona como legitimadora da instituição. A página inicial possui uma clara estética publicitária. Em meados de 2000, as ilustrações utilizadas eram reproduções das suas campanhas publicitárias, e esse ainda é o *leiaute*.[4] Em destaque, havia o selo do "Top de Marketing", prêmio recebido pela ONG como reconhecimento da excelência dos serviços prestados na área da saúde. Apesar da especificidade do "produto" da ONG, que é prestar serviços de informação e educação em aids, a página tem o mesmo apelo das páginas empresariais da iniciativa privada. Cada vez mais, não se previne aids como antigamente.

Como refletir sobre essas diferentes abordagens da linguagem publicitária na comunicação de prevenção à aids? Optando por um caminho, esta pesquisa foi desenvolvida a partir da síntese analítica de anúncios do Ministério da Saúde veiculados ao longo dos anos que privilegia a observação mais atenta das peças televisivas, embora também tenham sido contemplados alguns cartazes. A campanha publicitária que ficou conhecida como a "campanha do Bráulio" foi definida como "eixo de referência" para uma leitura abrangente das campanhas que já foram ao ar, tendo em vista que essa campanha se constituiu em um evento importantíssimo na atuação do governo como anunciante.

Descrevendo rapidamente o conteúdo e a forma da "campanha do Bráulio", seus quatro filmes mostraram na tela um cidadão comum, tentativamente um espelho dos homens de classe baixa, que conversava descontraído sobre aids, sexo e camisinha com seu pênis! É o exagero e o absurdo típicos da publicidade.[5] Na publicidade, pode tudo: um pênis falar com seu dono, mulheres flutuarem ao redor do frasco de perfume, criaturas disformes surgirem reveladas na trama do tecido que está mergulhado no balde com desinfetante.

---

[4] Disponível em: <www.gapabahia.org.br>.

[5] O absurdo publicitário é um recurso criativo utilizado pelos publicitários e sugerido nos manuais de redação: "Para vender seu produto, demonstrar o que você quer demonstrar, deve-se às vezes combiná-los [produtos] visualmente com outros – por mais absurda que seja a combinação" (BARRETO, Roberto Menna. *Criatividade em propaganda*. 3. ed. São Paulo: Summus, 1982. p. 183).

Campanha "Viva com prazer, viva o sexo seguro" (1995)

Embora o diálogo surreal seja sempre a cena principal dos filmes, a conversa com o "Bráulio" acontece em cenários diferentes: na sala, no banheiro, numa festa e em um estúdio de gravação. Os diferentes cenários acabam sugerindo respostas diferentes para supostas perguntas distintas

Parte 2 – A aids não tem vocação publicitária

dos telespectadores-alvo da campanha. Assim, o anúncio em que o dono do "Bráulio" aparece no banheiro parece dirigir-se aos homens que praticam sexo anal, pois no filme o "Bráulio" sugere que seu dono "faça por trás". A recepção ideal desse anúncio tanto poderia ser homens com práticas heterossexuais quanto homens com práticas homossexuais. Considerando o estereótipo de masculinidade construído no conjunto dos quatro anúncios, é possível afirmar que esse filme, cujo cenário é um banheiro, rompe com a dupla interpretação e deixa evidente que a campanha, de modo geral, se dirige, prioritariamente, aos homens com práticas heterossexuais e também está dirigido aos homens que praticam sexo anal ou são bissexuais e não assumem essa identidade nem para si mesmos, tampouco publicamente. Em outro filme, o ator aparece sentado em um sofá. Na primeira imagem desse filme, uma mulher aparece rapidamente: é a namorada do dono do "Bráulio", que se levanta do sofá dizendo que "já volta". Enquanto aguarda o retorno da moça, o "Bráulio" e seu dono conversam sobre a questão da camisinha. Aqui, ao contrário do anúncio anterior, a referência parece ser uma só: homens com práticas heterossexuais. É notória a referência feita pelo filme aos heterossexuais que têm relações sexuais sem o vínculo formal do casamento. Homens que "transam" com a namorada, por exemplo, ou mantêm relações extraconjugais. No terceiro filme, em que o dono do "Bráulio" parece divertir-se em uma danceteria ou bar, é explícita a abordagem da campanha aos heterossexuais. O filme se passa em uma casa noturna e tenta romper com alguns valores culturais que estão associados ao uso do preservativo, como "o uso da camisinha compromete o bom desempenho sexual" e "a camisinha reduz a sensibilidade do órgão sexual masculino".

A utilização de um personagem cômico como o "Bráulio" pode ser percebida como uma ruptura radical com a abordagem fatalista. A ousadia, porém, provocou muitas críticas; críticas que promoveram mídia espontânea, gratuita, possibilitando uma superdivulgação. A imprensa brasileira, dos pequenos aos grandes jornais, publicou o "caso Bráulio" com reportagens sobre a campanha, sobre os impasses nos acertos de veiculação, sobre quando a campanha foi retirada do ar e publicou charges e comentários de colunistas. No espaço acadêmico, reflexões e debates também foram inspirados. O tratamento do assunto, portanto, variou do humor, especialmente nos *cartoons* publicados nos editoriais dos jornais, para a crítica social, questionando a validade do investimento de recursos públicos numa campanha publicitária com tal abordagem.

De modo geral, para os críticos de plantão (estudiosos da mídia e grupos vinculados às organizações não governamentais), a "campanha do Bráulio" foi um fracasso. Para o mercado publicitário, no entanto, com raras dissidências,

112 Aids anunciada: a publicidade e o sexo seguro

ela não só foi como ainda é considerada um sucesso. "Bráulio" recebeu duas medalhas de ouro no Festival Internacional de Publicidade (Fiap), uma medalha para os filmes e outra para o *spot* de rádio, gravado pelo cantor popular de forró Genival Lacerda.

Para o pesquisador da área de comunicação e saúde Fernando Pereira (1996), a "campanha do Bráulio" foi "um exemplo contundente de como se pode dispersar alguns milhões de reais". Na avaliação do autor:

Na tentativa de "popularizar" a campanha, R$ 4,5 milhões (cifra pouco superior em dólares) foram postos no lixo ante o protesto de pessoas registradas com o mesmo nome. A campanha foi suspensa e refeita, carreando para a camisinha ainda mais antipatia e preconceito do que antes de seu trágico lançamento.[6]

Diante da impossibilidade de continuar identificando o órgão sexual masculino pelo apelido "Bráulio", os publicitários ofereceram como solução substantivos socialmente aceitáveis como "meu" e "chapa". Ao comentar essa decisão, Eugênio Bucci cita o comercial da cerveja Kaiser que também estava sendo veiculado à época. Nesse comercial, o marido telefona para a mulher avisando que ficará até mais tarde no escritório. No entanto, ele está no bar, tomando cerveja Kaiser com os amigos que silenciam, durante o telefonema, para que a esposa não desconfie da mentira:

O pessoal do boteco, muito animado mas muito camarada, interrompe a gritaria para que a mulher enganada não ouça ruídos suspeitos do outro lado da linha. E o sujeito vai cair na farra. ("Sujeito", aliás, é um dos apelidos que o Ministério da Saúde decretou para "Ô meu".) Mas não se fala nada sobre camisinha. Honestamente, assim como faz com o cigarro, o Ministério da Saúde deveria lançar uma advertência também na propaganda da cerveja. "O Ministério da Saúde adverte: marido que sai para beber cerveja escondido da mulher num bar cheio de modelos esculturais precisa levar camisinha na carteira para proteger o 'Moço'(que é outro apelido)".[7]

A troca dos substantivos também é passível de críticas, na opinião de Eugênio Bucci (1997), jornalista e crítico da programação televisiva. Ele compara os anúncios do "Bráulio" a duas outras campanhas, de cerveja e de caldos de carne ou galinha em tabletes, e afirma que as três campanhas são iguais no que se refere ao mau gosto:

---

[6] PEREIRA, Fernando. O Ministério adverte: o bráulio e o fiasco da comunicação na área da saúde. *O público que se dane*. Rio de Janeiro: Mauad, 1996. p. 63 (Saúde e imprensa).

[7] BUCCI, Eugênio. A mulher traída, a empregada e o ex-bráulio. *Tempo de TV*. São Paulo: Boitempo, 1997. p. 120-121.

Parte 2 – A aids não tem vocação publicitária 113

Ao mesmo tempo, fico pensando: não é justamente no mau gosto que o Ministério advertiu que está apostando para ter uma campanha eficiente? Tudo isso de "hômi", esses palavrões, as situações quase chulas, não é na grosseria que se acredita? Claro que eu quero que a campanha funcione, que a Aids diminua, etc., mas não sei não. A TV convida o telespectador ao sexo, mas ao sexo sem camisinha, 24 horas por dia. Cerveja, caldo de carne, até propaganda de bombom é sexual. O que poderá fazer um ex-Bráulio do ministério, um ex-Bráulio oficial mas isolado? A campanha será mais folclore, como já é, do que eficiência. O telespectador vai rir – depois vai se esquecer – e só.[8]

A "campanha do Bráulio" apontou como a competência enunciativa da publicidade parece ser percebida pelo governo: ela representa uma ordem discursiva; a publicidade anuncia o que agora pode e deve ser dito como prevenção. A cada nova campanha, o Ministério da Saúde parece descobrir que a competência da linguagem publicitária para falar a aids, eliminando suas complexidades e, portanto, contraditoriamente, dizendo-lhe sem dizer-lhe, deve ser explorada. Cada vez mais suas campanhas reproduzem o discurso padrão publicitário. Parece que a competência enunciativa da publicidade é percebida pelo Ministério da Saúde como a possibilidade de enunciação de uma aids consensual. Sem as rédeas da publicidade, não é possível segurar a rebeldia simbólica da aids. Daí, as evidentes reiterações sobre o que deve ser entendido como aids agora (uma aids para cada década), mesmo quando essa definição oficial não encontra ressonância na sociedade civil organizada: a aids é e deve ser o que a publicidade diz que ela é, e não o que é falado às margens do discurso oficial.

Mais adiante, serão retomados outros aspectos sobre a "campanha do Bráulio". Nesse momento, interessa identificá-la como uma espécie de ponto de passagem de uma aids para essa outra aids (ou outras) nas campanhas publicitárias de prevenção do Ministério da Saúde. Uma aids mais publicitária. Percebe-se nos anos 1980 e no ano 2000 comunicações publicitárias que representam o espírito da epidemia e do seu tempo. Foi a partir dessa observação que foram selecionadas algumas manifestações publicitárias para uma leitura mais pontual. Além da análise das campanhas propriamente ditas, é necessário considerar uma outra análise, que também foi realizada para a pesquisa que originou este livro: o estudo do depoimento dos publicitários que já trabalharam em campanhas de prevenção à aids assinadas pelo Ministério da Saúde.

As perguntas norteadoras das conversas roteirizadas com os profissionais de propaganda questionaram o que significam as campanhas

---

[8] Ibidem.

de prevenção à aids que eles, publicitários, criam, produzem e veiculam. Como eles percebem sua competência enunciativa? Como entendem que a publicidade pode dizer a aids? Que aids, segundo eles, é dita (ou tentativamente dita) pela propaganda?

A fala de quem faz: os publicitários

Para entender como a competência enunciativa da publicidade para prevenir a aids é explorada nas campanhas de prevenção, decidiu-se ouvir os publicitários que as elaboram nas agências de publicidade. As falas registradas, as falas de quem faz são um dos principais atestados da mercadorização da aids. Foram selecionados para as entrevistas profissionais de publicidade que trabalham ou já trabalharam com o assunto aids e o cliente Ministério da Saúde. Nos corredores percorridos nas agências de publicidade, foi possível capturar a aids-mercadoria na sua linha de produção. Além dos publicitários, foram entrevistados, também, técnicos e funcionários do setor público da saúde e voluntários da causa que trabalhavam com o tema. No entanto, o depoimento dos publicitários, pela relevância dos dados, exigiu um comentário à parte.

Foi elaborado um roteiro aberto com 22 tópicos. Os primeiros 11 apontaram para uma discussão mais geral da publicidade e sua participação na prevenção à aids. Os últimos 11 tópicos trataram das práticas específicas do mercado publicitário e da vinculação da aids a elas. O roteiro que norteou a conversa com os publicitários está reproduzido a seguir.

É importante reiterar que todos os publicitários entrevistados estiveram envolvidos, em algum momento, com as campanhas do Ministério da Saúde, direta ou indiretamente. O grupo formado por eles pode ser descrito da seguinte forma:

Departamentos básicos de uma agência de publicidade	Funções dos publicitários entrevistados
Produção	*Produção (1)*
Atendimento	*Atendimento (2)*
Mídia	*Mídia (2)*
Criação	*Diretor de criação (1), Redator (1)* *Diretor de arte (1), dupla de criação (1)*

Roteiro das conversas com os publicitários

Perguntas gerais

- Quando você ouviu falar da aids?
- Há quanto tempo você participa da elaboração das campanhas publicitárias de prevenção à aids do Ministério da Saúde?
- Como foi o seu primeiro *job*[1] sobre este assunto?
- Você já elaborou alguma outra campanha para o Ministério da Saúde ou outra instituição vinculada ao campo da saúde?
- Em que uma campanha de prevenção à aids é parecida/diferente tomando como referência outras campanhas sobre drogas, trânsito, soro caseiro, vacinação contra a paralisia infantil, câncer de colo de útero, DST, margarina, automóvel, cerveja, cigarro e refrigerante?
- Existe diferença entre a elaboração de uma campanha para o governo e para a iniciativa privada?
- Considerando o volume de críticas que campanhas como a do "Bráulio" geraram, o que você acha destas críticas?
- Tem gente informada que não usa camisinha.
- E se não houver mais campanhas?
- Na sua opinião, qual a maior contribuição da publicidade à prevenção da aids?

Perguntas específicas

- Como se dá a passagem de informação sobre as mudanças de perfil epidemiológico para o *briefing* do Ministério da Saúde?
- Carnaval, Dia Mundial de Luta contra a aids, homens, mulheres... A criação já recebe o *job* com os períodos de veiculação e públicos determinados?
- Há uma preferência no uso do meio TV para comunicar a prevenção da aids?
- Parece que algumas idéias e palavras foram abolidas ao longo do tempo como "aidético". O que continua igual e o que, efetivamente, mudou nas campanhas?
- Qual é o *policy*?[2]
- Fale sobre as idéias que não foram aprovadas.
- O filme com a Banda Eva (1998) foi um dos mais lembrados, em um período quando estavam veiculando filmes da Coca-Cola e da Parmalat, grandes anunciantes. O que significa ser tão lembrado assim?
- Qual a importância da presença de figuras públicas como Hebe Camargo e Regina Casé em um filme? A idéia nasce com a sugestão ou é criada a partir de uma personalidade já escolhida?

---

[1] *Job* é o modo como os publicitários se referem à demanda interna de elaboração de um trabalho para um determinado cliente.

[2] *Policy* é uma palavra usada como jargão profissional da publicidade que identifica as limitações que deverão ser levadas em conta na elaboração de uma campanha. No caso da prevenção à aids, podem ser indiretos, dados, pelo contexto de nossa cultura sexual (não mostrar nu masculino frontal nos anúncios televisivos para demonstrar o uso do preservativo), ou direto, informadas pelo próprio cliente (não há dinheiro para contratar o depoimento de uma pessoa famosa na campanha).

Parte 2 – A aids não tem vocação publicitária

Abordando rapidamente cada uma das funções dos publicitários entrevistados, é possível dizer que:

- Os publicitários do **atendimento** são os responsáveis pela relação da agência de publicidade com o anunciante. É o atendimento que, geralmente, elabora o *briefing* e apresenta, como resposta ao problema de comunicação do cliente, as peças e as estratégias desenvolvidas pela equipe de criação.
- Os publicitários de **criação**, os "criativos", são redatores e diretores de arte que, efetivamente, elaboram as peças de comunicação solicitadas pelo anunciante (cartazes, anúncios, filmes). No mercado publicitário, geralmente recebem os salários mais altos e estão mais expostos ao prestígio social da profissão. No interior de uma agência de propaganda, atendimento e criação travam relações muito tensas porque enquanto cabe ao atendimento a tarefa de monitorar o processo de criação e os prazos, ao publicitário de criação cabem as tarefas criativas; se ao atendimento cabem os acertos financeiros e as decisões concretas em relação às estratégias do anunciante, ao pessoal de criação está reservada a incursão no abstrato processo da geração de idéias.
- Os publicitários de **mídia** são aqueles que administram a veiculação de uma campanha, negociando com os meios de comunicação as datas e os custos de exibição de cada peça publicitária.
- Finalmente, os publicitários que atuam na **produção** são aqueles que atuam na concretização das idéias. Atualmente, embora haja responsáveis pelo setor no interior da agência, os serviços de produção são terceirizados, e a agência de publicidade contrata empresas especializadas. Geralmente, a produção está configurada no mercado sob duas formas: eletrônica (filmes para televisão, captação e edição de imagens, efeitos de computação gráfica, seleção de modelos) e gráfica (folhetos, cartilhas, preparação de originais para impressão, arte-final, envio da arte-final para as gráficas, aprovação de provas de impressão).

Como esperado, a função de cada publicitário entrevistado foi determinante na configuração das respectivas falas. Os publicitários de criação, por exemplo, enfatizaram as dificuldades na aprovação das campanhas e a interferência direta e indireta de diversas instituições para a composição das mensagens sobre prevenção. Também reclamaram dos prazos restritos disponíveis para seu trabalho criativo. Os publicitários de mídia e de atendimento enfocaram a importância do uso da televisão e das pesquisas de *recall* para o Ministério da Saúde. As entrevistas com os publicitários de produção, tanto gráfica quanto eletrônica, talvez porque esses profissionais estão menos expostos às decisões sobre o conteúdo das campanhas, discutira: 1 a questão da aids e da publicidade de modo mais superficial. As conversas mais informativas aconteceram com os publicitários de criação e de mídia. Nesses dois grupos, algumas entrevistas foram mais produtivas que outras. Por isso, serão citados com maior ênfase.[3]

O diálogo transcrito abaixo, por exemplo, demonstra como a urgência do tempo constitui a rotina dos publicitários de criação. Logo no começo de uma das entrevistas, um publicitário do setor de criação, antecipando sua preocupação com o tempo, teceu o seguinte comentário:

Publicitário D: Você não tem noção do ritmo da agência. Eu não vou ter mais que cinco minutos pra você.

Para que a entrevista fosse realizada, foi preciso argumentar sobre a importância daquele depoimento, fato que deveria estar evidente. Também foi preciso garantir que não haveria um tempo determinado, *a priori*, para as entrevistas. Até mesmo cinco minutos poderiam ser suficientes, desde que o diálogo fosse produtivo. O clima, tenso, quase comprometeu a realização da conversa, tendo em vista que o publicitário de criação levantou-se, irritado, e disse:

Publicitário D: Então, eu não vou falar. Cinco minutos não dá, eu não vou falar.

Pesquisadora: Cinco minutos dá. O que eu tô tentando é te deixar à vontade. Espera aí. Por favor.

Publicitário D: Mas eu não tô me sentindo à vontade. Tô me sentido agredido.

Pesquisadora: Por favor, desculpa. Essa não foi a minha intenção. O teu depoimento é importante. Se não fosse, eu não teria vindo até aqui. Liga o teu cronômetro aí.

Publicitário D: Não precisa [mais calmo, olhando no relógio de pulso].

Embora tenha criado várias campanhas para o Ministério da Saúde que obtiveram grande sucesso de *recall*, esse publicitário de criação disse nunca ter participado de avaliações críticas das campanhas, como a que estava sendo realizada e que julgava ser extremamente importante esse conhecimento "de dentro" da agência, pois a maioria dos críticos dos anúncios de prevenção à aids ignora o modo como eles são feitos. Apesar do tumultado começo da

---

[3] Os nomes de todos os entrevistados, publicitários, funcionários do governo, voluntários, bem como das empresas e das instituições pesquisadas serão omitidos, considerando que não se trata de informação relevante para o debate proposto aqui.

Parte 2 – A aids não tem vocação publicitária

entrevista, ele concedeu o melhor depoimento, em uma conversa que acabou durando muito mais que o previsto. Exatamente o contrário disso aconteceu com os profissionais de atendimento. De qualquer forma, foi muito produtivo interagir com eles.

Atendimento

Diz-se que o profissional de atendimento é o "o cliente na agência e a agência no cliente".[4] Em outras palavras, sua função é representar discursos institucionais opostos e, contraditoriamente, preservar os interesses de ambas as partes na relação cliente–agência. Ao comentarem a experiência de responder pela comunicação de um cliente importante e em evidência como o governo, os profissionais de atendimento entrevistados adiantaram-se em justificar a necessidade da propaganda para a democracia, afirmando que ela seria o grande canal de comunicação entre o povo, o presidente, o prefeito, o governador, fazendo mais sentido que a distribuição de cartilhas inacessíveis com cifras e tabelas para prestar contas dos gastos públicos. Ao mencionarem o caso da publicidade de prevenção à aids, com a qual estavam mais diretamente envolvidos, enfatizaram o uso da publicidade como uma ação obrigatória para potencializar a comunicação. Numa das entrevistas, um dos profissionais de atendimento exibiu um relatório da pesquisa de *recall* que trazia dados positivos sobre um filme publicitário feito para o Ministério da Saúde e também um gráfico que indicava o aumento do consumo de preservativos no mesmo período. Seu argumento tinha como pressuposto que a visibilidade e a lembrança das campanhas publicitárias estavam diretamente vinculadas ao aumento do consumo de preservativos, embora não tivesse mostrado um índice sequer para atestar esta relação direta.

Produção gráfica e eletrônica

As entrevistas com os profissionais de produção gráfica e eletrônica foram as menos produtivas, certamente porque, embora os produtores gráficos e eletrônicos tomem decisões sobre as campanhas que são extremamente relevantes para a configuração das percepções acerca da aids, como o tipo de papel utilizado nos cartazes, com ou sem brilho, maior ou menor gramatura, e a escolha de cenários e locações, eles não participam, diretamente, das decisões sobre o conteúdo das mensagens, uma responsabilidade típica dos

---

[4] SIMÕES, Elóy. *Atendimento*: anunciantes e agências. Global: São Paulo, 1998 (Col. Contato imediato).

departamentos de atendimento e criação. No entanto, são profissionais que têm acesso a informações interessantes sobre as condições de produção da campanha de prevenção à aids. Citaram, por exemplo, que para viabilizar a produção do "porta-camisinha" – uma peça gráfica no formato de envelope preso a um cordão, que deve ser utilizada pendurada no pescoço –, para distribuição no sambódromo durante o carnaval, foi contratada mão-de-obra de presidiários. Parece que os presidiários, ao ficarem responsáveis pela inserção da camisinha dentro do "porta-camisinha", usaram as camisinhas em suas relações sexuais e as embalagens foram entregues vazias ao Ministério da Saúde, disse o entrevistado, porém sem mostrar nenhum documento oficial que comprovasse isso. O prestador de serviço, terceirizado pela agência de publicidade, e que contratou a mão-de-obra dos presidiários, teria entrado em profunda depressão a partir da ampla repercussão do fato na mídia como "escândalo das camisinhas", sendo apontado como o culpado pelo ocorrido. Durante as conversas para esta pesquisa um dos profissionais da produção gráfica disse que esse tipo de problema na contratação de serviços alternativos, como a mão-de-obra dos presidiários, geralmente acontece, e que a visibilidade dada a esse fato, corriqueiro no mercado publicitário, só foi ampliada porque o anunciante é o governo e, principalmente, porque se trata do tema da aids. O produtor eletrônico, por sua vez, comentou que a seleção dos modelos e de atores para os comerciais do Ministério da Saúde é extremamente rigorosa, pois o rosto a ser exibido, em última instância, está no lugar do rosto do presidente.

Mídia

Uma campanha tem como objetivo atingir prioritariamente uma determinada audiência, identificada como público-alvo no mercado publicitário: comerciais de refrigerante disputam o olhar da juventude; o filme que vende automóveis deverá ser visto por homens solteiros e de classe média. Quando um foco muito específico é necessário, em função de orçamentos baixos ou de uma audiência especializada, opta-se por estratégias de envio que restrinjam a visibilidade da informação. A realização de um congresso de medicina, por exemplo, que precisa ser divulgada meramente entre médicos geriatras, poderia ser comunicada a esse público-alvo por meio de correspondências remetidas para o endereço dos seus respectivos consultórios. Porém, o ideal de qualquer iniciativa publicitária é ser vista pelo maior número de pessoas possível, afinal a publicidade é o passaporte para o "mundo dos incluídos" – quanto mais o produto estiver visível para a sociedade, maior será seu prestígio nas relações de consumo; quanto mais

Parte 2 – A aids não tem vocação publicitária

freqüentemente a imagem da instituição ou da empresa estiver na capa da revista e no anúncio da tevê, mais forte sua identidade de negócio globalizado. Assim, embora haja alternativas cada vez mais elaboradas para uma extrema segmentação, os meios de comunicação de massa continuam representando um sinônimo quase natural para publicidade.

Entre os meios de comunicação de massa, a televisão é o grande equivalente do negócio da publicidade e de todos os valores que ela sustenta. Foi a afirmação da televisão como veículo publicitário, a partir dos anos 1950 e 1960, que acelerou inovações tecnológicas, como câmeras filmadoras móveis, cenários, técnicas de edição de imagem.[5] O *Repórter Esso*, clássico exemplo brasileiro de jornalismo, traz no seu nome a prova da espetacular força econômica publicitária que já se anunciava naquela época. Nos gêneros televisivos mais atuais, está cada vez mais difícil reconhecer o que é e o que não é publicidade. A personagem da novela que consome um produto inserido na trama é uma imagem da publicidade tão imediata quanto o âncora do telejornal que anuncia as novas instalações da emissora depois de uma reportagem sobre a miséria no continente africano.

A publicidade sintetiza o discurso da mídia. Os investimentos que favorecerem a realização publicitária também asseguram o funcionamento de toda a mídia. A exigência publicitária está em capturar o olhar a qualquer preço, deixar o espectador sem escolha diante do apelo visual feito. É o que acontece com as informações sobre o clima das regiões do país, nas quais o repórter ou mesmo um técnico sobre o assunto tornam-se dispensáveis diante de um sedutor garoto ou uma linda "garota do tempo" que podem, tranqüilamente, ditar os textos do *teleprompter*.[6] Mesmo a importância das suas falas é relativizada pela imagem, pois basta olhar a infogravura e a computação gráfica para decidir se o guarda-chuva deve ficar ou não em casa. Essa exigência da persuasão pela imagem é um padrão para toda a produção televisiva e também para a imprensa escrita, que passou a mesclar textos e imagens, chegando mesmo a privilegiar a imagem em detrimento do texto. Nas grandes reportagens sobre

---

[5] A história da televisão é a história da publicidade: "O sistema televisivo foi implementado a partir dos anos 1950 seguindo o modelo americano e, portanto, construído em íntima relação com a publicidade. Vários autores já apontaram essa vinculação, mostrando que a participação de homens de publicidade como José Bonifácio de Oliveira Sobrinho, o Boni, e Walter Clark conferiram à TV Globo tanto racionalidade administrativa empresarial como visão de marketing [...]" (RAMOS, José Mario Ortiz. *Televisão, publicidade e cultura de massa*. Petrópolis: Vozes, 1995. p. 44).

[6] *Teleprompter* é um equipamento que projeta o texto em uma tela diante do apresentador de telejornal para que seja lido. Acoplado à câmera de TV, para a qual o olhar do jornalista se dirige, o TP, como é identificado no meio jornalístico, não é percebido pelo telespectador. Sem notar o sutil desvio dos olhos do jornalista para o TP, o telespectador tem a impressão de que o jornalista está olhando nos seus olhos.

os conflitos internacionais, como a guerra no Iraque, é composto um cuidadoso mapa indicando onde está o Brasil, onde está o repórter e onde está acontecendo o bombardeio. Esse recurso visual ganha tanta importância na captura do leitor que se torna mais importante informar onde está acontecendo o fato, por meio de imagens, do que esclarecer suas causas, algo que só o texto escrito poderia realizar. A imagem na indústria publicitária, mais eficaz na captura do olhar, desqualifica o texto escrito e também o falado. Quando o texto é inevitável, a escrita acaba sintética, e o áudio pouco acrescenta à imagem, redundando-a.

Certamente, o fenômeno é mais evidente na televisão. Na tevê, (quase) tudo é publicidade, para além dos trinta segundos tradicionais. Praticamente todas as campanhas de prevenção à aids do Ministério da Saúde se utilizaram do meio tevê para veicular suas mensagens. Não há como aferir se essa indicação parte do Ministério da Saúde ou é uma indicação dos especialistas da agência de publicidade, mas pressupõe-se que a exploração da televisão nas campanhas de prevenção à aids aponta para um consenso entre a agência e o anunciante. Há o entendimento sobre a adequação desse veículo para "dialogar" com o "povão". Nas agências de publicidade e entre os funcionários do governo, todos afirmaram que a escolha da tevê como mídia principal era fato consumado. A argumentação mais firme, nesse sentido, obviamente partiu dos publicitários de mídia.

Analisando os depoimentos dos publicitários de mídia, foram identificados alguns conjuntos de opiniões, não excludentes, sobre a rentabilidade publicitária da televisão. O primeiro desses conjuntos apresenta como justificativa a escolha do meio tevê pela sua garantia de persuasão. De acordo com tal pressuposto, todos seriam seduzidos pela televisão: ricos, pobres, anônimos, famosos, homens, mulheres, crianças. Aos olhos do profissional de mídia, a televisão é a única escolha razoável para o Ministério da Saúde, que pretende viabilizar uma comunicação ampla para a aids:

Publicitário H (mídia):

Televisão é uma metralhadora giratória.

[...] É difícil segmentar [a publicidade de prevenção à aids]. O uso da televisão é mais adequado.

Um outro grupo de idéias apresentadas pelos publicitários indicou que, na verdade, a escolha do meio tevê está associada à combinação de um orçamento pequeno e uma audiência grande:

Parte 2 – A aids não tem vocação publicitária

Publicitário H (mídia):

[...] Tem um número ao qual a pessoa precisa ficar exposta àquela mensagem para ter compreensão. Então, você trabalha com esse número. No caso da aids, eu preciso falar com muita gente. E, a princípio, eu preciso falar com alta freqüência [expor o público-alvo à mesma mensagem várias vezes], mas eu não tenho dinheiro para fazer alta freqüência. Então, eu vou nos programas e nas emissoras de maior volume de audiência. Por que daí eu consigo falar com muita gente [...]. Então, não é o fato de eu querer concentrar na televisão. É que, para mim, já que eu tenho que fazer um veículo massivo, eu vou no melhor que é a televisão. [...][7]

O orçamento do Ministério da Saúde para a publicidade não pode ser considerado pequeno, embora não seja suficientemente grande para a ampla cobertura desejada pelo profissional de mídia. Essa concentração de verbas publicitárias na televisão justifica-se por outros fatores que não só a possibilidade de imediata e barata sensibilização da massa. Ao aparecer na tevê, o Ministério dá concretude aos seus investimentos e justifica-os. Como explicar a administração dos altos valores investidos pelo governo federal em ações e programas? Como convencer a população sobre a existência desse investimento e a geração de resultados significativos para a sociedade se nenhuma campanha for veiculada? Como garantir à população que o direito à saúde é assegurado se isso não for dito na tevê?

Publicitário H (mídia):

[...] Então, eu destino para a televisão o maior número de recursos possíveis para que eu esteja bem [seja largamente visto]. Porque não adianta nada eu estar fraco [pouco visível para a população], porque aí nós vamos estar jogando dinheiro no lixo e eu vou ser mais criticado ainda.

Por meio dos programas de televisão, o brasileiro informa-se, mas, principalmente, diverte-se (programas de auditório, telenovelas, telejornais, humor, musicais). Daí a justificativa para que os anúncios publicitários de prevenção à aids se valham do recurso do humor. No que se refere aos encaminhamentos

---

[7] É curioso observar que o profissional de mídia, nesta entrevista, fala na primeira pessoa do singular para referir-se ao Ministério da Saúde, como se cliente e agência fossem um só, como se a responsabilidade diante das estatísticas da epidemia fosse a mesma para os dois lados. É uma demonstração da apropriação do tema aids pelo mercado publicitário. Sua fala reivindica, também, uma autoria que, na prática, é estraçalhada pelas condições de produção da mensagem publicitária. Mais adiante, para validar sua competência técnica, ele usa a expressão "a gente" no sentido de "agência de publicidade". O atendimento deve ser "o cliente na agência e a agência no cliente" – dizem os manuais de publicidade.

internos na agência de publicidade, a utilização da televisão é uma das primeiras decisões estratégicas. Quando o pedido de elaboração de uma campanha chega aos profissionais de criação, os meios de comunicação a serem utilizados ou já estão recomendados ou são consenso. Os "criativos" podem comprovar a sua genialidade, desde que façam um filme para a televisão:

Publicitário D (redator):

[...] Para a gente é fato consumado: tem que usar televisão porque mais gente vê.

[...] A tevê tem que ser usada. Para atingir mais pessoas que os outros meios.

Publicitário A(redator/dupla de criação):

[...] Você tem que ter tevê. Ainda mais no Brasil que é um país que assiste televisão pra cacete. A gente [agência de propaganda] tem experiência aqui com produto, mesmo. Você colocar comercial na televisão é uma coisa. Você pode colocar anúncio de página dupla, no jornal, pode fazer *outdoor*, que comparar com a televisão não dá.

Publicitário B (diretor de arte/dupla de criação):

Na televisão você pega uma segmentação muito maior. Revista, você pega um grupo.

Como se pode observar, não há resistência em cumprir a tarefa: a televisão também é reconhecida pelos publicitários de criação como um veículo muito adequado para as campanhas. É na televisão que se pode realizar um dos formatos mais publicitários: o "testemunhal". A exploração do "testemunhal" na publicidade não se restringe ao meio eletrônico, pois geralmente anúncios impressos, veiculados em jornais e revistas, também se utilizam largamente desse formato. No entanto, a combinação de "testemunhal" e televisão tem o espírito da publicidade. O "testemunhal" também é um dos formatos mais utilizados nos filmes publicitários de prevenção à aids do governo:

Publicitário D (redator):

[...] E aí a gente trabalha televisão. Por que não? É tão gostoso fazer um anúncio quanto um comercial de televisão. A gente nos outros anos não usou pessoas famosas. Esse ano usou. Quer dizer, isso são técnicas possíveis de serem usadas e a gente escolheu [sobre uma campanha veiculada no carnaval na qual a agência utilizou o "testemunhal" como estratégia criativa] porque tinha um bom discurso para

Parte 2 – A aids não tem vocação publicitária

ser colocado naquela técnica. A gente avalia a idéia que a gente tem e aí compara uma com a outra e aí vê qual a gente acha mais adequada.

No levantamento de peças publicitárias realizado a partir do acervo do Ministério da Saúde, foram identificados diversos comerciais, recentes e antigos, que também privilegiaram a abordagem do "testemunhal". Alguns exemplos: os depoimentos dos atores Paulo José e Irene Ravache ("Aids. Você precisa saber evitar", anos 1980); uma série de filmes que exibiu depoimentos de personalidades como o jogador de futebol Zico, a atriz Vera Fischer, o humorista Jô Soares ("Brasil X Aids", anos 1980); os jovens atores globais Nico Puig, Letícia Sabatella e Carolina Dickmann ("Você precisa aprender a transar com a existência da Aids", 1994); e o filme protagonizado pela apresentadora Hebe Camargo ("Quem se ama, se cuida", 1995). Em 2001, foi a vez do testemunhal da atriz Maria Paula e do humorista Bussunda, do grupo Casseta e Planeta, na campanha de esclarecimento sobre DST; em 2002, ocorreu o testemunhal da atriz Cláudia Gimenez ("Carnaval – sem camisinha, nem pensar"), e em 2003, da cantora Kelly Key.

Retomando o comentário sobre as justificativas que levam à escolha da televisão para a veiculação das campanhas, pode-se afirmar que ela é reconhecida como o meio mais adequado à comunicação publicitária, à medida que é capaz de popularizar rapidamente todos os objetos, independentemente de qualquer especificidade. É baseada nessas razões mais gerais que a televisão é apontada como o veículo mais adequado para a comunicação específica que constitui o alerta à população sobre o risco da aids:

Publicitário A (redator/dupla de criação):

Onde é que estão os brasileiros que estão sujeitos a pegar aids nesse carnaval? Assistindo à televisão. É aí que a gente fala com essas pessoas. Revista *Veja*, *Folha de S. Paulo* é muito específico.

Dar visibilidade ao anunciante e ao seu produto, este é, em suma, o principal objetivo de uma campanha publicitária de prevenção. Porém, ao garantir a exposição da sua marca, do seu produto, da sua mensagem, o anunciante provoca outros efeitos como a memorização do telespectador sobre a marca do seu produto. A publicidade subliminar é proibida, mas não é possível evitar os efeitos subliminares das mensagens veiculadas, motivados pelas inúmeras repetições de uma mensagem.[8] Nesse sentido, a publicidade toma como verdade o

---

[8] De acordo com os estudos sobre mensagem subliminar, "o excedente de informações é passivamente assimilado pelo inconsciente pessoal ou subconsciente. É a saturação subliminar que não dá tempo de pensar nas imagens" CALAZANS, Flávio. *Propaganda subliminar multimídia*. 3. ed. São Paulo: Summus, 1992. p. 30 (Novas buscas em comunicação, v. 42).

dito popular "a primeira impressão é a que fica" e se mostra laboriosa na execução das idéias criativas para que o anúncio seja visto e gere "impacto" desde a primeira vez. O "impacto" da recepção diante do anúncio é tomado como um dado de sucesso, pois desencadearia o processo de lembrança e o desejo de compra, que deveriam resultar no consumo efetivo:

Publicitário B (diretor de arte/dupla de criação):

[...] [O que justifica usar a televisão] Não é só o [efeito] residual. É o impacto, mesmo.

Ser visto e ser lembrado são os dois valores fundamentais da comunicação publicitária. A evolução do "ser visto" e ao "ser lembrado" para o "ser comprado" é tão sensível que, muitas vezes, as três possibilidades são tomadas como o mesmo fenômeno. Em outras palavras, é como se bastasse anunciar na televisão para que o produto pudesse ser visto, ser lembrado e ser comprado.

Os publicitários de criação estão de acordo quanto às vantagens do uso da televisão para a comunicação publicitária. No entanto, ao abordar o caso específico da aids, apontaram a necessidade de investimentos em mídias mais segmentadas a fim de sensibilizar individualmente os cidadãos. A demanda de uma comunicação mais próxima para abordar o tema aids com a população, de acordo com os publicitários, teria relativizado o protagonismo dos meios de comunicação de massa. Essa foi a pista deixada, por exemplo, no comentário de um dos publicitários de criação sobre uma campanha impressa do Ministério da Saúde, composta apenas por cartazes e folhetos, dirigida aos usuários de drogas injetáveis:

Publicitário A (redator/dupla de criação):

Olha, mesmo que eu veja drogado como formador de opinião, colocar um comercial na novela das oito, eu posso falar com o Brasil inteiro, mas não com o drogado.

A linguagem televisiva talvez não consiga criar, na recepção, o vínculo e o reconhecimento necessários para romper com as resistências ao recebimento de uma mensagem autoritária e reguladora, especialmente uma mensagem autoritária e reguladora enviada pelo Estado justamente aos grupos sociais que enraizaram sua identidade nas práticas *outsiders*, como os usuários de drogas injetáveis. Nesse sentido, o uso da televisão, meio de comunicação dos incluídos, não conseguiria mandar o fluxo da mensagem para fora. A televisão alcança o limite das muralhas da sociedade de consumo, mas quando atinge

Parte 2 – A aids não tem vocação publicitária

esse limite, a trajetória da mensagem precisa ser cumprida por outros meios mais flexíveis, como a mídia alternativa. Os fanzines, por exemplo, que pululam nos subúrbios, podem ser citados como exemplos de "mídia alternativa", pois, entre outras especificidades, passam ao largo dos padrões estéticos vigentes nos meios de comunicação de massa. São produções de quem, supostamente, está do lado de fora de tudo o que se anuncia por meio dos clássicos comerciais: beleza, riqueza, *status*. Por isso, os anúncios televisivos não chegariam até os usuários de drogas injetáveis: os anúncios é que estariam *out*.[9]

Os publicitários de criação reconheceram esse limite, porém, também disseram que a televisão cumpre um papel importante na comunicação com audiências mais específicas. Em outras palavras, se há uma campanha publicitária, não importa para quem e sobre o que ela é, é preferível que haja a utilização do meio tevê, ainda que seja como mídia de apoio:

Publicitário B (diretor de arte/dupla de criação):

É que, na verdade, a televisão vai fazendo esse trabalho de "se conscientize de aids, se conscientize de aids" . Então, quando você vai falar com um drogado, você faz um cartaz direto e, ao invés de falar aids, aids, aids, eu falo a língua dele.

[...] Se você não usar a linguagem específica, o cartaz vai ficar vazio. Mas se você jogar "aids" [abordar o tema nas campanhas veiculadas nos meios de comunicação de massa] e ele [usuário de drogas]: "não me incomoda". Aí, você joga no mundo dele [utiliza mídias mais segmentadas] e ele: "opa!". E se eu não fizer uma das duas coisas [anúncio na televisão e peças mais específicas], não vai atingir aquele cara. Tenho que atingir o global e tenho que atingir, especificamente, o drogado e grupos mais específicos.

Os depoimentos deixam evidente que, embora haja consenso sobre o uso da televisão para a veiculação de campanhas publicitárias, a realização de uma campanha publicitária sobre a aids deveria estimular a pesquisa de mídias alternativas aos meios de comunicação de massa. Nas mídias *outsiders* parece haver mais espaço para a alteridade, a heterogeneidade, para as polifonias. No entanto, foi outra a vivência relatada pelos profissionais de mídia. Comentando sobre os critérios para a seleção dos meios que

---

[9] Em "Marginal ou invisível? – a construção de sentidos nas publicidades do Ministério da Saúde destinadas aos usuários de drogas injetáveis", Mauro Henrique de Miranda Siqueira, que trabalhou por cinco anos no Programa Nacional de DST e Aids, aborda justamente o tema da representação social nas campanhas. Sob orientação da professora doutora Tânia Montoro, sua dissertação de mestrado foi defendida em agosto de 2004 no Programa de Pós-Graduação em Comunicação da Universidade de Brasília (UnB).

divulgam as mensagens do Ministério da Saúde, os profissionais de mídia atestaram a cristalização do mercado-aids:

Publicitário H (mídia):

As ofertas dos meios de comunicação chegam antes do pedido de campanha na agência. Parece que sabem que vai ser realizada alguma campanha antes da agência. Talvez porque a imprensa tenha alguma entrada em Brasília e descubra as coisas. Ou porque o mercado já se acostumou com os períodos de veiculação do Ministério da Saúde.

[...] O uso da mídia nas campanhas de aids segue o planejamento tradicional.

[...] A veiculação acontece na tevê aberta.

[...] Como você está trabalhando com verba, todo mundo quer participar do planejamento. Na verdade, pelo formato até que a gente tem, eles já sabem pontuar em que momento nós estaremos presentes: carnaval, dia mundial da aids...

[...] Por uma questão estratégica. Eles se habituaram que existe esse tipo de rotina. Então, todo mundo quer participar. De alguma forma. O quê? Socialmente? Não. Quer participar do bolo que deve existir para isso.

[...] Para essas pessoas que estão envolvidas no carnaval, os trios elétricos, por exemplo, nós pedimos colaboração para ajudar. "Ah, mas tem dinheiro?", eles disseram.

Os meios apontados pelos profissionais de mídia como alternativos foram meios de comunicação como o rádio, que já possuem uma sólida trajetória como mídia publicitária, apenas apresentando uma menor participação orçamentária em relação à televisão. Também foram citados como mídias alternativas os trios elétricos, as manifestações típicas do carnaval que, ultimamente, estimulam os carnavais fora de época e elevam os lucros da indústria fonográfica com a comercialização da axé *music*. Foi mencionada ainda como mídia alternativa a utilização de *merchandising* no sambódromo durante o desfile das escolas de samba que, há alguns anos, estava restrita ao patrocínio das transmissões. Com a profissionalização da festa do carnaval, principalmente ao longo dos anos 1990, voltada para os interesses econômicos do turismo, a publicidade no sambódromo deixou de ser "alternativa". Atualmente, além da comercialização da transmissão do carnaval, as marcas de cerveja, por exemplo, montam camarotes exclusivos na avenida. Há ainda um outro recurso: no estúdio, interferindo nas imagens ao vivo do sambódromo,

Parte 2 – A aids não tem vocação publicitária

a computação gráfica permite que o telespectador tenha a impressão de que a marca do anunciante está pintada no chão da avenida.

Publicitário H (mídia):

[...] Na campanha de sífilis foi usado o meio rádio.

[...] *Outdoor* deveria ser mais utilizado, mas nunca sobra verba.

[...] No carnaval, o *outdoor* é mais utilizado, junto com o *busdoor*.

[...] Mas, principalmente, no litoral ou em lugares turísticos, onde as pessoas ficam pouco em casa, o rádio e o *busdoor* são mais utilizados.

[...] Em várias campanhas nós tivemos cartazes.

[...] Eram cartazes para banheiros, em vários pontos onde existiam concentração de pessoas, desfiles de rua... Só que tem uma grande maioria que entra no banheiro bêbada e não lê o cartaz. Então, nesse caso aí, o que nós usamos como estratégia? Nós usamos os blocos, os trios elétricos. Eles [vocalistas das bandas de axé *music*] falavam [para usar a camisinha nas relações sexuais].

[...] Mídias não tradicionais contra a aids: trio elétrico, blocos, escola de samba, chamadas na passarela, principalmente no sambódromo. São coisas que raramente eram utilizadas. [...]

O que é mídia alternativa? O mercado publicitário construído em torno da televisão é tão sólido que diz ser "mídia alternativa" toda a estratégia de comunicação que não passa por ela. Será mesmo produtiva esta classificação? É válido transcrever na íntegra o comentário de Rafael Sampaio (1999, p. 97-98), que, em seu guia referencial *Propaganda de A a Z*, define o que é considerado mídia alternativa:

No caso das "mídias alternativas", registram-se opções como painéis em locais de circulação pública (aeroportos, estações de trem e metrô, etc.); trens e ônibus (paredes internas); barcos e outros veículos; "midiafone" (serviços prestados pelo telefone antecedidos de alguma mensagem comercial); vídeo em salas de espera de aeroportos e rodoviárias; vídeos a bordo de aviões; painéis em ginásios esportivos; fitas de videocassete doméstico; painéis, carrinhos e cupons de supermercados; e cartões telefônicos; entre outros.

Nos países mais desenvolvidos, onde os custos de mídia são maiores do que os brasileiros e onde o mercado está mais evoluído e a atividade publicitária é maior e mais intensa, estas mídias alternativas têm maior importância do que aqui em nosso país.

No futuro, porém, a tendência é a expansão e valorização dessas mídias também no Brasil, onde deverão aparecer muitas outras opções para os anunciantes.

O autor contempla a questão econômica para compreender os diferentes níveis de investimento na pesquisa de novas mídias nos distintos mercados publicitários, mas a "cultura da tevê" precisa ser avaliada. Um anunciante como o Ministério da Saúde dificilmente investirá 100% dos recursos de publicidade em mídias alternativas. Essa possibilidade de explorar de modo radical outras vias de comunicação ficaria reservada para as ONGs e outras instituições financiadas pelo governo. O governo é parceiro e signatário de iniciativas comunitárias. No entanto, quando se trata de comunicação institucional e exclusivamente assinada por ele, a opção é pelos meios de comunicação tradicionais, em particular a TV.

O valor comercial da televisão pode ser mensurado pelo modo como essa mídia é posicionada em relação à internet. Mesmo que signifique uma revolução na sociedade da informação, a rede mundial de computadores é e precisa ser legitimada pela televisão. A tecnologia *web* já está substituindo a tevê e irá eliminá-la, dizem os estudiosos do assunto. No entanto, grande parte do anúncio comercial dessa mudança definitiva ainda se refere a uma fusão, não a um choque, e posiciona a internet como um acessório que facilitará o consumo dos produtos televisivos – um outro modo de consumir o mesmo. Um exemplo recente pode ser mencionado: o lançamento do endereço virtual da Rede Globo, www.globo.com. A campanha publicitária de lançamento utilizou como garotos-propaganda atores e atrizes da emissora. A mesma linguagem que funciona há tanto tempo para anunciar as novelas serviu ao anúncio de uma outra realidade tecnológica e simbólica que é a internet. Em um dos filmes, a fala de um dos atores foi a seguinte: "Para saber o que vai acontecer na telinha [tela do monitor do computador], fique ligado nessa telona aqui [tela da tevê]", sugerindo que a experiência de interação na internet pudesse ser compreendida como mera continuidade da audiência televisiva.

O uso freqüente da televisão para anunciar a aids e diversos temas de saúde pública está vinculado a uma característica muito peculiar da gramática publicitária, principalmente da publicidade televisiva, que é a sua competência para apagar o que indica diferenças, conflitos e arestas no objeto anunciado. Tudo é muito homogêneo, fraterno e pacífico na imagem publicitária da tevê; por isso, para reduzir as complexidades da mensagem da

Parte 2 – A aids não tem vocação publicitária

campanha de prevenção do câncer de colo de útero, por exemplo, o veículo adequado é a televisão – não há tempo para questionar a qualidade do atendimento efetivamente disponível nos postos de saúde que estão sob a gestão do município.

No caso da aids, o planejamento publicitário fica marcado por essa disputa entre o que o objeto pede (falar de diferenças, problemas, impasses) e o que o anunciante governo federal pode (mostrar exatamente o oposto disso). O planejamento realizado na agência de propaganda organiza-se, então, não só em função das demandas do problema "anunciar a prevenção à aids", mas também, e principalmente, em função de uma aids que seja anunciada "sem expor o governo":

Publicitário H (mídia):

O governo precisa agradar gregos e troianos e isso se reflete no uso da mídia.

[...] Numa conta de governo, também existe indicação política do anunciante sobre os meios a serem utilizados.

[...] Atender uma conta como a do Ministério põe o mídia sob a pressão dos meios.

A escolha do meio tevê contribui para que a tarefa publicitária do profissional de mídia se cumpra com sucesso. No entanto, o mercado de emissoras de tevê é extremamente competitivo, e aquelas emissoras que não são incluídas no plano de veiculação tendem à retaliação, questionando o critério profissional da escolha de determinados veículos para a divulgação de uma mensagem:

Publicitário H (mídia):

[...] Eu já recebi reclamações de veículos extremamente desaforadas. Já fui acusado de mau profissional, por exemplo. [...] Por não ter incluído o veículo dele na mídia. Ele está sendo excluído de uma coisa que ele acha que ele é extremamente adequado, que eu não vejo. [...] A pesquisa não me mostra isso, mas eu não trabalho só com dados. Eu tenho o meu *feeling*, também, então, eu vejo, também.

[...] Mas que existe imprensa porca, existe. Por que eu recebo um monte delas. Que dizem: "Já que você não vai me dar nada, então eu não vou fazer nada de aids". Bom, então não faz, eu não vou te dar nada. Por que não é importante para mim [o uso desse veículo não é estrategicamente importante para a campanha].

132   Aids anunciada: a publicidade e o sexo seguro

Já as emissoras e os jornais que, são incluídos nos planos, tendem a gerar mídia espontânea, isto é, dar cobertura para o assunto aids em uma freqüência maior que aquela prevista no acordo comercial:

Publicitário H (mídia):

Aquilo [inserção de uma personagem soropositiva em uma telenovela da Rede Globo] foi um pedido que nós [Ministério da Saúde e agência de publicidade] fizemos.

[...] Existem vários veículos que colaboram, ninguém tá negando isso. No caso da Rede Globo, pela força que ela tem, pela participação de audiência que ela tem, a ajuda que ela dá é extremamente importante. E a família Marinho é muito solidária à causa da aids. Então, ela permite, ou seja, ela manda os seus executivos acatarem certas decisões da família. É *policy*. Se você conversar com o cara do *merchandising*, ele vai dizer que não pode. Ou pode, se você pagar 1 milhão de dólares. Mas se a família falar que tem que fazer, tem que fazer: acabou o negócio. Já teve outras menções, outras ações.

Outro exemplo de mídia espontânea aconteceu na cobertura da "campanha do Bráulio" ("Viva com prazer. Viva o sexo seguro", 1995). Os telejornais e a imprensa escrita não só divulgaram o lançamento da campanha, mas também acompanharam a reação popular diante da polêmica com enquetes nas ruas e noticiaram a reunião de Adib Jatene, então ministro da Saúde, com seus consultores e os publicitários. Todo "serviço" – o entendimento dessa cobertura como um serviço é do entrevistado – foi prestado "de graça":

Publicitário H (mídia):

[...] Quando eu compro esses espaços eu não tenho como interferir no editorial dos veículos. Aqui é a força política do Ministério. [...] Não é a primeira vez que nós fazemos apresentação da campanha da aids. Antes de apresentar a campanha para o grande público, antes de mandar material para os veículos, quer dizer, a gente manda, mas eles não conhecem, a gente chama a imprensa para mostrar a campanha: "olha, para vocês que são formadores de opinião, eu vou mostrar o que eu vou pôr no ar. Eu vou pôr essa campanha". Nós percebemos que quando uma campanha agrada mais as pessoas, a mídia espontânea é muito maior. Quando a campanha é polêmica ela também é muito maior. Só que mais sintética. Eles exibiram o comercial do "Bráulio" [durante o telejornal].

[...] O fato de o *Jornal Nacional* ter dito: "O Ministério da Saúde lança campanha hoje, o tema é tal [...]", e passar o comercial, aquilo vale uma fortuna para mim.

Parte 2 – A aids não tem vocação publicitária

[...] Simbólica e financeira. Eu não paguei aquilo. Aquilo foi espontâneo. Eu não paguei aquilo, não paguei o Boris Casoy [à época, âncora do *Jornal do SBT*], o jornal da Bandeirantes, não paguei à TV Cultura, não paguei à TVE. Não paguei nenhum jornalismo que você viu isso. Eu não paguei a Lilian [Witte Fibe, jornalista]. Não paguei ninguém. Como eu te disse, foi espontâneo. Eu não paguei ninguém para mostrar aquele comercial, para comentar aquele comercial. Nada. Zero. "Ah, mas você comprou a programação isolada da Rede Globo." Nesse caso, não tem nada a ver. Não faz isso com comercial de geladeira. Não faz isso com comercial de sabonete. Você faz isso com o Bill Gates.

O engajamento dos meios de comunicação na prevenção à aids é motivado, também, pela promoção de uma imagem positiva da emissora aos olhos dos seus telespectadores de acordo com o profissional de mídia:

Publicitário H (mídia):

Porque é governo e porque é uma situação extremamente importante, é uma necessidade muito importante falar. [...] O jornalista precisa comprar a causa. O veículo já comprou. O jornalista precisa comprar. Ele pode ir lá, assistir o Serra [José Serra, ex-ministro da Saúde] apresentar a campanha, ir para casa e dar uma linha. Agora, se o veículo comprou, ele vai olhar com mais atenção. Então, ele vê que o fato é extremamente importante. O editor do jornal sabe que aquele fato é extremamente importante.

O fato de eu comprar trinta segundos no *Jornal Nacional* não me garante nada.

O que facilita [a imprensa cobrir o lançamento das campanhas com mais ênfase] é o veículo de comunicação ter comprado a idéia.

[...] Por exemplo, quanto dinheiro eu invisto na MTV? Zero vírgula zero vírgula zero um por cento. E a MTV tem campanha de prevenção à aids todo dia. Todo ano. O ano inteiro. E no mundo. E eu não pago nada. A causa foi comprada pelo veículo de comunicação, ela se acha no dever de fazer isso.

[...] a Rede Globo poderia pôr no ar?! A Rede Globo já pôs campanha de acidente de trânsito.

O apoio dos veículos de comunicação pode ser animado pela hipótese de realização de acordos comerciais futuros, pois o governo ainda é um dos maiores anunciantes de publicidade. No entanto, diante das transformações trazidas pela administração descentralizada, pela privatização e pela contenção dos gastos públicos, as relações de "parceria" entre a iniciativa privada e o governo federal são cada vez mais comuns, tendendo ao enxugamento do orçamento público para a publicidade:

Publicitário H (mídia):

[...] Se você pegar os índices Nielsen, agora é Ibope, você vê lá o maior anunciante do Brasil. Era, eu sei que vai mudar, era governo. Ué? Se o governo é o maior anunciante do Brasil por que ele merece tratamento diferenciado? Não paga as contas? Atrasa? É isso? Então, não tem motivo. [...] Até porque deveria ser uma coisa social, comunitária.

Olha, eu não estou dizendo que não influencie nada. O governo ainda é um grande anunciante. Vai deixar de ser. Ao longo do tempo vai. O sistema Telebrás sumiu, a Embratel sumiu, tão sumindo as empresas públicas. E os ministérios têm orçamentos pequenos, eles têm que cuidar de outra coisa do que comunicação, publicidade. Diminuíram os orçamentos.

Apesar da suposta "boa vontade" de alguns veículos de comunicação, a maioria deles pressiona o profissional de mídia para que inclua o nome da sua emissora no plano. Geralmente, as pressões ocorrem porque o anunciante Ministério da Saúde é uma "conta pública", e o mito do lucro fácil às custas do governo, por meio de superfaturamentos, ainda gera expectativa de favorecimentos:

Publicitário H (mídia):

[...] Eu deixo de atender muito telefonema, sim. Eu não posso atender 3 mil rádios do país inteiro. Você explica para as pessoas que, estrategicamente, o rádio não vai fazer parte. É importante? É, mas eu não tenho dinheiro para fazer as rádios e também não vou pedir para vocês [emissoras] fazerem[de graça] para mim.

[...] Tem muita pressão? Tem. O mídia tem muita pressão sempre. Não posso negar. Tem que dividir com alguma pessoa a mais. No meu caso, com o meu próprio patrão. Como eu tenho um diretor-presidente só, é com ele que eu divido certas pressões que estão fora da ética. Dentro da ética, tudo bem. Eu me viro. Mas fora da ética, eu divido com ele. Eu também tenho o meu nome a zelar. E se a pessoa ultrapassar, eu tenho aonde me resguardar. São os meus direitos legais.

Os entrevistados comentaram que os horários utilizados na televisão para a veiculação das campanhas do Ministério da Saúde reproduzem o padrão

Parte 2 – A aids não tem vocação publicitária

de veiculação vigente no mercado de comunicação publicitária. Não se teve acesso às planilhas que documentam as inserções de cada peça, suas respectivas datas e horários de veiculação. Entretanto, o comentário dos profissionais de mídia, responsáveis pela elaboração das planilhas, confirmou que os programas mais utilizados para a veiculação das campanhas foram os exibidos pelas três maiores emissoras do país. São elas, portanto, que concentram a maior parte das verbas publicitárias destinadas ao meio tevê: Rede Globo, SBT e Rede Bandeirantes. O esquema de veiculação mais utilizado é o do horário nobre, ou seja, novela–telejornal–novela; assim, as grandes emissoras acabam sendo privilegiadas, pois só elas podem acenar com uma grade de programação com esses produtos e que é vista por grande parcela da audiência nacional. A faixa horária das 20h às 22h na Rede Globo é um exemplo de faixa horária que registra altos índices de audiência há décadas, embora os números tenham se modificado ao longo dos anos:

Publicitário H (mídia):

A escolha dos programas não é sempre a mesma, depende da campanha. Mas alguns dos programas utilizados para a veiculação das campanhas de aids foram *shows*, jornalismo, novela e esporte. Os programas de esporte são importantes. *Tiazinha*, o *H* da Band [programas diários que tiveram grande audiência entre os jovens na Rede Bandeirantes] e *Casseta* [programa humorístico da Rede Globo]. O *feeling* também conta muito. Não dá para colocar aids no *Angel Mix* [programa diário infantil já veiculado na Rede Globo].

[...] Por mais que você esteja na televisão, poucas pessoas se interessam por um programa chamado *Conta corrente*. Um assunto econômico, áspero, fala de vários assuntos econômicos, fala de vários assuntos bancários. Ninguém vai ver. Agora, a gente olha televisão para se entreter. Olha futebol, novela, uma luta. E, às vezes, os sanduíches. Os sanduíches o que são? O *Jornal Nacional*. Aqui tem uma novela, aqui tem outra novela e o *Jornal Nacional*. As pessoas não transitam. Elas ficam aqui. Por que a linguagem é fácil.

É uma estratégia que deu certo e eu sigo essa estratégia. Então, por mais pressão que se faça...

Na verdade, o que diferencia muito é na estratégia geral. Tem alguns padrões que são extremamente necessários. Determinados objetivos de mercado com certas necessidades muito semelhantes. Você tem objetivos de conquistar mercado. Eu tô numa posição X do meu *share of mind*, dentro de uma categoria de

136

Aids anunciada: a publicidade e o sexo seguro

produto, e eu preciso subir; e se eu tiver uma estratégia complexa de distribuição, de gôndola, de ponto de venda; e que eu preciso de um esforço maior na televisão, eu acabo sendo igual às campanhas comunitárias que eu faço. Em algum momento. Eu vou usar horários, eu vou usar canais, vou usar programas muito semelhantes ao que eu vou usar para as campanhas comunitárias.

Por exemplo, eu posso usar a novela de jovem da Rede Globo [*Malhação*, programa juvenil exibido diariamente] para iogurte como posso usar para a aids.

Aids é uma campanha mais comunitária. Como eu tenho que subir de participação para o meu iogurte e identificar que o meu público comprador e consumidor está mais lá do que no programa da Angélica [apresentadora da Rede Globo], então eu prefiro concentrar meus esforços ali [programação dirigida aos jovens da Rede Globo] porque eu vou ter condições de falar com mais gente sobre o meu produto [iogurte] e os benefícios que ele vai ter. Do mesmo jeito, como eu quero falar de prevenção, e esse programa eu espero que ele fale de aids, espero que as pessoas entendam o conceito macro que é o prevenir. Então, se eu tenho, nesse horário, muita gente para falar, de vários segmentos de classe econômica, e eu não consigo segmentar televisão nesse aspecto, por grandes faixas, então eu uso o *Jornal Nacional*. E estou sendo igual, estratégica e taticamente. Eu uso a tevê estrategicamente. Uso taticamente a Rede Globo, taticamente o horário da novela para falar com o público. Isso é igual.

É curiosa a definição da campanha do governo federal como de cunho comunitário. Ainda mais tendo em vista que as estratégias de mídia e veiculação foram apontadas pelos profissionais de mídia como equivalentes àquelas utilizadas na divulgação de um produto. Sobre a idéia de "comunicação comunitária" e o uso no senso comum do termo "comunitário" e suas derivações, a pesquisadora Raquel Paiva (2003) faz uma importante advertência:

Dentro de um esquema de *comunicação comunitária* – aquela orientada não por uma lógica puramente empresarial, mas principalmente por determinações grupais ou comunais – importam muito menos os objetivos e o comprometimento entre as partes, para se alcançar as metas programadas, do que o uso de *x* ou *y* sistema de comunicação. Na verdade, a escolha dos veículos de comunicação dá-se em função do meio adequado a cada etapa de um processo. Não se adota um sistema de comunicação porque pode ser mais interessante, ou pela disponibilidade de profissionais para o trabalho, ou ainda porque é o mais moderno. Dentro da proposta da *comunicação comunitária* é imprescindível a adequação do veículo ao projeto global. Esse entendimento é importante para a compreensão da mídia a ser escolhida, bem como a utilização de mais de um veículo, a linguagem a ser adotada

Parte 2 – A aids não tem vocação publicitária

e a programação. Além do assentimento por parte dos integrantes do grupo, já que o poder decisório neste caso abstrai o determinante técnico.[10]

Nesse sentido, em que fala a autora, nada poderia haver de comunitário nas campanhas publicitárias de prevenção à aids.

A captura da atenção da população sobre o específico tema da aids, segundo o profissional de mídia, no entanto, dependeria menos do plano de veiculação e mais da abordagem dada à mensagem. A diferenciação de mensagens e não a diferenciação de mídia é que garantiria a persuasão do brasileiro sobre o uso do preservativo:

Publicitário H (mídia):

O que eu tenho que diferenciar é o tipo de mensagem. Uma pode ser mais *fun* [divertida, engraçada], a outra pode ser mais *fun* e séria com relação à saúde, não sei o quê, e a outra um alerta de que se ele não tiver essa prevenção...

A responsabilidade, portanto, do sucesso de uma campanha de prevenção à aids estaria no talento e no brilho dos publicitários "criativos", responsáveis pela elaboração das imagens e dos textos que constituem os anúncios na revista, no jornal e na televisão. Foram entrevistados, como já dito, apenas profissionais da área de criação que já trabalharam para o Ministério da Saúde e para a "conta" da aids. Essas foram as entrevistas mais ricas da pesquisa, considerando as contribuições que trouxeram para o trabalho; daí o tratamento mais extenso das suas falas. Ao contrário do depoimento dos profissionais de mídia, os profissionais de criação não concordaram que a estratégia para a solução do problema da adesão ao preservativo seja a mera segmentação da mensagem nas campanhas. As anotações a seguir dizem respeito a esses depoimentos de redatores e diretores de arte, duplas de criação, enfim, de um grupo de publicitários que trabalha no departamento de criação da agência de publicidade.

Criação

Para os publicitários do departamento de criação, a impossibilidade de explorar o impacto é um dos principais fatores negativos na elaboração das campanhas para o Ministério da Saúde. Na opinião deles, embora a abordagem da morte seja recusada pela comunidade de aids, ela seria a forma mais adequada para conscientizar a audiência sobre a gravidade da epidemia.

---

[10] PAIVA, Raquel. *O espírito comum*: comunidade, mídia e globalismo. 2. ed. rev. e ampl. Rio de Janeiro: Mauad, 2003. p. 48.

Os avanços da ciência reconhecidos internacionalmente e a organização social, legitimada pelo investimento de fundos internacionais e de recursos públicos, possibilitaram que a representação da aids se desvinculasse da morte. De acordo com os depoimentos dos publicitários de criação, essa nova representação, cheia de "vida", deveria ser analisada de modo crítico, pois não gera impacto e não corresponde à efetiva realidade da aids: embora o tratamento prolongue a vida do paciente, a aids ainda mata. Portanto, se houvesse autonomia dos "criativos" para a tomada de decisão acerca da mensagem adequada, a morte seria a abordagem utilizada na comunicação da aids.

A fatalidade da morte é sempre afirmada pela publicidade como um tema eficaz para a persuasão. Anúncios que abordam a violência no trânsito, que reforçam a proibição do uso de bebidas alcoólicas pelos motoristas e as campanhas antidrogas são exemplos do uso desse recurso criativo. Em outras palavras, a citação da morte nas mensagens publicitárias é considerada um *approach*[11] mobilizador que gera "alto impacto" e *recall*. Por tudo isso, e por ser ainda uma conseqüência da infecção pelo HIV, a morte foi mencionada pelos entrevistados como um tema ideal para a comunicação publicitária da aids.

Como se viu, os primeiros filmes do Ministério da Saúde foram unânimes nesse sentido. No entanto, no que se refere à atual comunicação sobre o assunto aids, a morte tornou-se um argumento inviável. De solução passou a problema. A nova realidade da epidemia, com pacientes vivendo mais, possibilitou que a aids fosse vinculada ao bom humor e à alegria de viver; porém, de acordo com os publicitários de criação, não são os avanços da pesquisa de laboratório que os levam a não utilizar o argumento da morte nas campanhas que realizam. Conforme os depoimentos, a ausência de uma referência à morte nas campanhas publicitárias deve-se muito mais a um pré-requisito político para a comunicação do Ministério da Saúde, isto é, não se trata do efeito de uma conscientização dos publicitários sobre o novo momento da epidemia e a inadequabilidade desse *approach* para os anúncios. Apenas um dos "criativos" não atribuiu a uma orientação do Ministério a ausência do tema da morte nos anúncios:

Publicitário C (diretor de criação):

[...] Na verdade, *policy*, mesmo, assim, do Ministério, não tem muito, viu? Não tem, assim, nenhum *policy* oficial: "Não pode dizer isso, não pode dizer aquilo". É aquilo que eu te falei ontem: a gente sabe para onde a epidemia tá caminhando e a gente tá caminhando atrás. [...]

---

[11] *Approach,* abordagem, define o tom de uma campanha publicitária (humorística, objetiva, comparativa, demonstrativa).

Parte 2 – A aids não tem vocação publicitária

[...] O *policy* é mais assim: "Atenção ao momento que a gente está vivendo".

Claramente, os outros entrevistados, que não exerciam cargos de direção na agência, assumiram, ao contrário deste, a limitação imposta pelo cliente Ministério da Saúde e disseram algo próximo a "não pode, mas seria bom se pudesse":

Publicitário D (redator):

Olha, o que você não pode fazer hoje, o único grande *policy* que existe é não associar a aids com a morte. Apesar de ser um grande argumento para que as pessoas passem a usar camisinha: "Usem a camisinha senão você vai morrer" [...] Hoje em dia você tem um número enorme de pessoas que já estão vivendo com o vírus. Ou seja, os remédios surgiram e as pessoas que têm aids estão vivendo muito mais do que viviam antes. Então, o fato de você ter o vírus hoje não quer dizer que você vai morrer amanhã. [...] Então, são "pessoas vivendo com aids". Hoje, a comunicação luta pela conscientização e pela solidariedade. E se você fala sobre conscientização usando a morte...

Publicitário A (redator/dupla de criação):

Até a gente tem um comercial que jamais será feito em que um cara está pulando carnaval abraçado com a morte. Esse é o filme, né? O cara não sabe com quem ele vai transar. Bêbado, esquece de usar a camisinha. É um troço chocante, extremamente chocante. Mas tu não consegue fazer um filme desses. Impossível. É de mau gosto? É. Talvez seja até de mau gosto. Mas é isso que é eficiente.

[...] A pessoa tenta renovar a energia, acordar de manhã, de abrir o olho de manhã e falar assim: "Tudo bem, eu tenho a porra do vírus mas eu vou ter planos, eu vou ter sonhos, etc." Deve ser foda ligar a televisão e ter um comercial": "aids mata". Eu entendo perfeitamente essa pressão que eles fazem para que esse discurso não seja dito. Agora, a minha opinião sincera... Se eu fosse o presidente do mundo, eu falaria assim: "Sinto muito". Era a única coisa que eu ia dizer. Se eu tivesse autonomia, a minha campanha seria "aids mata".

Há mesmo uma espécie de orientação oficial no que se refere a uma recusa da morte como representação publicitária para a aids nas campanhas do governo. Essa postura de negação do argumento e da utilização criativa do tema da morte nas campanhas é uma postura recente do Ministério da Saúde. Como mencionado, o *briefing* elaborado para a licitação de agências de publicidade em 1993/1994, distribuído às empresas participantes, não

140   Aids anunciada: a publicidade e o sexo seguro

fazia nenhuma restrição ao uso do tema da morte nem se referia de modo negativo às campanhas veiculadas anteriormente àquela data, que exploraram a abordagem da morte. É preciso considerar que o sucesso da terapia retroviral só viria a se afirmar no final dos anos 1990, portanto o referido *briefing* documenta um período da história da aids no Brasil em que a epidemia, inclusive para a medicina e o Ministério da Saúde, era um sinônimo de morte rápida e não havia o que ponderar. Em outras palavras, a morte poderia ser usada, sim, como mais um tipo de bala a ser disparada pela mídia na tentativa de acertar o público-alvo. O trecho a seguir foi destacado da página 17 do referido *briefing* de 1993/1994:

> Campanha de prevenção à Aids 1993/1994 – *Briefing*
>
> V. Análise das campanhas anteriores (*Recall*)
>
> [...] A filosofia na abordagem do problema variou da simples informação ao uso do impacto, da linguagem figurada à crueza e até mesmo a tentativa de se dar ao tema um tratamento relativamente alegre e otimista.
>
> "Aids – você só precisa saber evitar".
>
> "Se não se cuidar, a Aids vai te pegar".
>
> Algumas causaram impacto relativamente positivo ("Fulana que amava fulano, que amava...", "Quem vê cara, não vê Aids"), mas não há nenhuma evidência de que qualquer uma delas tenha se sobressaído quanto aos resultados pretendidos, ou seja, provocar a discussão sobre o assunto para tomada de decisão ou uma mudança de comportamento.
>
> [...] a Aids tem exemplos internacionais marcantes: quase todos os países exibem nos festivais de propaganda filmes sobre a Aids que vão da pura comédia ao terror mais explícito.

O trecho do comentário que busca nas campanhas publicitárias de prevenção à aids do Brasil vínculos com as campanhas em outros países sugere que o Ministério da Saúde não havia implementado uma linha de comunicação e de estratégias de veiculação abrasileiradas. É o caso do filme publicitário internacional, que foi veiculado por essa época fora do Brasil, o premiado comercial australiano da morte jogando um terrível boliche, as pessoas como pinos. Ele representa bem o contexto do final dos anos 1980, no qual a morte era uma possibilidade autorizada como tema

Parte 2 – A aids não tem vocação publicitária

na comunicação de prevenção à aids e um momento em que a associação imediata entre aids e homossexuais masculinos passava a ser questionada – um dos "pinos-pessoas" é uma mulher com um bebê nos braços. Logo se reconheceu esse filme na citação de um dos entrevistados, que o enfatizou veementemente como um exemplo da adequação do argumento da morte para a construção das mensagens de prevenção à aids. Sua fala na íntegra merece ser reproduzida, pois apresenta caminhos interpretativos muito férteis para a compreensão da percepção dos profissionais "criativos" sobre as relações entre a aids e a publicidade:

Publicitário A (redator/dupla de criação):

[...] pelo fato de eu ser publicitário, eu via o rolo de filmes do festival. Eu vi um filme logo que começou a aids. Filme de rolo, eu vi mil vezes esse filme. Que era a morte jogando boliche. Acertava as pessoas e tal. No fim, abria [o ângulo da imagem] e era, assim, a pista: tinha 27 mortes jogando boliche. Eu lembro perfeitamente das cenas. Tinha uma mulher... O filme era para dizer que não era coisa só de homosse-xual. Naquela época, em que as pessoas estavam entendendo que a doença também era de heterossexual. Que era uma doença de sangue e não de preferência sexual. Era uma doença que se conduzia no sangue, não no sexo. Os pinos do boliche eram homens, mulheres. E tinha uma que era uma mulher jovem, bonita, com uma criança no colo. E a hora em que a bola batia nela, voava criança para um lado, mulher pro outro. Era um troço! E o que dizia esse filme? Aids mata! [...] Puta filme, puta cena. Da mão da morte entrando nos buracos da bola de boliche e jogando para matar as pessoas. Porra. Mas essa é a mensagem que tem que passar. E aí eu virei um cara que dizia: "Isso não é coisa de veado só, não, gente!" Os meus amigos falavam assim: "Ê, como é que é isso?" E eu: "Não é só veado, não. Heterossexual tá aumentando" e esse discurso. Eu fui procurar, eu me interessei porque, para mim, a imagem, a morte jogando boliche e a cena da mulher... Uma mulher interessante. Eu não pensaria duas vezes se ela me desse chance, se eu tivesse oportunidade. [...] aids mata. Essa é a ver-dade. Se você vai tomar AZT, vai tomar coquetel, vai demorar 14 anos para morrer, é outra história. Mas se você não tomar, você morre em 6 meses. Então, aids mata. Aids mata. [...] é isso que eles reclamam, que aids não mata, que o discurso é discrimina-tório. Pô, tudo bem. Mas aids mata.

A partir dos anos 1990, principalmente na segunda metade da década, os documentos do Ministério da Saúde começaram a indicar restrições à abordagem do tema da morte. Um exemplo disso pode ser o texto de abertura do manual elaborado em 1997 pelo Ministério da Saúde para comunicadores intitulado "Aids, leia antes de escrever: guia prático sobre aids para profissionais de comunicação", do qual foi extraído o trecho a seguir. Os comunicadores não estavam mais sendo convocados para anunciar a aids, sua existência e riscos, mas a referi-la em determinados termos.:

> [...] Esperamos que este material, inicialmente elaborado por Paulo Longo, então membro da Comissão Nacional de Aids, possa ser útil àqueles que fazem da informação a matéria-prima de seu trabalho e que, através de conceitos adequados, os profissionais de comunicação possam seguir colaborando [...] na luta e parceria séria e solidária [...] para diminuir o preconceito e tornar a vida dos portadores cada vez mais saudável.

"Guia prático sobre aids para profissionais de comunicação" (1997)

Um outro exemplo da nova orientação para as mensagens de prevenção à aids pode ser um documento interno ao qual se teve acesso durante a pesquisa de campo. Observa-se, novamente, um certo alinhamento internacional das mensagem de prevenção à aids. Trata-se de um *release* que foi distribuído pela Assessoria de Comunicação (Ascom) por ocasião do lançamento da campanha mundial de prevenção à aids em 1999 sob o lema "Escute, aprenda, viva!" A luta contra o preconceito é afirmada como uma estratégia de prevenção:

Parte 2 – A aids não tem vocação publicitária

Release do lançamento da campanha mundial de prevenção à Aids anunciada em Brasília e no Rio de Janeiro pelo presidente Fernando Henrique Cardoso e Peter Piot/Unaids. 25 e 26 de fevereiro de 1999.

Objetivo

Encorajar as comunidades de todo o mundo a se engajarem, por meio do diálogo, na luta contra a Aids e contra o preconceito, como formas de prevenção à Aids.

Basta observar alguns temas e *slogans* das campanhas de meados dos anos 1990 para confirmar que faz parte do posicionamento oficial mais recente a recusa plena às mensagens mais agressivas, contundentes, impactantes, como aquelas veiculadas no final dos anos 1980 e início dos anos 1990:

- Sem medo a transa é mais gostosa (1995).

- Tratar bem é lutar pela vida (1995).

- Carnaval do peru é carnaval com camisinha (1996).

- Viver sem aids depende de você (1999).

Para analisar as percepções comuns expressas pelos publicitários da área de criação sobre os anúncios de prevenção à aids, optou-se pelo agrupamento dos padrões de resposta. Foram quatro os padrões identificados, embora eles não se tenham combinado de modo necessariamente excludente:

1) a aids é um tema polêmico, que deve merecer um cuidado específico na elaboração das mensagens publicitárias;

2) a aids exigiu e exige dos publicitários novas competências;

3) a aids deve ser tratada como outro objeto qualquer na rotina publicitária para que a eficácia da mensagem seja garantida;

4) a publicidade tem limites na prevenção da aids.

Cada um desses grupos de opinião remonta às entrevistas dos publicitários de criação, de onde foram extraídos os trechos a seguir:

1) A aids é um tema polêmico e de grande visibilidade, que deve merecer um cuidado específico na elaboração das mensagens publicitárias.

Publicitário A(redator/dupla de criação):

Bom, aids é, antes de mais nada, polêmico. Muito polêmico. [...] essa pressão faz com que você sempre tenha que trabalhar com medo da pressão dos grupos patrulhando o que você vai criar. Isso acaba influindo diretamente na linguagem. Mais do que qualquer coisa.

[...] O específico da frase: "aids mata". Isso é um *policy*, também. O próprio Ministério sempre tentou fazer. Justamente por essa coisa, você pode viver com aids, tem que ter dignidade.

Publicitário B (diretor de arte/dupla de criação):

De aids, todo mundo fala. Aids se tornou um tema que todo mundo se sente responsável por ele. Todo mundo se sente meio pai dele: ONG, padre, arcebispo, o diabo... todo mundo se sente responsável por ele. Ou seja, pelo que a sociedade tá fazendo para lutar contra a aids. [...] E essas pessoas que estão nos policiando, elas olham segundo a sua cabeça.

Publicitário D (redator):

[...] A gente sabe que não é como fazer um comercial para uma concessionária Fiat, quando você faz, apresenta para o cliente, aprova e pronto. Você vai estar exposto a diversos níveis de aprovação dentro do Ministério e, depois, vai estar exposto a diversos níveis de aprovação na sociedade. E aí é que você tem que controlar muito bem o que você tá usando, já antecipando que pode ser um empecilho para que o comercial saia. [...] Por ser aids envolve mais riscos do que é normal.

[...] Tem gente que simplesmente tá vivendo com o vírus. Então, a gente não pode desrespeitar essas pessoas que são portadoras do vírus. Por que essas pessoas têm os seus direitos de convívio com a sociedade.

[...] Um anunciante que tem características muito específicas que são as dificuldades de aprovação, a responsabilidade de colocar uma coisa no ar. Eles não podem ficar se expondo com mensagens que sejam de mau gosto.

Publicitário E (redator):

[...] Ser publicitário é, mais ou menos, como ser ator. Quer dizer, tem que viver o papel. E quando eu tô falando iogurte, então, se é um iogurte dietético, eu tenho que viver um papel só. Tem que viver o papel de pessoas que são saudáveis e querem emagrecer e tudo mais. Minha faixa de domínio é mais restrita. [...] [Com a aids] é difícil você ser o classe social alta, você ser o classe social média, você ser o chão. Você ser

Parte 2 – A aids não tem vocação publicitária

o drogado, você ser a mulher que é obrigada a transar sem camisinha para o marido. É difícil você ser todos os públicos. [...] Então, por isso que você tem que se envolver. Por isso que a aids não é um produto dentro da agência. [...] Às vezes, eu faço um anúncio para empresa de automóveis, o anúncio sai. Os outros caras da agência nem sabem que saiu. [...] Aids não acontece isso. Aids todo mundo vê.

[...] Então, aids na publicidade é isso: é o problema evidenciado ao extremo. Todo mundo vira e olha, vira e olha.

2) A aids exigiu e exige dos publicitários novas competências.

Publicitário C (diretor de criação):

A gente, publicidade, publicitários, a gente errou muito. Assim como os médicos epidemiologistas erraram muito. Como a comunidade científica errou. O Ministério errou, as agências erraram. A gente olhou para isso, a gente corrigiu isso. A gente vai continuar aprimorando sempre. [...] Sempre pesquisando, sempre monitorando, sempre sabendo o que tá acontecendo. E sempre combatendo.

Publicitário D (redator):

[...] A gente tem que compreender isso, também: não é, simplesmente, o nosso lado. Querer fazer a melhor mensagem para a Dona Maria e se dane a história do Ministério, a cara do governo federal.

Publicitário E (redator):

[Com a aids] Então, eu tenho que trazer as outras pessoas, fazer com que todo mundo discuta. Se dá muito mais importância a que todo mundo opine no assunto aids do que qualquer outro produto. [...] Eu até posso trabalhar sozinho o produto iogurte. Porque eu acho que tenho condição de desenvolver, na minha cabeça, o produto iogurte como um todo. Eu não tenho condição de conceber o produto aids como um todo. Não tenho. E eu duvido que muitas pessoas tenham. Talvez existam pessoas que tenham. Mas é difícil. [...] não é só a importância que tem a conta do Ministério na agência. É a importância que tem o problema aids, de se resolver o problema, por não conhecer, por eu admitir que eu sei que nada sei, que eu sou pequeno para esse assunto. [...] Mas fazer uma campanha social é um desafio. Porque você segue uma regra, você trabalha com propaganda há vários anos, você aprende uma regrinha de propaganda, o que funciona: "É isso, você faz isso, chega a esse resultado. Isso? Faz isso." Fazer anúncio de varejo, uma regra ensinada há anos. Você sabe como fazer. Você só muda aqui, muda ali. Briga com o cliente porque ele não quer título criativo, briga com o cliente porque ele quer o preço maior, porque ele quer o preço menor. Essa é a discussão com cliente e tudo o mais. [...] Eu, na minha visão, tenho medo na hora de fazer aids, tenho medo de ser irresponsável. Medo muito grande.

[...] Claro, eu nunca fiz uma campanha de aids que tivesse retorno, mas eu comparo isso a você ter um filho. Eu acabei de ter um filho. Tenho uma filha de sete meses. Você fala que ter filho é isso, que ter filho é aquilo, ah é assim e assado. Quando você vê um negocinho que é teu e da tua mulher, nada paga aquilo. É um negócio que foge ao que você está acostumado. [...] Ter filho para mim quebrou o meu pragmatismo. Quebrou a minha racionalidade. Eu não consigo ser racional com filho. Eu não posso comparar nesse nível mas... reduzindo essa carga de ter filho, é um pouco isso a campanha de aids. É uma coisa que você não racionaliza com resultado.

3) A aids deve ser tratada como outro objeto qualquer na rotina publicitária para que a eficácia da mensagem seja garantida.

Publicitário A (redator/dupla de criação):

[...] o espírito com que você encara o trabalho fica assim: é um produto igual aos outros. E quanto mais você encarar como um produto igual aos outros, melhor você vai fazer.

[...] O que importa num comercial, o objetivo de um comercial, é fazer assim: você está vendo televisão e ele faz assim, ó [simula com as mãos o gesto de quem esbofeteia, várias vezes, o rosto de alguém]. Seja para vender liqüidificador, seja para vender camisinha.

Publicitário B (diretor de arte/dupla de criação):

É o seguinte: se você ficar se preocupando muito com a aids e toda a consciência da aids, aí você vai querer fazer um folheto na televisão. Quer dizer, você vai começar a pensar: "Porra, eu não posso deixar de falar isso; eu não posso deixar de falar isso. Opa, eu não posso..." E se começar a entrar nessa, aí sua comunicação começa a ficar capenga. [...] Quer dizer, se eu pensar no *policy* do que tem que entrar... Eu tenho que pensar assim: tem um João Mané lá na frente da televisão, assistindo. E eu tenho que fazer essa pessoa se preocupar com uma coisa. Eu tô falando de aids, esse é ponto inicial. Parte daí. Qualquer coisa a mais, eu penso depois. Eu tenho que tocar essa pessoa primeiro. Entendeu?

Parte 2 – A aids não tem vocação publicitária

Publicitário E (diretor de arte):

[...] A gente tá acostumado a trabalhar produto: produto, é produto, quando você tem que fazer uma campanha, esquecer do problema em si. Esquecer que aids é problema.

4) A publicidade tem limites na prevenção da aids.

Publicitário C (diretor de criação):

A grande barreira aí, na verdade, é verba. Não existe verba para trabalhar tudo isso de uma maneira constante, regular. Essa é a grande crítica que o Ministério sofre: não estar presente o ano inteiro no ar. Não existe dinheiro para estar presente o ano inteiro no ar. Não existe. Por mais que exista a verba internacional, que contribui, não dá para ficar o ano inteiro no ar. Uma questão puramente econômica.

[...] O que a gente pode atribuir, e isso é difícil você saber, atribuir quanto aos resultados... Quer dizer, existem os resultados [...] Agora, a gente não consegue aferir qual foi o papel da propaganda nessa história [...] Agora, de qualquer maneira a gente sente: se a epidemia estivesse aumentando, a gente estaria preocupado: "Olha, então vamos mudar completamente a nossa maneira de tratar o problema porque alguma coisa deve estar errada". Pode ser na comunicação. Então, vamos rever desde a comunicação até a maneira como os postos de saúde estão trabalhando, como o Ministério está trabalhando. Mas não é o caso.

[...] Ela é uma ferramenta essencial. Eu acredito que não vale a pena fazer esse teste. Tirar a comunicação do ar para ver se a epidemia vai aumentar ou não é um risco. É evidente que a comunicação tá contribuindo. Que contribui e que tá contribuindo.

Publicitário D (redator):

[...] É só uma campanha. Quer dizer, eu não tenho nenhuma ilusão. É só uma campanha. Eu acho que esse negócio deveria até ser de graça, se for considerar o tamanho da causa. Tinha que ser de graça. Mesmo até sendo contra o negócio da publicidade, né? E tal. Mas não é. E não é a gente que faz isso.

Publicitário E (redator):

[...] eu fico etiquetando a aids. E sempre: "Qual é a nova etiqueta"? "Que camisa nova eu vou colocar para a aids hoje"? A agência se presta a esse papel de dar a etiqueta, de dar uma cara. [...] Mas eu até vejo que a propaganda está meio distante do processo porque é muito difícil que a propaganda seja a solução do problema. Dificilmente, para um problema como esse da aids... A propaganda não consegue ser solução. [...] Ela não consegue ser solução para muitas coisas. [...] Mas ela não pode ser a coisa mais importante a ser discutida. [...] O problema é maior do que esse. Nesse sentido, se dá muita importância para a propaganda. E por que se dá muita importância para a propaganda? Por que é dinheiro. A propaganda move dinheiro.

[...] E daí é um iconizinho, é um gimickizinho[12] animado, é um personagenzinho, é um arlequim. Só que a cabeça do arlequim é uma camisinha. [...] É um rótulo assim: "Vamos colocar um ornamento". [...] eu não tô definindo uma classe social com essa etiqueta visual, no caso da campanha de carnaval. Eu tô simplesmente pintando bonitinho, entende? Porque esse arlequim tem quatro cores. Mas ele podia ter seis, podia ter oito. Podia não ser arlequim. Ele podia ter mãozinha e não tem. Podia ter camiseta e não tem. Entende? [...] foge um pouco de tratar o problema e mais em criar uma imagem fácil de vender que as pessoas vistam e usem [...] Um desenhozinho ali faz pouca diferença.

[...] O corte que a aids faz na sociedade é muito grande para você esperar um resultado. Então, você sempre fica procurando soluções imediatistas. [...] A propaganda não está envolvida com o problema. Nós não estamos envolvidos com o problema. A propaganda, ela não vive 24 horas por dia aids. Não é assim. E até seria uma coisa interessante por que você poderia gerar campanhas que não fossem pedidas. Campanhas que fossem sentidas. Se eu vivesse o problema, eu sentia onde estão os problemas para trabalhá-los. Infelizmente, se trabalha com propaganda, é uma instituição comercial. Então, você vai dar o resultado na hora que se pede.

[...] Então, um produto sumiu da gôndola? Deu resultado. Não a campanha: o preço do produto, a imagem, a embalagem, mais a campanha. Tudo deu resultado: sumiu da gôndola. Entende? Não tem como a aids sumir do Brasil. Em uma semana. Não vai sumir. Então, esse tipo de resultado maluco não vai acontecer.

No que se refere às novas competências exigidas à publicidade pela aids, está a especificidade da rotina de aprovação de uma campanha no Ministério da Saúde. Todos os entrevistados concordaram que existem muitas dificuldades para a finalização do trabalho. Foram ressaltadas como dificuldades

---

[12] *Gimick*, do jargão publicitário, define a personagem a vinheta gráfica, o mascote, criadas para destacar uma mensagem ou marca. Um exemplo é o solzinho Cauê, dos XV Jogos Pan Americanos 2007.

Parte 2 – A aids não tem vocação publicitária

principais o formato da tomada de decisão, que é coletivo, e o fato de o governo não poder pagar por mão-de-obra qualificada, isto é, profissionais competentes do mercado publicitário para gerenciar os processos internos de comunicação no governo (rotina de concepção, elaboração, aprovação, veiculação e avaliação de uma campanha):

Publicitário A (redator/dupla de criação):

É, eu não queria dizer isso desse jeito, mas tem o fator que são todos funcionários públicos.

[...] É o fator comitê. [...] Aquela história: o camelo é um cavalo projetado pelo comitê. Quem falava isso era o Washington Olivetto [publicitário e dono da agência brasileira de publicidade W Brasil, sinônimo da categoria profissional]. E ele sabia o que tava falando. Ele falou assim: que ele não atende "conta" de governo, "conta" pública, cargo político, porque o camelo vira um cavalo.

O ideal seria nós três aqui [os dois "criativos" e esta pesquisadora, que mediava a conversa], decidindo sobre a campanha, qual comercial vai ao ar, com uma idéia do cacete, que atinja para caralho, porque eu tô pouco me importando que o arcebispo esmurre a porta, que as forças da direita reacionária esmurrem a porta, que a "associação dos travestis" jogue banana em mim quando eu passar na rua. [...] Se eu sou uma empresa privada fazendo isso, eu sou imune à pressão. Quer dizer, eu sou mais imune à pressão.

Bom, o ideal é que você tivesse sempre os melhores. Colocar todos eles para trabalhar para você. Melhores que a gente. Quer dizer, se eu fosse o anunciante, eu queria que o Marcelo Serpa [famoso diretor de arte brasileiro] fizesse o meu *layout*.[13]

Só que o Eugenio Mohallen [famoso redator brasileiro] e o Marcelo Serpa custam caro demais e, provavelmente, não iam querer trabalhar. Eles estão no ponto em que eles podem se dar ao luxo de não trabalhar com conta pública e agüentar todo esse tipo de coisa. Vai, volta... Eles podem trabalhar direto com os caras que dão a autorização.

Por quê? [qual a razão de as boas idéias publicitárias serem aprovadas mais facilmente junto aos anunciantes da iniciativa privada]. Porque esse cara senta, o Marcelo

---

[13] No jargão publicitário, *layout* é a diagramação, a disposição dos elementos (cores, traços, letras, desenhos) em uma página. É também a versão de um cartaz, anúncio ou outra peça gráfica que será apresentada ao anunciante.

Serpa, na frente do Senhor Jovem Pan [rádio Jovem Pan, anunciante brasileiro que veicula campanhas publicitárias reconhecidas pelo mercado como criativas e ousadas], que é o cara que assina o cheque. O seu Jovem Pan passou o *briefing* para ele. Ele foi, trabalhou três dias: " Tá aqui, seu Jovem Pan". E ele: "Do caralho. Vamos fazer".

Publicitário B (diretor de arte/dupla de criação):

O pior do comitê é que, na verdade, uma ou duas pessoas são quem decidem. Só que quarenta incomodam. Quarenta pessoas participam.

Esses caras bons [profissionais de publicidade brasileiros reconhecidos internacionalmente que não atendem "contas públicas"], tipo assim, eles não querem falar de aids. Eles não querem. Mas eles não querem falar para conta pública. Eles vão falar de aids para a Zoomp [grife de roupa]. A Zoomp faz uma campanha de aids. A Jovem Pan fez, agora, uma campanha para a Mata Atlântica. Eles não fizeram para o governo. Eles fizeram para a Jovem Pan.

Para você que tá querendo entender a campanha de aids, isso também é uma coisa importante. Quer dizer, aquilo que a gente disse da MTV. Quando você faz a propaganda, você faz a comunicação de um assunto polêmico, um assunto de importância pública, só que não é o governo que assina, você tem uma liberdade de ação. Você tem um mecanismo de ação completamente diferente.

Os publicitários reclamaram, enfaticamente, da existência de representações de diversos grupos sociais nas reuniões no Ministério da Saúde, que deliberam sobre forma e conteúdo das campanhas, por meio da Comissão Nacional de Aids, e a multiplicidade de perfis da chamada "comunidade de aids" que participam, direta ou indiretamente, da aprovação dos materiais. Essas presenças impostas criaram uma outra rotina de trabalho, muito diferente daquela consolidada na relação das agências de publicidade com os anunciantes da iniciativa privada e mesmo com outros anunciantes do setor público. A fórmula publicitária não funciona, segundo eles, quando se trata de anunciar a prevenção à aids:

Publicitário B (diretor de arte/dupla de criação):

[...] Isso [interferência de outros grupos, além do Ministério da Saúde, na aprovação das campanhas] gera o fator que as pessoas que estão atrás da comunicação da aids são sensíveis demais às pressões dos meios de imprensa e etc. Durante muitos anos isso foi muito forte. Então, isso faz com que as pessoas que estão por trás da campanha de aids, a patrulha da Igreja, a patrulha de etc.

Parte 2 – A aids não tem vocação publicitária

tenham uma tendência a fugir da campanha. Entendeu? Existe uma tendência a você chocar menos a ala conservadora da sociedade quando você fala num comercial de aids. Ao passo que, talvez, se você fosse direto, na realidade, você conseguiria resultados melhores.

Publicitário A (redator/dupla de criação):

[...] [A parte reacionária da sociedade são] forças externas ao anunciante que pressionam o anunciante que, por ser governo, tá sujeito ao Arcebispo encher o saco. O cara pensa no arcebispo enchendo o saco toda vez que ele vai brifar uma campanha. Tem um arcebispo que pula da cadeira e "Onde já se viu? Putaria! Blá, blá, blá".

Publicitário B (diretor de arte/dupla de criação):

De aids, todo mundo fala. Tudo o que você fala, você faz, tem um peso. Além de ter o crivo de quem aprova lá. Você tem o *policy* direto: o que quer, como pode fazer, como não pode fazer. E o *policy* indireto: você tem que imaginar se vai dar problema ou não. É um tipo de área de comunicação que todo mundo interfere, todo mundo fala.

Ao mesmo tempo em que classificaram como improdutiva a forma como essas instituições participam das etapas de elaboração das campanhas, os publicitários disseram que a resistência desse grupo a uma abordagem mais publicitária da aids diminuiu com o passar do tempo. Por exemplo, houve um certo arrefecimento da crítica das instituições religiosas ao humor atrevido da publicidade:

Publicitário A (redator/dupla de criação):

Tinha uma campanha de carnaval [que não foi aprovada], do começo, que era bem *soft*, era só sambinha, não tinha a polêmica embutida. Mas diminuiu essa força [das instituições religiosas]. Teve que diminuir. Os comerciais não eram aprovados porque eram "promíscuos".

[...] Por exemplo, tinha uma [campanha] que era assim: "Ô balancê, balancê", que era tudo que balançava no carnaval. E dizia, mais ou menos, o "Brasil balança com camisinha". E a piada eram as barracas balançando, o barquinho que balança. Quer dizer, todo mundo vê, todo mundo entende. E sabe que tá acontecendo, sabe que rola. Mas isso não pode ser feito! "Campanha promíscua! Incentiva a promiscuidade!". Como se a promiscuidade fosse acontecer por causa do comercial de televisão. Como se não fosse acontecer porque não está sendo passado.

[...] Essa força reacionária foi, ao longo dos tempos, diante do tamanho da desgraça que é a aids na história da humanidade... essas forças reacionárias foram obrigadas, ao longo dos anos, a ir tirando o pé do freio. Hoje é muito menos do que há três anos.

Durante a conversa, citaram, como exemplo destas dificuldades no processo de elaboração, uma campanha veiculada em 1998 com o objetivo de chamar a atenção da população para o aumento de casos de aids no Brasil entre casais heterossexuais:

Publicitário A (redator/dupla de criação):

[...] Isso tudo que eu te contei é verdade. Tem tudo isso com a sociedade. É verdade. Tem que se tourear, se enfrentar. Agora, isso levou à criação de grupos organizados do outro lado e que, no fim, viraram problema. Toda vez que a gente vai gravar um filme, qualquer coisa que a gente vai fazer tem que levar em consideração as forças reacionárias e, do lado de lá, você tem que levar em consideração a "Associação dos Travestis" e não sei o que lá, que tem uma forma de pressão, a "Associação das Putas", a "Associação dos Hemofílicos Contaminados", a "Associação dos Aidéticos" e não sei o que lá e as ONGs, que são representadas nesse processo, também fazem a sua pressão e fazem absurdos. Gravando um comercial, uma vez, e tinha que mostrar um travesti. A idéia era mostrar onde é que se dava a contaminação da aids. A idéia era mostrar um casal passando de carro, heterossexual, o carro parou na sinaleira, o travesti passando. O travesti enganava.

Publicitário B (diretor de criação/dupla de criação):

Pensava que era o travesti, que é o que todo mundo pensa. Mas não é.

Publicitário A (redator/dupla de criação):

Esse filme que foi ao ar [a versão aprovada pelo Ministério da Saúde] ficou um monstro! Porque o filme foi retalhado pelo comitê. Ficou um monstro, um monstrengo. Tiveram que refilmar. Caiu no comitê e aí: "Não pode ter travesti, só. Tem que ter as putas junto". Nos acusaram de estar estigmatizando os travestis. Muito pelo contrário. Muita gente achava que eram os travestis, mas não são os travestis, são os heterossexuais o grupo que mais está crescendo. Só que tu não consegue argumentar isso daí, é uma ONG, um bando de gente dentro de uma sala, levanta um travesti e começa a discutir. Aí tem que ter prostituta e travesti. Legal. Bacana. Eles andam juntos? Prostituta e travesti? Não. Não pode. Eles brigam de noite pelo ponto. Eles não ficam juntos na mesma calçada. Concorda? É uma mentira deslavada. Não combina. E aí a gente fica ali até tarde.

Parte 2 – A aids não tem vocação publicitária

Publicitário B (diretor de criação/dupla de criação):

[Usar a imagem de um travesti funciona porque é] O ícone maior da aids. Até porque travesti choca mais.

Publicitário A (redator/dupla de criação):

Sabe? Pega aids só porque é travesti? Não. São pessoas normais. Eu, você, ele. O choque é maior. Mas daí a gente não pode usar o travesti porque ele fica estigmatizado. Aí, vem outra ONG e diz que tem que colocar garoto de programa ali e ninguém mais entende o que está acontecendo. É uma mentira deslavada. Que não tem a ver com a realidade. E todo mundo sai perdendo. É isso que é trabalhar com a aids. É pressão da direita e da esquerda.

Como um exemplo de publicidade de prevenção à aids bem realizada, imune às pressões recorrentes na realização das campanhas de prevenção para o Ministério da Saúde, a maioria dos publicitários de criação citou de modo recorrente a autopublicidade da MTV. A MTV, segundo eles, estaria livre de qualquer pressão da direita e da esquerda por ser uma "conta privada" e ter seu público-alvo definido. Esses seriam os motivos da qualidade dos seus anúncios, pois a emissora jovem estaria livre para dar a abordagem que desejasse ao tema, da mais informativa à mais ousada. Os encaminhamentos de uma campanha nesse canal estariam no extremo oposto daqueles existentes para veicular uma campanha do Ministério da Saúde:

Publicitário B (diretor de arte/dupla de criação):

Outro dia, eu tava vendo a MTV e uma moça falou, dessas ONGs de aids, que os comerciais da MTV são legais. Por que a MTV faz coisas muito legais falando de aids? Porque, quando faz coisas para jovem, ela faz única e exclusivamente para jovem e, detalhe, quem aprova é jovem, o presidente da MTV, o diretor da MTV. E aí, quando você [Ministério da Saúde] fala para jovem, sai lá na *Folha de S. Paulo* metendo o pau.

[...] Como a MTV, que faz essas campanhas diretamente para jovem. Eles fazem até menos anúncios. Eles fazem vinhetinhas.

Publicitário A (redator/dupla de criação):

A MTV pode fazer campanha para dona de casa, se ela quiser. Porque a MTV é imune à patrulha.

Publicitário B (diretor de arte/dupla de criação):

Claro, claro.

Publicitário A (redator/dupla de criação):

Vou fazer isso daqui, colocar no ar e não enche o saco.

[...] [Aprovar uma campanha para a MTV] Não é como Brasília, numa sala, um bando de gente, com quarenta pessoas falando ao mesmo tempo, e aí os caras fazem assim: "Meu Deus, o arcebispo!" ou "As mulheres vão ficar com fama de puta!" E eu vou ficar no meio, tentando aprovar um roteiro, com um monte de gente berrando ao mesmo tempo.

[...] Claro. Uma pessoa. Eu. Sou do dono da Zoomp. E resolvi me interessar pela causa e eu quero fazer, quero ligar a minha marca a essa causa. E vou fazer comunicação com isso. Então, eu quero. Não tem todo um trâmite que fica policiando.

As principais vantagens apontadas pelos "criativos" para a realização de uma campanha de prevenção à aids na MTV são o público-alvo definido e a centralização das negociações. Exatamente o contrário do que acontece no âmbito do Ministério da Saúde, que veicula campanhas destinadas a diferentes públicos na tevê aberta, potencialmente dirigidas a toda a sociedade, e nunca aprova apenas em seu nome uma campanha, à medida que dialoga com lideranças do movimentos sociais.

O recorte do público-alvo não pode ser dado pela aids, tendo em vista que a ela estão todos expostos. A mensagem veiculada em uma emissora de TV a cabo, como a MTV, cujo acesso é restrito ao assinante, imediatamente estaria dirigida ao telespectador daquela emissora. Como o Ministério da Saúde utiliza a tevê aberta, não pode contar com esse facilitador. Assim, a abordagem específica de cada campanha, pontualmente, é que deverá criar a segmentação por meio de representações imagéticas, uso de gírias, adequações de mensagem. Para que o telespectador-alvo na massa anônima se identifique com o conteúdo veiculado, o cuidado com a forma sob a qual os destinatários serão representados deve ser extremo. Não só para que a comunicação, apesar de massiva, possa sensibilizar o indivíduo, mas também porque o estereótipo, tão publicitário, pode vir a gerar polêmica e comprometer a permissão de veiculação do anúncio, como aconteceu na "campanha do Bráulio".

Sobre esse aspecto, a discussão entre os profissionais de propaganda oscilou entre dois pontos: o reconhecimento da dificuldade de segmentar

Parte 2 – A aids não tem vocação publicitária

por meio da abordagem da campanha e a necessidade de uma abordagem menos discreta para o assunto aids.

Considerando as dificuldades de segmentação por meio da abordagem dos filmes, foi enfatizado pelos profissionais de criação que os anúncios do Ministério da Saúde, porque não podem ter a abordagem que os publicitários julgam adequada, não chamam a atenção da população em um *break* comercial. Além disso, o fato de "ser governo" exige dos anúncios do Ministério que eles sejam institucionais. Essa necessidade não favoreceria a abordagem publicitária de assuntos como sexo, drogas, camisinha e aids de modo mais direto, ainda que fosse justamente essa abordagem direta a chance de persuadir a audiência:

Publicitário A (redator/dupla de criação):

Um comercial que vai passar em São Paulo é bem diferente de um comercial que vai passar no interior [...].

Publicitário A (redator/dupla de criação):

[Sobre a segmentação do público-alvo "mulheres" a partir de uma campanha televisiva] Desculpa, mas metade da população não é público específico. Público específico é drogado, que é zero e tantos por cento.

[...] A campanha não é criada para um. [A campanha de] Carnaval não é. Qual o percentual da população brasileira que é sujeito a pegar aids nesse carnaval?

[...] O "Bráulio" [sobre as críticas feitas a essa campanha quanto à representação do público-alvo "homens" utilizada nos anúncios para a televisão] foi uma injustiça, uma injustiça.

[...] [Sobre o perfil do público-alvo "usuários de drogas" abordado em uma campanha só de cartazes] Banheiro de boteco *junkie*. É outro tipo de público.

[...] Vamos falar que tem duas coisas. Uma coisa é: "Nós podemos pegar aids". Outra coisa é: "Temos que integrar as pessoas que tem aids na sociedade, conviver na sociedade" [sobre a impossibilidade uma campanha criativa de prevenção ser, ao mesmo tempo, eficaz e comprometida com as pessoas soropositivas]. As pessoas que tem aids, elas precisam, a campanha precisa, a propaganda precisa desmistificar a aids para essa sociedade. Para que o resto da sociedade consiga conviver com as pessoas que têm aids. Isto é, não podemos transformar as pessoas que têm aids num monstro condenado à morte [justificando a necessidade da utilização de uma abordagem mais leve nas campanhas de prevenção do Ministério da Saúde e o desafio de, ao mesmo tempo, não estigmatizar os soropositivos].

Publicitário B (diretor de arte/dupla de criação):

O [mesmo] moleque [no interior e na capital] não é o mesmo. Então, com a aids acontece a mesma coisa. [...] propaganda para os drogados. Os padres acharam imoral. Mas se a gente falar do jeito que o padre gosta, vai conscientizar o padre que ele não deve usar drogas, tem que ter cuidado com a aids e com as drogas. Um drogado, não vai.

[...] Na verdade, a comunicação para a aids ela tem que não se preocupar com as pessoas que vão olhar e fazer [arregala os olhos] e sim com as pessoas que estão diretamente envolvidas, que vão olhar e fazer assim [expressão séria]. Entendeu? Porque qualquer comunicação que você vai fazer, quando você tem grupos muito segmentados, qualquer propaganda que seja muito boa para o jovem vai chocar um outro segmento.

Publicitário E (diretor de arte):

Agora, eu tô falando de aids: que público é esse? E alguns produtos, como camisinha, é para todo o tipo de público.

Publicitário B (diretor de arte/dupla de criação):

Porque o seguinte: como é que funciona a cabeça de um redator? Eu quero fazer o melhor filme possível para que as pessoas todas prestem atenção quando ele passar na televisão. E daí, tem um outro lado do Redator: "Quero ganhar um monte de prêmio". Ok. O principal é: "Eu quero que as pessoas parem de fazer o que estão fazendo para olhar o meu comercial". Isso é o meu gol. Isso vale para vender lapiseira, caneta, telefone, aids e camisinha.

Esse é o progresso da comunicação para a aids [campanhas mais ousadas]: um tempo atrás não se permitia que você fizesse esse tipo de coisa [cartazes exclusivamente dirigidos aos usuários de drogas]. Tem que ter consciência que, para esse público, eu tenho que usar esse tipo de linguagem. O mesmo para campanha nos portos. Itajaí. O que não dá para fazer é, por exemplo, eu não falar para ele trocar a seringa porque eu tô incentivando o cara a usar drogas. Entendeu? Isso acaba não chegando nele. Eu sei que ele usa drogas, isso é um outro problema, e outras campanhas vão ajudar a resolver isso. Mas não vai ser a campanha para a aids que vai resolver a aids e as drogas. Por quê? Porque o cara é muito fechado em relação às drogas. Na campanha, para eles fazerem de drogas, tem que ser muito em cima disso. Agora, se eu fizer uma

Parte 2 – A aids não tem vocação publicitária

campanha para conscientizar o cara, aí ele começa a escutar: "Papo careta de novo? Opa! Não quero saber!" Essa campanha [a dos referidos cartazes] é assim: "Ó bicho, eu entendo, eu sei que é, mas troca a seringa!".

Tem uma vinhetinha[14] da MTV que é assim: menina não usa camisinha porque a) tem medo que pensem que ela é pistoleira; b) tem medo que pensem que ela só sai para transar. E esse é um tipo de linguagem que o jovem vai pensar "opa!", cai na lata, ali, tá entendendo o que tá acontecendo.

A discordância dos publicitários em relação à linha criativa das campanhas de prevenção à aids do Ministério da Saúde é também uma discordância em relação ao próprio trabalho que desempenham ou desempenharam. É um desacordo interno. Embora algumas agências de propaganda já tenham sido escolhidas pelo Ministério da Saúde mais de uma vez nas suas licitações, certamente pelo *know-how* adquirido com o assunto e a competência dos serviços prestados, parece que a relação de cumplicidade entre o cliente governo federal e os profissionais de publicidade é relativa no caso da aids. Assim como a publicidade não está comprometida com o referente do seu discurso, os publicitários divorciam a visão "pessoal" sobre o desafio da prevenção à aids e o olhar "profissional", isto é, quase nunca as campanhas que inventam traduzem aquilo em que acreditam. Embora sejam profissionais da criatividade, a publicidade que fazem não surge de um ato criativo, em que o sujeito está colocado. Os publicitários são sujeitos assujeitados:

Publicitário A (redator/dupla de criação):

O que eu quero dizer é o seguinte: a agência tem uma coerência de discurso. Juntamente com o anunciante, em conjunto com o anunciante, seja ele quem for, mas no caso da aids mais ainda, porque é um assunto polêmico, todas aquelas coisas, tem uma coerência de discurso. Quer dizer, a agência uma coisa coerente, a agência pensa coerentemente em relação à aids. Assim como coerentemente com o seu cliente.

Quando você começa a entrar nas entranhas da agência, a mesma coisa se você fizer isso no Ministério, as pessoas que estão lá dentro, algumas afinam com o discurso coerente. Um discurso coerente de nós dois [dupla de criação] é o quê? O meu e o dele, eu cedo um pouco do meu, ele, do dele, e a gente acha o nosso ponto em comum e arma uma coerência. Nós três fecharmos um discurso

---

[14] Do jargão publicitário. No depoimento, significa filmes breves, tradicional forma de comunicação da MTV.

coerente aqui é a tua posição, a minha posição, a posição dele e a gente achar uma posição comum dos três aqui. Que não é a tua, não é a minha, não é a dele. Então, quando você pega, pergunta para mim sobre aids, pergunta para ele, pergunta para terceiros, às vezes o que fulano acha que tem que se fazer de propaganda para aids pode ser bem diferente do que eu acho. Agora, o que a agência faz não é nem o que o fulano acha, nem o que eu acho.

É em disputas de sentido como essas, referidas pelos entrevistados, que a aids se configura como discurso. A manifestação patológica no corpo dos pacientes ganha uma outra dimensão, simbólica, quando o fenômeno é apropriado pelas diferentes formações discursivas, multiplicando as identidades: a "aids-castigo", punição pelo nosso pecado original; a "aids-estresse", conseqüência da industrialização da vida moderna; a "aids-peste", nova versão do antigo mal europeu; a "aids-humanizada", narrativa sobre um vírus de péssimo caráter que enfrenta a onipotência da ciência; a "aids-termômetro-social", denunciando o abismo intransponível entre o Primeiro e o Terceiro Mundo; a "aids-sabotagem", uma epidemia fabricada nos laboratórios americanos; a "aids-terceira guerra", forma do conflito mundial definitivo em que o estouro da bomba seria substituído pelo dizimar cotidiano da raça humana; e a "aids-anunciada", na qual todas as outras formas são reeditadas e oferecidas no espaço midiático.

É nesse cenário de extrema concorrência sobre os sentidos da epidemia que irrompem as campanhas publicitárias do governo. Não se pode afirmar que a publicidade é apenas mais uma voz que se ergue, tentando se fazer ouvir entre as outras: a publicidade é voz autoritária que pretende silenciar as outras. Sua busca é pela (impossível) última palavra. A despeito da existência de outros sentidos não midiáticos (na) para a aids, é o sentido publicitário que se propõe como hegemônico. A publicidade mascara os conflitos que fazem parte das relações eróticas e estereotipa gêneros e papéis sexuais. Um exemplo da sua impostura democrática pode ser a abordagem didática dos primeiros filmes do Ministério da Saúde, veiculados nos anos 1980, em plena década de dúvidas e perguntas sobre a aids. O didatismo foi a forma mais evidente do esforço de controle rigoroso da epidemia pela palavra: é como se os filmes veiculados nos anos 1980 dissessem: "Aids é camisinha e nada para além disso, entendeu, telespectador?"

Para além desse poder orquestrador, a publicidade veiculada permite que o governo preste contas para a população, mostre que está preocupado com a saúde pública (o Estado-pai) e que está trabalhando a serviço do bem comum. É justamente pelas razões opostas à abertura que o sentido publicitário se legitima. Na sociedade animada pelos valores de consumo, a publicidade

Parte 2 – A aids não tem vocação publicitária

precisa mercadorizar a aids, retirar-lhe a múltipla interpretação para que ela circule esvaziada da sua história e de seu sentido humano e, portanto, se torne mais facilmente manipulável. Graças às campanhas publicitárias, a aids pôde deixar de ser perigosa e temerária realidade para ser ancorada na confortável dimensão do sonho. Ao colocar sua gramática enunciativa a serviço da epidemia de aids, a publicidade pôde inverter, inclusive, sua realidade laboratorial: estar infectado pelo HIV deixa de significar a morte e passa a ser o contraditório sinônimo de vida sem morte. Como exemplo disso, pode ser citado o *slogan* da campanha de carnaval do ano de 1999: "Viver sem aids só depende de você".

Só a publicidade tem mesmo competência enunciativa para dizer que a aids é sinônimo radical de vida. Tem competência também para dizer ao brasileiro que o incômodo preservativo, a camisinha, é, ao contrário, um apetrecho erótico e afrodisíaco. Os publicitários de criação entrevistados disseram que a abordagem ideal para a publicidade de prevenção seria a afirmação de uma identidade para a aids que se assemelhasse à identidade dos produtos, mercadorias fetichizadas:

Publicitário B (diretor de arte/dupla de criação):

O ideal é que a gente trate a aids como outra coisa qualquer. Quanto mais aids for igual a vender telefone celular, para mim, melhor vai ser o comercial que eu vou fazer. Quanto mais for um anúncio igual aos outros, melhor para mim.

Publicitário C (diretor de criação):

[...] E para gente, honestamente falando, você abre o *desktop*,[15] você acabou de ler o *job*, do Banco do Brasil ou de uma campanha de prevenção, ou de uma linha de chá natural, é a mesma coisa. A gente vai procurar adaptar a linguagem.

[...] É mais um problema a ser resolvido de uma forma criativa. Que, realmente, não tem o produto em si, o objeto da comunicação... [...] Então, uma hora você tá anunciando caminhão, outra hora tá anunciando carro. Outra estamos fazendo campanha de prevenção, outra nós estamos anunciando compota. E cada objeto desses a gente lê sobre o que tem lá dentro, se tem conservante, se não tem conservante, como é que é a embalagem, pontos positivos, pontos negativos. Então, a gente tem uma cultura superficial de várias coisas. Aqui ninguém é especialista em nada. Ninguém aqui é especialista em aids, ninguém é especialista em

---

[15] O publicitário refere-se a um momento comum em sua rotina produtiva, quando os profissionais de criação na agência acessam arquivos no computador e tomam conhecimento dos detalhes sobre a campanha que precisam criar.

160 Aids anunciada: a publicidade e o sexo seguro

chá. É uma cultura geral. A gente sabe um pouco mais daquilo que o consumidor precisa saber. E a gente só comunica na medida certa.

Publicitário D (redator):

O trabalho relacionado à aids, na hora em que a gente tá realizando, tá trabalhando com ele na criação, ele é um trabalho como outro qualquer. Ele vai ser realizado graças à experiência que a gente tem fazendo comercial para iogurte, para produtos que não têm a menor importância comparados a essa causa. Na hora da elaboração da campanha, as técnicas são as mesmas, os instrumentos que a gente usa são os mesmos, então, a gente acaba é se esquecendo que a gente tá envolvido com uma causa muito nobre [...] E se eu te disser que a gente tá preocupado: "Esse é o *job* mais importante que a gente tem, é a causa". Não. Porque a gente procura fazer da melhor forma possível. Esse é mais um. E se a gente começa a se preocupar que esse é um trabalho que tem uma repercussão muito maior do que aquele... Pô! A gente não consegue trabalhar livremente. Tem que trabalhar só em função do problema, esquecendo que vai ser visto por milhões de pessoas, que aquilo tem uma importância, que aquilo vai ser aprovado pelo ministro. Não! Tem que fazer, trabalhar aquilo para que a mensagem fique muito leve, que a dona Maria e que o seu João entendam aquilo. É para a dona Maria e para o seu João.

A rotina produtiva das agências de publicidade tenta diluir cada vez mais as diferenças entre uma campanha publicitária de prevenção à aids e as campanhas que anunciam outros referentes, como produtos para consumo. Embora "publicidade" e "propaganda" sejam usadas como sinônimos para definir uma mesma prática, isso não significa que não seja necessário haver especificidade no tratamento publicitário de objetos distintos. É a possibilidade de um novo compromisso da publicidade com a prevenção à aids – que em última instância seria um novo compromisso da mídia com o campo da saúde e com a sociedade, de modo geral – que poderia gerar a contemplação necessária e urgente da alteridade nos processos de comunicação. No que se refere à aids, porém, o depoimento dos publicitários entrevistados demonstra que essa possibilidade é utópica, pois a vislumbração do outro na criação de campanhas publicitárias de prevenção à aids é compreendida como um incômodo. Mais do que isso, a polifonia é nomeada como "patrulha":

Publicitário A (redator/dupla de criação):

Ela [a campanha de prevenção à aids, ao contrário de outras campanhas] tem a patrulha [interferência direta e indireta de diversos grupos e instituições sociais].

Parte 2 – A aids não tem vocação publicitária

Para os publicitários, é exatamente aí que reside o problema: na "patrulha". A aids não é iogurte, não pode ser anunciada como iogurte nem apropriada pelo fazer publicitário como se estivesse na gôndola do supermercado. A aids-polifônica é uma "patrulha" para a publicidade, que a impede de se realizar plenamente e a obriga a enfrentar o mundo não publicitário. A aids obriga a publicidade a negociar as fronteiras do seu dizer. De acordo com os profissionais de criação, essa indesejável mobilidade torna necessário que as especificidades da aids, que impedem a sua *perfomance* de produto estático, sejam eliminadas do processo. Como se as múltiplas faces da epidemia fossem obrigadas a receber uma maquiagem. Realizar a prevenção ao vírus da aids nos meios de comunicação é, portanto, fazer com que a criatividade transforme o HIV em bebida láctea:

Publicitário A (redator/dupla de criação):

Então, quanto mais a aids for um *job* igual aos outros, melhor eu vou trabalhar. Eu e qualquer um aqui. Quanto mais tiver dentro do ritmo da agência, dentro da rotina da agência, melhor. Claro, existe um problema de prazo. Aí, você vai falar: "Aids é um *job* importante". É. Segura o *job* das coisinhas [anunciantes menores], das porcarias, vai revezando, entende? Reveza, e a gente vai uma semana, sem parar, trabalhando nisso aqui. Aí, você trabalha sem parar. Daí, você trabalha, pensa que se livrou do problema. Aí, vem lá as coisinhas. Daí, desaba tudo. Prazo para trabalhar é uma coisa. Agora, o espírito com que você encara o trabalho fica assim: é um produto igual aos outros. E quanto mais você encarar como um produto igual aos outros, melhor você vai fazer.

Em outras palavras, se a aids fosse, efetivamente, anunciada/enunciada pela publicidade e a voz publicitária se sobrepusesse de modo definitivo às outras vozes que disputam um sentido para a aids, maior poderia ser o número de brasileiros usando o preservativo e menor seria o índice de infecção pelo HIV. Está pressuposto na fala dos entrevistados: a vitória discursiva da publicidade seria a vitória contra a epidemia de aids. De acordo com eles, parece que a publicidade é a única fala capaz de dizer a aids nos termos em que o governo precisa que ela seja dita e controlar as interpretações desse advento científico, social, político, cultural, econômico. Ou seja, só a publicidade pode retirar da aids a dor, o medo, a angústia, a dúvida. Somente o discurso da publicidade pode evocar a vida diante do leito de morte das vítimas de aids e das insuficiências do sistema nacional de saúde.

Finalmente, parece que só a publicidade pode realizar aquilo que todos desejam: a cura da aids. Ao retirar da epidemia e da prevenção a sua história, a sua trajetória, a sua existência social, a publicidade elimina a própria aids. No entanto, e aí está o interesse nessa problemática, embora a lógica publicitária insista em transformar aids em mercadoria, e temporariamente consiga fazê-lo, a aids continua a ser um terreno de disputa de sentido. As críticas às campanhas publicitárias de prevenção do Ministério da Saúde dizem: "As campanhas não funcionam". Discutir meramente se as campanhas funcionam ou não pode manter o debate na armadilha de modelos que já não bastam para a compreensão do mundo pós-moderno e de uma epidemia que só poderia ser possível nesse mundo. Antes de questionar a eficácia das campanhas, é necessário perguntar: que lugar discursivo é esse o da publicidade? Afinal, que aids pode ser enunciada a partir da fala anunciada da publicidade?

PARTE 3

A AIDS ANUNCIADA

Parte 3 – A aids anunciada

Nesta parte final, para continuar a compreender como a aids pode ser enunciada pela publicidade, será realizada a leitura dos anúncios impressos e eletrônicos que compuseram o *corpus*.

Já se disse que o termo "campanha" se refere ao conjunto de esforços voltados para a realização de um só objetivo. Qualquer iniciativa, midiática ou não, do Ministério da Saúde que tenha como fim reduzir os índices de infecção pelo HIV pode ser entendida como ação integrante de uma campanha de prevenção à aids. Desde o financiamento de projetos até a sugestão de pautas para os telejornais e as revistas, bem como o patrocínio de eventos e apoio às ONGs, tudo isso constitui a grande campanha nacional de prevenção à aids no Brasil. É importante ressaltar que embora o Ministério da Saúde veicule campanhas publicitárias para prevenir a aids, esse não é seu único projeto de comunicação e de intervenção direta na sociedade. Apesar disso, está convencionado que fazer campanha publicitária de prevenção à aids é fazer "campanha de prevenção". Ainda que o investimento em publicidade de utilidade pública seja um dos inúmeros projetos gerenciados pelo Ministério da Saúde e pelo Programa Nacional de DST e Aids, é inegável a singular importância das campanhas publicitárias nesse composto de ações. Elas não são mais importantes do que as outras ações. No entanto, sem a publicidade e o jornalismo essas ações não "acontecem" de verdade para a sociedade. A "realidade" é significada pelos meios de comunicação de massa, criando um sinônimo entre realidade do mundo das coisas e realidade da mídia. É a erosão do princípio de realidade, como diz o filósofo italiano Gianni Vattimo,[1] afirmando que esse sentido de realidade é "o resultado do encadeado de relações de 'contaminação' (no sentido latino) das múltiplas imagens, interpretações, reconstruções que, em concorrência entre si, ou de algum modo sem qualquer coordenação 'central' os *media* distribuem". É em função dessa significação da imagem, tomada como o próprio real, que as campanhas publicitárias, emboram sejam mais um dos esforços de prevenção à aids, exigem um projeto especial de reflexão.

Cada vez mais refinada, a estratégia das campanhas viabiliza a publicização da mensagem de um anunciante privado ou público, a promoção de um produto ou serviço, a comunicação de um lançamento ou reforço institucional de uma marca já conhecida. Há uma extensa categorização de campanhas[2] oriunda do *marketing*. A tipologia das campanhas é, geralmente, definida

---

[1] VATTIMO, Gianni. *A sociedade transparente*. Trad. Carlos Aboim de Brito. Lisboa: Edições 70, 1989. p. 15 (Biblioteca de filosofia contemporânea, 17).

[2] Sobre a explicitação das tipologias da propaganda, ver manuais de publicidade como Julieta de Godoy Ladeira. *Criação* (Col. Contato imediato); MALANGA, Eugênio. *Propaganda*: uma introdução; MARTINS, Jorge. *Redação publicitária*: teoria e técnica; MENNA BARRETO, Roberto. *Criatividade em propaganda*; SAMPAIO, Rafael. *Propaganda de A a Z*; SANTA'NNA, Armando. *Propaganda, teoria, prática e técnica*; PINHO, José Benedito. *Comunicação em marketing*.

com base nos seus objetivos, na sua durabilidade, nos formatos e nos conteúdos, no meio pelo qual será veiculada. No que se refere ao objeto anunciado, uma campanha pode ser institucional, quando aborda a imagem de uma corporação; pode ser de produto, quando anuncia um bem durável; e pode ser ainda social, quando promove algum interesse público. Quanto à durabilidade, uma campanha pode ser de curto prazo, como acontece na comunicação do setor varejista, e de médio prazo, que tem como exemplo promoções e sorteios que precisam de maior tempo na mídia para que, por exemplo, os consumidores tenham tempo de tomar conhecimento da promoção, recortar embalagens e códigos de barra e enviar pelos Correios; já as campanhas de longo prazo constroem imagens corporativas. Há ainda a classificação por fomatos e conteúdos, e aqui estão elencados os "testemunhais" e as "cenas do cotidiano", ambos já comentados.

Uma campanha pode ser humorística, comparativa, informativa, promocional, de lançamento, de sustentação... A nomenclatura é realmente extensa. Com base nela, classifica-se a campanha de prevenção à aids do Ministério da Saúde sob diversos nomes:

- campanha pública, pois seu anunciante é o governo;

- campanha social, pois aborda a questão da saúde, direito universal assegurado pelo Estado.

No entanto, pode-se vê-la também como:

- campanha corporativa, pois enfatiza o uso do preservativo, a camisinha, sem especificar nenhuma marca;

- campanha institucional, pois pode criar uma imagem favorável ao governo, afirmando-o como instituição de poder preocupada com a saúde e a segurança da população.

Pode-se entender que a campanha de prevenção à aids do Ministério da Saúde é ainda uma forma eficaz de campanha política e deliberadamente eleitoral, tendo em vista que presta contas ao eleitor e "garante" a ele que o dinheiro da população está sendo investido na harmonia e no bem-estar social pela gestão que está no poder, comprometida com um determinado partido político e sua respectiva ideologia.

A bibliografia específica sobre publicidade, em particular os manuais da área de propaganda e *marketing*, exibem exaustivamente classificações

Parte 3 – A aids anunciada

de campanha como essas. Como imaginado, entre os manuais consultados quase nunca essas classificações aparecem sob uma análise crítica: a percepção das formas do dizer publicitário é compartilhada com o leitor sob a forma do receituário.[3] Na maioria das vezes, as observações soam como "receita de bolo", orientações que introduzem o suposto leigo leitor ao *modus operandi* da publicidade para que o mesmo seja repetido. O segredo alardeado por esses manuais é que a criatividade e a originalidade publicitária estariam, contraditoriamente, na promoção do senso comum.

Em um instigante artigo publicado na revista *Jornal dos Jornais*, Celso Japiassu, jornalista e publicitário reconhecido no Brasil, disse que se a publicidade promovesse alguma espécie de originalidade os anunciantes não mais investiriam em anúncios publicitários: "Uma publicidade que poucos vão entender é jogar dinheiro fora", diz ele. O discurso publicitário "não instaura nada", afirma Japiassu:

> [...] Suas imagens precisam utilizar símbolos vigentes, difundidos e aceitos no mercado. [...] Ao contrário do artista, cujo trabalho leva anos para ser reconhecido, o escritor de textos publicitários necessita de reconhecimento imediato, senão perde o emprego.

> A publicidade, de fato, é um artesanato arquitetônico, porque usa praticamente todas as artes existentes. Um comercial vem com texto, música, desenho, teatro, cinema, escultura e dança, e não é nada disso.[4]

Os manuais de redação publicitária, livros geralmente dedicados aos estudantes universitários, informam sobre essa condição esquizofrênica do discurso publicitário, mas o fazem enfatizando que existem profundos vínculos da técnica publicitária com algumas técnicas artísticas. Sedutores, esses manuais acabando elegendo a publicidade como herdeira contemporânea e legítima do legado da estética:

> Os preceitos se acumulavam, as regrinhas se multiplicavam como piolhos, eu as anotava, processava e sistematizava – estava decidido a aprender! – mas não conseguia redigir bulhufas. Nem sequer um anúncio daqueles malditos "textículos"

---

[3] O livro *Publicidade: um discurso de sedução*, de Alexandra Guedes Pinto, *A linguagem da propaganda*, de Vestegaard e Schröreder, bem como o *Publicidad y consumo: critica de la estética de las mercancias*, de Wolfgang Fritz Haug, são exemplos, na bibliografia utilizada, de textos que podem ser lidos como manuais críticos de publicidade e que podem orientar, ao mesmo tempo, a produção de textos e a reflexão sobre eles.

[4] JAPIASSU, Celso. Todo publicitário metido a intelectual já sabe: vai dançar. Revista *Jornal dos Jornais*, p. 86, dez. 1997.

de *Seleções*! Cada tripinha de seis linhas que saía da máquina – após uma manhã inteira de contorcionismo cerebral – nada mais era que um bilhete duro, retorcido, simplesmente inaceitável. [...]

"Sabe o que é propaganda, rapaz? Olhe para este lápis. Você tem de fazer um anúncio sobre este lápis. Você fixa este lápis e rebusca na cabeça o que você pode dizer – não importa o que, nem como – capaz de levar o cara que vai ler a *comprar este lápis*! Você tem de convencer, de *vencer* o sujeito! SÓ ISSO!"[5]

Quem o conhece [no prefácio feito por um amigo ao autor do livro] sabe que ele é um artista das palavras, um artesão do pensamento e o resultado disso tem sido a sua bem-sucedida carreira no mundo das letras e da propaganda.[6]

Se bobear, você será induzido a acreditar que o publicitário é aquele *bon vivant* que passa seus dias (in)úteis entre gente divertida e festas idem. Existem, de fato, alguns privilegiados que vivem mais ou menos assim, talvez um ou outro dono de agência e mais de uma meia dúzia de deslumbrados sem maiores perspectivas de futuro profissional.

[...] A propósito, os grandes caras de criação que tive a oportunidade de conhecer e conviver são profissionais sérios no que fazem – também grandes gozadores, é verdade [...].

O chato dessa história é que o mercado publicitário, por ato ou omissão, estimula uma idéia não verdadeira sobre as possibilidades profissionais dos futuros publicitários. Só se divulga o oba oba. Profissionais, faculdades e imprensa especializada dão tamanha importância aos feitos dos caras de criação, "os gênios", que fica sempre aquela impressão de que o negócio da propaganda é uma espécie de Olimpo onde só cabem alguns poucos deuses vivendo de tramas ardilosas.[7]

Em *Magia e capitalismo: um estudo antropológico da publicidade*, o pesquisador Everardo Rocha entrevistou publicitários e desenhou com eles um auto-retrato. De acordo com o grupo, o publicitário é uma mistura de

---

[5] MENNA BARRETO, Roberto. *Criatividade em propaganda*. 3. ed. São Paulo: Summus, 1982. p. 19-18, p. 21.

[6] PIRATININGA, Luiz Celso de. Apresentação. In: CARRASCOZA, João Anzanello. *A evolução do texto publicitário*: a associação de palavras como elemento de sedução na publicidade. São Paulo: Futura, 1999. p. 13.

[7] MARTINS, Zeca. Ao futuro publicitário. *Propaganda é isso aí*: um guia para novos anunciantes e futuros publicitários. 2. ed. São Paulo: Futura, 1999. p. 25-26.

Parte 3 – A aids anunciada

vendedor de sapatos com gênio artístico que possui conhecimentos gerais.[8] É a rota de colisão entre a identidade de vendedor e a identidade de artista que constitui a "ideologia do publicitário", título do livro de Zilda Knoploch, que também trouxe um olhar antropológico sobre a publicidade. Ao abordar a tensão nas relações em uma agência de publicidade entre atendimento e criação, a autora retoma a questão da identidade do publicitário, que afirma sua identidade de artista para esfumaçar sua função primordial de revigorador do sistema capitalista:

> Assim, a criação na agência é sempre definida em oposição ao *atendimento*, mas uma categoria só pode existir em função da existência da outra, que a define e delimita por exclusão.

> Quando são atribuídos valores às categorias em oposição, em geral uma delas recebe um *status* positivo, e a outra, um *status* negativo, ou estigma. A atribuição dos valores às categorias é condicionada pela ideologia de quem faz a atribuição.

> A existência dessa separação torna-se evidente para o obervador externo à medida que se vai familiarizando com a linguagem interna das agências.

> Fica também evidente o sistema de valoração das categorias profissionais dentro da agência, o qual supervaloriza a criação em relação ao atendimento e neutraliza a mídia em termos de *status*.

> [...] Para o homem de criação, o pessoal de seu setor é identificado com as pessoas do mundo artístico em geral: artistas plásticos, músicos, cineastas. [...] Por essa razão, "gosta de pintura, se interessa pelas artes plásticas, cinema de bom nível, música", e "tenta se afastar das limitações impostas pelos dados numéricos".

> Em resumo, "tem interesses diferentes dos homens de atendimento", que "são muito diferentes do pessoal da criação, porque têm que ser muito mais *técnicos*, ligados a porcentagens, projeções, estatísticas, dados".

> Os homens de atendimento são, para a criação, a ligação entre a agência e o cliente [...] são identificados com a venda, com o aspecto comercial das agências, que é *vender* idéias que criam[9] [itálicos da autora].

---

[8] ROCHA, Everardo. *Magia e capitalismo*: um estudo antropológico da publicidade. 3. ed. São Paulo: Brasiliense, 1995.

[9] KNOPLOCH, Zilda. *As relações sociais na publicidade*: a ideologia do publicitário. Rio de Janeiro: Achiamé, 1980. p. 36, 38 (Série Universidade, 11).

As relações sociais na agência de publicidade constituem as condições de produção do discurso publicitário. Considerando o compromisso declarado da publicidade com o lucro – o "pecado original" da profissão sempre lembrado pelo atendimento aos publicitários de criação –, é possível compreender que só poderia ocorrer efetiva prevenção da aids por meio da publicidade se esta deixasse de ser o que é. O que a aids solicita à publicidade é justamente originalidade, revolução de códigos, abertura de sentido. Ao tentar "vender" a prevenção da aids como vende produtos para o consumo, a publicidade "frustra-se". No que se refere à aids, pode-se afirmar que esse constrangimento ocorre duplamente. A publicidade constrange-se como instrumento para vender produtos, na medida em que promove a camisinha, mas não marcas; constrange-se, também, como estratégia de venda de serviços, na medida em que não consegue aproximar o cidadão da estrutura de saúde pública relacionada à aids, o que exigiria conhecimento da realidade local do telespectador; a publicidade constrange-se, ainda, como instrumento para vender idéias, pois o uso do preservativo, apesar de todas as associações publicitárias com a aids, não se realiza seguramente. Está posto o desafio para o grupo social dos publicitários, que têm no ato "criativo" a face mais visível e, ao mesmo tempo, como diz Japiassu, impossível da profissão:

A grande dificuldade enfrentada pela propaganda é a de ser aparentemente criativa sem criar nada, porque se trouxer algo instaurador e realmente original vai deixar de ser propaganda pelo simples fato de que o mercado não vai aceitar nada hermético. Se for mesmo original, deixará de ser propaganda. E vai se frustrar como instrumento para vender produtos, serviços ou idéias.[10]

As campanhas publicitárias do Ministério da Saúde são compostas pelo mesmo conjunto de estratégias que viabilizam os anúncios da iniciativa privada, por peças gráficas e eletrônicas. A comunicação publicitária do Ministério sempre esteve fortemente marcada pela mídia eletrônica, embora o investimento em televisão, em grande parte pelo custo de produção e veiculação, tenha se reduzido bastante. Ainda assim, em algumas oportunidades especiais como 1º de dezembro, dia mundial de luta contra a aids, carnaval e campanhas para públicos específicos, a veiculação de filmes publicitários está assegurada.

Para compreender melhor como a aids foi manipulada "criativamente" ao virar um referente publicitário, foi coletada uma amostra de peças publicitárias para a formação de um *corpus* destinado à leitura qualitativa. Foi reunido um grande conjunto de peças eletrônicas e gráficas das campanhas veiculadas entre

---

[10] JAPIASSU, Celso. Todo publicitário metido a intelectual já sabe: vai dançar. Revista *Jornal dos Jornais*, dez. 1997, p. 86.

Parte 3 – A aids anunciada

os anos de 1980, 1990 e 2000 para que fosse remontada a diversidade de materiais aos quais se teve acesso nas diversas fontes consultadas (agências de publicidade, ONGs, assessoria de comunicação do Ministério da Saúde, assessoria de comunicação do Programa Nacional de DST e Aids). O empírico, portanto, ficou constituído por diversos filmes, cartazes e *folders*, além de folhetos, panfletos, móbiles, adesivos, anúncios, totalizando mais de cem exemplares. Observou-se que nas campanhas ocorre o uso significativo do meio rádio, porém, entre os meios de comunicação de massa efetivamente utilizados, além da TV, a mídia impressa (cartazes, *folders* e cartilhas) recebe investimento mais representativo. Entre todas as peças coletadas, foram selecionadas, para a análise pontual, aquelas que simbolizaram com mais força a trajetória publicitária da aids. Dessa forma, o *corpus* foi reduzido a um conjunto de 61 filmes produzidos para televisão e 24 peças gráficas, principalmente cartazes, veiculados em épocas e contextos diferentes.

Para analisar o referido *corpus*, o trabalho foi desdobrado em dois momentos:

1º) No primeiro momento, houve levantamento das principais estratégias discursivas de sedução observadas no conjunto da primeira versão ampliada do *corpus*, com a totalidade das peças. Observou-se o funcionamento da gramática do discurso publicitário e a apropriação do objeto aids por esse discurso e as marcas dos diferentes momentos da trajetória da epidemia no Brasil nas campanhas. Para essa reflexão, foi selecionado, dentro da totalidade de filmes e cartazes, aquelas peças que na história das suas veiculações revelaram as tentativas da publicidade de realizar plenamente suas competências ao longo da epidemia.

2º) No segundo momento, houve a crítica a essa tentativa: para realizar-se plenamente como linguagem da persuasão, a publicidade precisou inventar uma aids sem complexidade, conflitos, contradições, e, para isso, cometeu reduções e exclusões, concebendo uma "aids anunciada", que permitiria à publicidade radical autonomia discursiva ante a epidemia. Foi o acontecimento dessa aids anunciada que se tentou demonstrar, bem como as implicações da sua oferta nos meios de comunicação de massa.

A diversidade de estratégias enunciativas da publicidade permite que ela enuncie uma aids opaca; no entanto, a publicidade não consegue fazê-lo inteiramente porque o texto possível para a prevenção traz consigo as marcas profundas da polifonia.[11]

---

[11] Polifonia é um conceito utilizado nas pesquisas sobre linguagem que dão conta da complexidade das relações entre sujeitos que constituem o sentido.

Gramática publicitária e euforização da aids

Como as configurações publicitárias foram inscritas nas campanhas de prevenção do Ministério da Saúde e inventaram uma aids anunciada? Para o comentário sobre as peças, orientado por esses questionamentos, foi contextualizada a época de veiculação de cada campanha, tomando como referência o quadro elaborado por Richard Parker e os cenários político, epidemiológico e social da epidemia. Para facilitar a leitura e a identificação dos filmes pontualmente analisados, elaborou-se uma descrição das suas principais ações.

O que chamou a atenção, imediatamente, sobre o conjunto total das peças do *corpus* foi a significativa quantidade de filmes sob a configuração discursiva do "testemunhal". Não por acaso o "testemunhal" é notoriamente menos utilizado em peças gráficas: a personalidade midiática visível na tevê potencializa a autoridade atribuída a esse meio na construção da "verdade da mídia", seus valores de certo e errado, e torna o investimento mais rentável, à medida que o rosto, a voz e toda a magia que cerca os "olimpianos" pode ser explorada ao máximo. São convocados a dizer a epidemia diversas personalidades ligadas por diferentes vínculos ao mundo fantástico da comunicação: apresentadores de programas de auditório, atores, atrizes, cantores, ídolos infanto-juvenis, compositores, esportistas vitoriosos, médicos... Nas campanhas publicitárias, em geral, os assuntos sobre os quais eles falam são tão diversos quanto os tipos de autoridade midiática que justificam cada depoimento. No caso da prevenção à aids, os testemunhais veiculados na década de 1980 tiveram duas abordagens muito claras:

a) depoimentos que, além da personalidade midiática, exibiram, também, a fala "verdadeira" de cidadãos comuns afetados pela epidemia de aids, de alguma forma (paciente de HIV/Aids, viúva ou mãe de alguma vítima fatal de HIV/Aids, hemofílico infectado);

b) campanhas cujo argumento estava centrado em depoimentos exclusivamente concedidos por personalidades da mídia.

Os depoimentos concedidos pelas pessoas comuns foram veiculados nas primeiras campanhas. No entanto, geralmente pessoas famosas as acompanhavam nos filmes. Esse fato pode ser lido como uma resposta de "relações públicas" ao tumultuado cenário do início da epidemia de aids no Brasil. Uma das principais estratégias comunicativas do Ministério da Saúde nas campanhas de prevenção à aids sempre foi fundir sua face em rostos conhecidos e famosos. Na televisão não há lugar para os "feios, sujos e malvados"[1] da vida "real", que lidam com sangue, sexo, solidão, promiscuidade, doença, morte e traição.

Desse período, o destaque é o filme publicitário protagonizado pela atriz Irene Ravache. Esse filme, um dos primeiros veiculados pelo Ministério da Saúde, é um registro simbólico importantíssimo da trajetória da aids no Brasil, pois documenta um momento histórico em que a publicidade ainda não tinha acumulado vitórias na disputa discursiva sobre a aids-epidemia. Dirigindo-se ao telespectador, sentada diante de uma mesa em um cenário que lembra um gabinete, a atriz, bastante formal e didática, gesticula enquanto diz o seguinte texto:

Transcrição do áudio – campanha "Aids, você precisa saber evitar" – Testemunhal da atriz Irene Ravache:

A aids é uma doença sexualmente transmissível. Ela passa de homem pra homem, de homem pra mulher e de mulher pra homem. O vírus no esperma contaminado pode invadir a corrente sangüínea mais facilmente pela mucosa do reto do que pela vagina. Porém, a secreção vaginal contaminada em contato com qualquer ferimento no órgão genital do homem também possibilita a infecção. E se houver algum ferimento na boca, o esperma contaminado pode transmitir o vírus. Por isso, a forma mais segura que se conhece para evitar o contágio é o uso do preservativo de borracha, a camisinha. Com ela o vírus não entra em contato com o órgão genital do parceiro e, claro, o risco de transmissão é menor quanto mais você reduzir o número de parceiros. Converse com seu parceiro. É um ato de respeito mútuo. A camisinha afasta o vírus da aids. Mas não afasta você de quem você gosta.

---

[1] *Feios, sujos e malvados*, título do filme que levou o prêmio de melhor direção no Festival de Cannes de 1976, do grande diretor italiano Etore Scolla, mostra o sadismo e o tradicionalismo da família italiana, realizando com humor uma forte crítica social.

A atriz precisa lembrar ao telespectador que "preservativo de borracha" é sinônimo de "camisinha". Hoje, termos como camisinha são extremamente populares, o que deixa a fala da atriz Irene Ravache soar muito distante no tempo; porém, a data de veiculação é relativamente recente: segunda metade dos anos 1980. Irene Ravache fala porque é atriz famosa embora o cenário, a roupa, o tom do seu depoimento sugiram que ela possua uma autoridade legitimada. Fica evidente que não se trata da representação de uma médica ou cientista, embora a atriz fale de modo truncado e hermético sobre corpos e desejos. O conhecimento demonstrado por ela não se deve à interpretação, como atriz, do papel de uma profissional de saúde, mas ao fato de Irene Ravache ser "olimpiana" e, portanto, "naturalmente" estar autorizada a falar sobre qualquer assunto pautado pela mídia, que é seu mundo. Por isso, o uso de termos como "preservativo de borracha" e expressões não cotidianas como "mucosa", "reto", "corrente sangüínea", "secreção", "órgão genital".

O filme com Irene Ravache também registra a impossibilidade de recomendações definitivas (a forma mais segura que se conhece). Também revela os pressupostos de moralistas que determinaram a identidade da aids no começo da epidemia: há uma indicação clara para a redução do números de parceiros sexuais, e a fidelidade é tratada como sinônimo de "respeito mútuo". A frase final, afirmando que a camisinha não afasta os parceiros entre si, está na contramão de toda a lógica da fala inicial, que aborda o encontro amoroso como o encaixe de duas complicadas máquinas em funcionamento. Hoje, a estratégia é oposta: reduzir o volume de informação nas campanhas e enfatizar conceitos e conteúdos afetivos, humanistas, solidários.

Campanha "Aids, você precisa saber evitar" (anos 1980)

Tabela 6
Uso do testemunhal – anos 1980

Identificação do filme	Síntese	
Depoimento do ator Paulo José	*O ator fala ao telespectador sentado diante de uma mesa numa espécie de sala de espera ou gabinete. Penumbra* *Slogan:* Aids: você precisa saber evitar *Temas:* Drogas injetáveis e transfusão de sangue	
Depoimento da atriz Irene Ravache	*A atriz fala ao telespectador sentada diante de uma mesa numa espécie de sala de espera ou gabinete. Penumbra* *Slogan:* Aids: você precisa saber evitar *Temas:* Sexo e camisinha	
Depoimentos de Henrique A'Lirangi (arquiteto) e Scarlet Moon (atriz)	*Depoimentos em* close *de um paciente de HIV/Aids. Fundo preto* *Slogan*: Vamos juntos contra a Aids de mãos dadas com a vida *Tema*: Sobrevida do paciente	

Parte 3 – A aids anunciada

Depoimentos de Carlos Bonecker (médico) e Zezé Motta (atriz)	*Depoimentos em* close *de um paciente de HIV/Aids e/ou hemofílico, identificado por legenda, e uma personalidade da mídia. Fundo preto* *Slogan:* Vamos juntos contra a Aids de mãos dadas com a vida *Temas:* Sobrevida do paciente, mobilização da comunidade de hemofílicos	 
Depoimentos de Dayse Agra (dona de casa) e Osmar Prado (ator)	*Depoimentos em* close *da mãe de uma vítima já falecida de HIV/Aids e uma personalidade da mídia. Fundo preto* *Slogan:* Vamos juntos contra a Aids de mãos dadas com a vida *Tema:* Solidariedade ao paciente	
Depoimentos de Augusto José Monteiro (comerciário) e Eduardo Conde (ator)	*Depoimentos em* close *de um paciente de HIV/Aids e uma personalidade da mídia. Fundo preto* *Slogan:* Vamos juntos contra a Aids de mãos dadas com a vida *Tema:* Solidariedade ao paciente	

Depoimento de personalidades	*Depoimentos em* close *de diversas personalidades da mídia.* *Slogan:* Brasil X Aids *Temas:* Mobilização, formas de transmissão, transfusão de sangue, esterilização de objetos cortantes, uso da camisinha, redução de parceiros, parceiros desconhecidos, transmissão vertical, procura pelos serviços de saúde, solidariedade

Zico (jogador de futebol)

Tony Ramos (ator)

Suzana Vieira (atriz)

Ivo Pitanguy (cirurgião plástico)

Francisco Cuoco (ator)

Vera Fischer (atriz)

Fausto Silva (apresentador)

Xuxa (apresentadora)

Parte 3 – A aids anunciada 179

Maitê Proença (atriz)

Fernanda Montenegro (atriz)

Renato Aragão (humorista)

Lima Duarte (ator)

Jô Soares (apresentador)

Glória Menezes (atriz)

Chico Anysio (humorista)

Ayrton Senna (piloto de Fórmula I)

De modo geral, as campanhas publicitárias do Ministério da Saúde nos anos 1980 assumiram o didatismo e a medicalização da aids como enfoques principais, caminhos certamente entendidos como mais seguros e menos expostos para que o governo disseminasse massivamente as definições de aids, seus riscos, modos de transmissão e como se prevenir do vírus. Ao longo da década de 1980, a campanha publicitária foi assumindo sua forma clássica e logo vieram os anúncios impactantes, chocantes, facilmente memorizáveis. São do final da primeira década de aids no Brasil filmes como o do palhaço sorridente que se transforma em um esbranquiçado paciente de aids no leito do hospital. ("Aids: você precisa saber evitar").

Campanha "Aids, você precisa saber evitar" (anos 1980)

Também é desse período outro anúncio televisivo do Ministério da Saúde que reproduz o interior de um avião, no qual, a comissária de bordo tem outra rotina: ela mostra um folheto informativo sobre aids, ensina a usar a "camisa de vênus", pede que os passageiros usem apenas seringas descartáveis e solicitem o teste anti-aids no sangue a ser recebido em transfusões. Não bastasse a associação de aids com a experiência do vôo de avião (há sempre a possibilidade de a aeronave cair), o trecho final da fala em *off* é arrepiante:

Campanha "Aids, você precisa saber evitar" – transcrição do áudio de uma viagem de avião:

[...] Lembre-se: a Aids mata, sem piedade. Não deixe que esta seja a última viagem de sua vida. Aids: pare com isso.

Filme da campanha "Aids: pare com isso" (anos 1980)

Parte 3 – A aids anunciada

No começo da década de 1990, o "testemunhal" trouxe depoimentos de personalidades mais jovens, descontraindo a linguagem, ao contrário do sisudo, tenso, preocupado e verborrágico "testemunhal" dos anos 1980.

TABELA 7
Uso do testemunhal – 1990

Identificação do filme	Síntese	
Sandra Bréa e dr. Ricardo Palombo (infectologista do SUS, Niterói-RJ)	*Slogan:* Tratar bem é lutar pela vida *Temas:* Serviços, direitos do paciente, novas percepções sobre a epidemia	
Letícia Sabatella (atriz)	*Slogan:* Você precisa aprender a transar com a existência da Aids *Tema:* Solidariedade ao paciente	
Nico Puig (ator)	*Slogan:* Você precisa aprender a transar com a existência da Aids *Temas:* DST, sexo, drogas injetáveis	

Carolina Dickmann (atriz)	*Slogan:* Você precisa aprender a transar com a existência da Aids *Temas:* Carnaval e camisinha	
Hebe (apresentadora)	*Slogan:* Quem se ama se cuida *Temas:* Mulher e camisinha	
Ivete Sangalo (cantora)	*Slogan:* Sem camisinha não tem carnaval *Temas:* Carnaval e camisinha	
Regina Casé (atriz e humorista)	*Slogan:* Viver sem Aids só depende de você *Temas:* Carnaval e camisinha	

Embora a profissionalização da prestação de serviços em publicidade seja um aspecto importante para compreender tal mudança de enfoque, diversas pontuações são necessárias: no novo horizonte da aids, a qualidade na testagem do sangue foi assegurada; os programas sociais de prevenção, cada vez menos centralizados no Ministério da Saúde, começaram a acumular experiências de sucesso; a epidemia de aids já não era considerada "coisa de outro mundo"; e o acesso aos "coquetéis" deu forma e sentido à esperança e ao otimismo em relação aos futuros diagnósticos. Em outras palavras, nos testemunhais dos anos 1990, a epidemia saiu do campo da saúde para ganhar identidade mais forte junto aos meios de comunicação de massa e sua lógica.

Restringiu-se o espaço para a "fala científica" nas campanhas se ela não fosse configurada segundo a lógica da mídia. Como exemplo desse fato, é possível destacar outra campanha, veiculada já no final dos anos 1990, mais

Parte 3 – A aids anunciada

precisamente em 1998, na qual a atriz Sandra Bréa, hoje falecida, foi protagonista de uma série de filmes cujo *slogan* era "Tratar bem é lutar pela vida". O destinatário ideal dessa mensagem foi antecipado pelo discurso publicitário: o enunciado apostava que o destinatário tivesse conhecimento da situação de saúde de Sandra Bréa, que se resguardou dos holofotes após o diagnóstico positivo de HIV,[2] intensificando, assim, a força do seu depoimento como "paciente saudável". Assim, abaixo do nome de Sandra Bréa na legenda do vídeo, a identificação é "atriz", pois não é preciso informar que ela é soropositiva. Obviamente, o telespectador sabe que Sandra Bréa é atriz, portanto o sentido dessa legenda é escamotear o motivo pelo qual ela, e não outra atriz, foi escolhida para protagonizar a campanha: foi como soropositiva saudável que Sandra Bréa prestou seu depoimento "real".

Em um dos referidos anúncios, imagens da atriz Sandra Bréa são intercaladas com imagens do infectologista Ricardo Palombo, médico do SUS em Niterói-RJ, como informa a legenda do vídeo. O doutor Ricardo Palombo aparece na campanha para legitimar a mensagem com seu *status* de médico, declarado pelo "ambiente de trabalho", a roupa branca e o armário de remédios, visíveis ao fundo. O doutor precisa, porém, que a atriz compense a inexpressividade publicitária de um infectologista. Assim, entrecortando a fala do médico, a imagem de Sandra Bréa surge, aliviando a densidade da autoridade médica, estranha ao mundo de sonho da mídia. Enquanto as falas da atriz citam os direitos do paciente de HIV/ Aids, o médico autoriza uma nova percepção sobre a epidemia:

Campanha "Tratar bem é lutar pela vida" – transcrição do áudio testemunhal do infectologista Ricardo Palombo:

A Aids, hoje em dia, não é mais igual a morte. A Aids não pode ser mais encarada igual a morte. Aids tem que ser encarada igual a viver com aids.

À medida que os cientistas aperfeiçoaram os testes anti-aids e os medicamentos, causando de modo determinante a possibilidade de uma outra linguagem para a mídia, nada mais coerente que um médico comunicando essa boa nova na tevê. Um reflexo dessa mudança também é visto na campanha de carnaval que, em 1996, já sintetizava o novo espírito da epidemia em seu *slogan* "Sexo seguro é alegria geral".

---

[2] A revista *IstoÉ* publicou em 2000 uma interessante reportagem sobre a morte de Sandra Bréa e seu desaparecimento da mídia.

Como visto desde o começo dos anos 1990, as ONGs sedimentaram importantes conquistas na luta contra a aids. Em 1993, a polêmica causada pela campanha "Se você não se cuidar a aids vai te pegar" foi, em grande parte, resultado da reação negativa das ONGs à abordagem dada ao tema pelo governo. A recepção negativa a essa campanha foi um protesto contra a estética da vítima, que não só feria os direitos humanos dos pacientes como também não representava mais a aids e, portanto, precisava, urgentemente, ser descartada.

Como mencionados, durante a pesquisa de mestrado houve acesso a uma fita VHS no Ministério da Saúde contendo um *clipping* sobre a cobertura dessa campanha na imprensa. Essa fita VHS pode ser citada como registro de um momento importante da mediação das relações entre governo e sociedade civil pela mídia: a maioria dos telejornais exibiu o filme publicitário do governo dentro do seu bloco de notícias, e o profissional de comunicação Eduardo Cortês, como a legenda do vídeo informa, então vinculado ao Ministério da Saúde, prestou seu depoimento na maioria dos programas, sempre com uma postura defensiva, argumentando que a linha de comunicação impactante adotada era necessária. Do material coletado, praticamente apenas o telejornal da TVE mostrou entrevistas também com os representantes do Terceiro Setor, dando visibilidade às outras leituras possíveis sobre a publicidade veiculada. O comentário da representante da ONG Gapa, por exemplo, reproduzido a seguir, indica que sua avaliação foi negativa:

Transcrição do áudio – reportagem TVE – fala de Áurea Abade do Gapa- Grupo de Apoio à Prevenção da Aids:

Repórter Valéria Ribeiro: Para o Gapa, Grupo de Apoio à Prevenção à Aids, a campanha é agressiva, tira a esperança de quem já tem a doença e dificilmente vai atingir seu objetivo de alertar e educar.

Áurea Abade, presidente/Gapa: Você visualizando esse cartaz você apenas se prende no sexo quando a transmissão ainda é pelo leite materno contaminado, pela secreção vaginal, sexual, contaminada e pelo sangue contaminado. Quer dizer, e a informação que passa esses *outdoors*, aqui, os cartazes, é apenas que é o sexo.

Repórter Valéria Ribeiro: E o vídeo?

Áurea Abade, presidente/Gapa: O vídeo eu achei que não traz absolutamente nada além da desinformação, além do pânico mesmo e do pavor, porque chegou a me arrepiar.

Parte 3 – A aids anunciada

Os "falsos" depoimentos no filme e a composição gráfica dos cartazes da campanha "Se você não se cuidar, a Aids vai te pegar" registram uma das últimas tentativas mais evidentes do Ministério da Saúde de promover o impacto hipodérmico na audiência, com uma agressiva mensagem sobre aids. O modelo hipodérmico da *bullet theory*[3] está no próprio conceito criativo dessa campanha: significativamente, os cartazes trouxeram a ilustração de dois vultos, feminino e masculino, com um alvo desenhado no lugar do sexo. O "tiro", porém, saiu pela culatra, e a imagem do governo ficou extremamente desgastada.

Detalhe do cartaz da campanha "Se você não se cuidar, a Aids vai te pegar" (anos 1980)

Diferentemente das reportagens veiculadas nas outras emissoras, a repórter da TVE mostrou primeiro o depoimento do Terceiro Setor envolvido com a prevenção da aids e os dados sobre os investimentos do governo na assistência aos pacientes; somente depois apresentou a avaliação do Ministério da Saúde sobre a repercussão da campanha:

Reportagem da TVE – transcrição do áudio – fala de Eduardo Cortês do Ministério da Saúde:

Repórter Valéria Ribeiro: O Ministério da Saúde não concorda com as críticas e justifica dizendo que a campanha é apenas realista.

---

[3] WOLF, Mauro. *Teorias da comunicação*. Portugal: Presença, 1994. p. 20.

Eduardo Cortês/coordenador da campanha: Nós não estamos dizendo absolutamente nada que não seja verdade e, na realidade, nada que seja novidade. Dizer que aids não tem cura isso é uma coisa que todo mundo que tem a doença ou que tem o vírus sabe. O que não quer dizer que essas pessoas vão deixar de continuar o tratamento e a luta que vêm fazendo.

Quando a reportagem se encerra, as imagens voltam para o estúdio da emissora, onde está o apresentador. A câmera aproxima-se para que sejam feitos os comentários finais: o âncora do telejornal vai despedir-se do telespectador, pois a última notícia do telejornal, o assunto mais esperado da noite, era justamente o lançamento da nova campanha de prevenção à aids do Ministério da Saúde. E ele o faz afirmando a aids como sinônimo de morte e, portanto, concordando com o tom negativo da campanha:

Reportagem da TVE – transcrição do áudio – fala do jornalista apresentador do telejornal:

Apresentador: [...] Algumas críticas feitas à nova campanha são corretas. Até mesmo porque no Brasil a transmissão da doença vem aumentando entre os viciados em drogas de modo até a modificar o perfil da aids no país. Isso, porém, não invalida a iniciativa. Quanto ao fato da campanha mostrar a doença como incurável... é lamentável mas verdadeiro. Hoje, a aids é, de fato, a nova metáfora da morte. Boa noite.

A partir desse marco, as estratégias comunicativas do Ministério da Saúde precisaram ser revistas, e uma outra configuração discursiva começou a se tornar mais freqüente: as "cenas do cotidiano", "fatias da vida" ou *slice of life*. Diferentemente do "testemunhal", as "cenas do cotidiano" persuadem sem interpelar diretamente o destinatário. Esse formato enunciativo é um "convite", e não uma ordem, para que a recepção se identifique com a mensagem e seu referente.

Um exemplo do formato "cenas da vida" pode ser uma campanha posterior na qual um filme mostra um casal heterossexual no quarto, preparando-se para o ato sexual. Ela, imóvel e sorridente. Ele, deitado na cama, com uma embalagem de preservativo na mão. Uma voz feminina em *off*, supostamente a dela, sem nenhum esforço argumentativo, pede ao parceiro que use a camisinha e, delicadamente, sussurrando, diz que se ele não fizer, ela irá embora. Não brigam, não discutem, sorriem e ela se joga na cama, nos braços do parceiro. Entram os créditos do anúncio, e o namoro e o sexo seguro ficam sugeridos para a imaginação do telespectador.

Parte 3 – A aids anunciada

Filmes da campanha "Quem se ama se cuida" (1995)

De dezembro de 1994 a janeiro de 1995, foram veiculados VT, *spot*, anúncios em revistas femininas, *outdoor*, *folder* para profissionais do sexo, cordel, gibi, encarte para formadores de opinião e vídeo educativo, dirigidos para mulheres entre 15 e 40 anos, com escolaridade de ensino fundamental e médios, abordando temas como auto-estima feminina, sexo seguro, drogas injetáveis, DST e transmissão perinatal.

Um dos anúncios representa, em cenas rápidas, diversas situações de um dia-a-dia supostamente feminino: ginástica, trabalho, maquiagem e higiene pessoal. São ambientes, atitudes e falas que associam o uso do preservativo a um "cuidado de mulher".

É dessa campanha também o filme protagonizado pela apresentadora Hebe Camargo. O anúncio "testemunhal" de Hebe dilui criativamente a autoridade mediática da "madrinha"[4] no cotidiano da "amiga", em uma estratégia discursiva que reúne as duas configurações supostamente mais eficazes da gramática publicitária: o "testemunhal" e as "cenas do cotidiano". A apresentadora, mão no queixo e sorriso característico, pede à "queridinha"[5]

---

[4] A apresentadora Hebe Camargo é autoridade midiática amplamente reconhecida e, em função disso, protagoniza campanhas publicitárias dos mais diversos produtos. Em seu programa, sempre pautado por um tema central que mobiliza o debate dos entrevistados, ela mostra-se como porta-voz do povo, especialmente das mulheres. O pesquisador Sérgio Micelli, em seu livro *A noite da madrinha*, publicado pela editora Perspectiva em 1972, série Debates, estudou a TV brasileira por meio do programa de auditório de Hebe Camargo.

[5] "Queridinha", "amiga" e "você, aí em casa" são expressões exaustivamente utilizadas pela apresentadora Hebe Camargo em seu programa de auditório, caracterizando sua fala.

telespectadora que use o preservativo, que "se cuide". Hebe está sentada em um sofá, repetindo o gesto que contribuiu para aumentar a audiência do programa de auditório que leva seu nome. O cenário composto para o filme publicitário, entretanto, não reproduz o palco do seu programa, pois é como se Hebe estivesse sentada no sofá de sua casa. Ao fundo da imagem, porta-retratos. A decoração sem os detalhes luxuosos do programa e a roupa de Hebe sem o habitual brilho sugerem o mundo privado e o aconchego do seu lar.

Filme da campanha "Quem se ama se cuida" (1995)

O duplo sentido da frase "Quem se ama se cuida" remete a uma configuração discursiva também reconhecida como tipicamente publicitária e absolutamente importante nas campanhas de prevenção à aids do Ministério da Saúde: os *slogans*. Na maioria das campanhas, o *slogan* é uma frase contundente que encerra o anúncio televisivo ou está presente nas marcas dos anunciantes nos créditos finais nos cartazes. Atualmente, tudo é *slogan*, pois cada vez mais o áudio da publicidade televisiva se reduz a uma série de frases e, não raras vezes, um anúncio impresso chega a ter mais de três frases de efeito que podem ser tomadas como *slogans* de campanha.

Observando o conjunto de *slogans*, numa classificação dos filmes por década de veiculação, é possível perceber a euforização crescente das campanhas de prevenção à aids.

Nos *slogans* da década de 1980, os enunciados são autoritários, impõem ao destinatário uma série de ordens e prescrições: "você precisa", "não permita", "pare". Nos *slogans* dos anos 1990, há três movimentos enunciativos distintos, todos muito mais sutis que os descritos anteriormente. O primeiro, característico dos primeiros anos da década de 1990, representa a forte influência da linha comunicativa adotada nos anos 1980, resultando na campanha já comentada "Se você não se cuidar a Aids vai te pegar", e, mais tarde, em *slogans* como "Seja viva. Evite Aids".

Parte 3 – A aids anunciada

Tabela 8
Slogan – anos 1980

Slogan
Camisinha: o seu grito de liberdade
Aids: você precisa saber evitar
Brasil X Aids
Aids: não permita que esta seja a última viagem da sua vida
Aids: não permita que este seja o último carnaval da sua vida
Aids: pare com isso

Em meados da década de 1990, principalmente a partir de 1994, começa o que se poderia chamar de segundo momento, com as metáforas, as gírias e a erotização da camisinha, indicando não só a profissionalização da comunicação publicitária de prevenção à aids do Ministério da Saúde, melhorando a qualidade técnica dos anúncios, como também a mudança do perfil epidemiológico da epidemia para jovens e mulheres. Parece que esses dois novos públicos da aids, vistos pelos olhos dos publicitários, permitiram a criação de mensagens mais emocionais. Os temas da solidariedade e do respeito ao paciente de aids passaram a comparecer com maior ênfase às campanhas. A atuação das ONGs na Comissão Nacional de Aids também foi marcante nesse período.

Um exemplo desse novo momento, mais humanizado e democrático na condução das políticas de prevenção à aids, pode ser o impasse mencionado pelos publicitários entrevistados na aprovação de um filme que deveria mostrar um travesti e uma família heterossexual nas ruas de uma cidade, à noite, em um jogo de imagens que "brincaria" com o imaginário do telespectador, perguntando "sabe em que grupo social a aids tem crescido mais?" e respondendo "os heterossexuais casados". Os representantes da sociedade civil que analisam a campanha ainda em pré-produção entenderam, como contaram os publicitários entrevistados, que a imagem de um travesti em close provocaria um retrocesso no modo de representar a aids, que voltaria a ser anunciada como "coisa de homossexual". Embora a idéia criativa do filme fosse, exatamente, criticar essa associação, o grupo entendeu que o impacto negativo da imagem seria maior e vetou o roteiro. Em outro momento histórico, a participação desse grupo na aprovação das campanhas, com esta autoridade, seria impensável.

190   Aids anunciada: a publicidade e o sexo seguro

TABELA 9

***Slogan* – anos 1990**

Slogan
Se você não se cuidar a Aids vai te pegar
Solidariedade faz bem à vida
Previna-se do vírus. Não das pessoas
Você precisa aprender a transar com a existência da Aids
Carnaval do peru é carnaval com camisinha.
Viva com prazer. Viva o sexo seguro
Neste carnaval pule aqui dentro
Quem se ama se cuida
Sexo seguro é alegria geral
Tratar bem é lutar pela vida
Sem camisinha não tem carnaval
Aids. Unidos na esperança
Há várias gerações os jovens se vestem para defender suas idéias. Agora, chegou a sua vez. Use camisinha
Viver sem Aids só depende de você
Seja viva. Evite a Aids
Prevenir é tão fácil quanto pegar

O terceiro e último momento enunciativo dos anos 1990 pode ser entendido como uma realização praticamente plena da competência discursiva da publicidade: cenários, direção de cena, roteiros, cachês, metáforas. Nessa década, a gramática publicitária articulou todos os seus recursos para enunciar a aids. A ilustração, como recurso gráfico criativo, compareceu com mais força às primeiras campanhas gráficas. Em 1999, na campanha veiculada durante o carnaval, as peças gráficas trouxeram *gimicks*, que tinham no lugar da "cabeça" uma camisinha, como mencionado também por um dos publicitários entrevistados.

Campanha "Viver sem aids só depende de você" – adesivo (1999)

Sobre o (in)sucesso das campanhas

A euforização publicitária da aids pode ser pensada a partir de um duplo enfoque: suas possibilidades simbólicas (o que a publicidade efetivamente faz ao anunciar a aids) e seus limites (o que a publicidade não pode fazer quanto à prevenção da aids). Para isso, é necessário considerar as demandas trazidas pela trajetória social da epidemia e as restrições impostas pela competência enunciativa da propaganda. Nesse sentido, é fundamental observar e nomear os movimentos enunciativos das campanhas, particularmente os filmes. Alguns desses movimentos enunciativos apontam fatores de sucesso da atuação da publicidade na prevenção da aids. Entretanto, o fracasso publicitário muitas vezes está inscrito nesses mesmos fatores alardeados como positivos. Como pensar essa contradição? A crítica às supostas contribuições da publicidade se, por um lado, não reproduz a valorização do modelo "campanha", de outro não se fecha a eventuais elementos positivos percebidos nesse modelo. Não se trata de vir a saber se a publicidade deve continuar ou ser interrompida, se fazer propaganda significa mesmo fazer prevenção da aids, se a existência de campanhas publicitárias para evitar a disseminação do HIV é, em si mesma, mocinha ou bandida. O exercício crítico deste livro não partiu da convicção de que o sucesso atribuído às campanhas tenha elementos mais concretos, mais evidentes, mais notórios que aqueles que configuram seu fracasso. O que se demonstra é que a conclusão neste ou naquele sentido depende do olhar. Daí a necessidade de reconhecer e considerar os olhares mais diversos sobre as campanhas: só assim a discussão sobre a promoção dos interesses públicos na mídia poderá ganhar maior densidade.

No início da década de 1980, não se falava em "camisinha". O investimento comunicativo que promoveu a popularização do preservativo de borracha masculino, fato que ainda não aconteceu com a "camisinha feminina", talvez seja um dos aspectos mais importantes a serem considerados numa avaliação crítica das campanhas. Pelo esforço publicitário, a camisinha ganhou 1001 utilidades, 1001 identidades:

Camisinha – Tipologia dos modelos de anunciabilidade

Tipos de camisinha – logotipo
Camisinha cosmético
Camisinha acessório
Camisinha pós-moderna
Camisinha *gimick*
Camisinha apetrecho sexual

Camisinha cosmético: a camisinha que a mulher pode carregar na bolsa sem culpa, entre batons, espelhos e perfumes e que está sintetizada na campanha "Quem se ama se cuida". A publicidade posicionou a preocupação com o sexo seguro como questão de auto-estima. Ao fazer isso, pedindo que a mulher "se cuide" e afirmando que ela "tem de usar a camisinha", com o indicador apontado na direção da telespectadora, como o faz a apresentadora Hebe em um dos filmes, os anúncios reforçam o cuidado com a saúde como um gesto feminino – a exemplo do que já acontece na publicidade de medicamentos – e alijam o homem das negociações sobre sexo e saúde. Considerando que em 1995, data de veiculação da primeira campanha do Ministério da Saúde dirigida às mulheres, ainda não havia a comercialização da camisinha feminina, a fala da apresentadora Hebe não faz sentido se não for compreendida como sintoma da assimetria na divisão de responsabilidades entre os parceiros nos cuidados com a intimidade sexual. Como a "queridinha" poderá usar a camisinha se o parceiro, usuário por definição do preservativo masculino, não quiser fazê-lo?

Camisinha acessório: pendurada em uma caixinha, em um cordão, a camisinha pode ser carregada no pescoço durante o carnaval. Como diz o *slogan* de uma campanha, sem o acessório indispensável, sem camisinha, não tem carnaval, como um traje esporte fino sem o qual não se avança da porta do clube para o baile. A camisinha também se converte em objeto de moda, inspirando desfiles beneficentes.

Parte 3 – A aids anunciada 195

Porta-camisinha distribuído no carnaval (1990)

Camisinha pós-moderna: o uso do preservativo é identificado com uma atitude própria do momento histórico vivido, como mostra a campanha cujo conceito é "Há várias gerações os jovens se vestem para defender suas idéias. Agora, chegou a sua vez. Use camisinha", veiculada em 1º de dezembro de 1998. O sujeito da pós-modernidade faz sexo seguro. Nesse filme, um a um os jovens exibem suas camisetas, mostrando ao telespectador diversos símbolos de movimentos estudantis. O último jovem aparece vestindo uma camiseta branca e mostra o preservativo ao telespectador: quem usa camisinha está sintonizado com os valores do seu tempo, "é da paz", como a camiseta branca pode sugerir. No cartaz da mesma campanha, os jovens, usando suas respectivas camisetas, aparecem enfileirados: significa que usar camisinha nos anos 1990 é aderir à lógica de uma "história" linear, portanto simultaneidade sem historicidade, como é próprio da pós-modernidade;[1] e a adoção da camisinha torna-se conseqüência do movimento *punk*, que, por sua vez, deriva da campanha a favor das eleições diretas.

---

[1] HARVEY, David. *Condição pós-moderna*. São Paulo: Loyola, 2002.

Campanha "A força da mudança: com os jovens na luta contra a aids" (1998)

Essa "camisinha pós-moderna" também está referida em duas outras campanhas do Ministério da Saúde. Em um dos filmes, cujo *slogan* é "Camisinha: o seu grito de liberdade", imagens de diversas comunidades mobilizadas por causas sociais (tribos indígenas, campanha contra a fome no continente africano, mães da Plaza de Mayo na Argentina) são referidas como a "memória" da luta contra a aids e da promoção da camisinha como método preventivo.

Campanha "Camisinha: o seu grito de liberdade" (anos 1980)

Parte 3 – A aids anunciada

Isso também acontece no filme para o carnaval da campanha "Quem se ama se cuida", pois o samba inventa uma alegoria para a camisinha:

Filme da campanha de carnaval "Quem se ama se cuida" (1995)

Campanha "Quem se ama se cuida" – *jingle* **(1995)**

Desde os tempos mais remotos/ A camisinha sempre foi um bom programa/ Em Roma e no Antigo Egito/ Ninguém sabia o que levava para a cama/ Marco Antônio também usava/ E Cleópatra exigia e apoiava/ Na Idade Média foi igual/ Com doença a dar com pau/ Ninguém se arriscava/ Daí veio o século vinte/ E a aids acabou com a brincadeira/ Todo mundo tem que ser esperto/ Por que ficar sem camisinha é dar bobeira/ Oi/ Bota a camisinha/ Bota pra valer/ E não dá chance pra esse tal de HIV

Camisinha gimick: a competência do discurso publicitário para assoprar a vida em objetos inanimados transforma a camisinha em arlequim. Há ainda a camisinha-confete, uma associação entre a forma arredondada da camisinha e a do confete.

Campanha "Sexo seguro é alegria geral" (1996)

Camisinha apetrecho sexual: é uma das principais identidades veiculadas. O pedido da moça ao namorado, em um dos filmes já comentados, parece sugerir alguma prática não convencional de sexo: "Usa, vai!", "Põe a camisinha, põe", é o que a voz feminina diz em sugestivo *off*. A campanha de carnaval de 1996 diz essa mesma camisinha "sem vergonha". A letra do *jingle* – "vira, vira, mexe e rola e bota a camisinha" – afirma que a camisinha potencializa a vivência do máximo prazer sexual:

Transcrição do áudio – Campanha "Sexo seguro é alegria geral" – *jingle*

[...] Sexo seguro/ O amor é total/ É forte/ É puro/ É alegria geral/ Vira, vira/ Mexe, rola/ E bota a camisinha/ Tem que ser assim/ Pra você entrar na minha

Como esse *jingle* é cantado por uma voz feminina, "tem que ser assim/ pra você entrar na minha" faz uma alusão direta à necessidade de que o pênis esteja devidamente (re)vestido para a penetração na vagina. Na lógica da persuasão publicitária, a presença da camisinha entre os amantes soa como garantia do orgasmo arrebatador para o casal. Na "vida real", a camisinha é, ao contrário, percebida como causa de grande incômodo para os amantes e instauradora de mais uma barreira para o gozo. Como mostraram as pesquisas do Ministério da Saúde, uma das reclamações dos cidadãos é "ter que dar aquela parada" para colocar a camisinha, isso "cortaria o tesão" (expressões citadas na pesquisa).

Em outra peça comunicativa, veiculada com o apoio do Ministério da Saúde no âmbito da Secretaria de Saúde de Brasília, a camisinha foi significada como camisinha-auréola, circundando a cabeça de um jovem que dirige um olhar insinuante ao destinatário do cartaz avermelhado. O posicionamento dado ao preservativo é o mesmo do apetrecho sexual à medida que o *slogan* "Não esqueça o seu anjo da guarda" sugere que os objetivos sexuais pouco angelicais do jovem serão realizados com o uso do preservativo.

Cartaz da campanha "Camisinha. O seu anjo da guarda". Secretaria de Saúde do DF, Governo do Distrito Federal (GDF) e Ministério da Saúde (anos 1990)

Sinteticamente, todos esses tratamentos dados à camisinha derivam de uma tipologia matriz: a **camisinha-logotipo**. A camisinha toma o próprio lugar da prevenção à aids, toma o lugar da própria aids; e muitas vezes, aparece nos cartazes no espaço geralmente ocupado pela marca do Ministério da Saúde.

Um exemplo bastante claro dessa interferência gráfica é a série de cartazes da campanha do "Bráulio", cujo *slogan* era "Viva com prazer. Viva o sexo seguro". A foto de uma camisinha, posicionada à direita do leitor, supostamente provocaria muito mais o olhar da recepção do que o logotipo do Ministério da Saúde; por isso o preservativo e não a logo do Ministério aparece no rodapé do cartaz, ao lado do *slogan*, lugar geralmente reservado para a identificação do anunciante.

Campanha "Viva com prazer, viva o sexo seguro" – cartaz (1995)

Como se pode avaliar esse ambiente de intimidade com a camisinha, largamente estimulado pela propaganda?

A publicidade, ao promover a camisinha como logotipo da aids, efetivamente a desloca do campo da saúde para o dos meios de comunicação. Um dos publicitários entrevistados, avaliando os méritos do seu trabalho, disse que, graças à publicidade, hoje, se alguém mostrar uma camisinha entre os amigos, ninguém mais sairá correndo, sentindo-se moralmente insultado. A propaganda pode ser tida, sim, a grande responsável pela naturalização e pela cotidianização do preservativo, porém não se consegue avaliar outros efeitos decorrentes

200   Aids anunciada: a publicidade e o sexo seguro

desse, à medida que o referido dado não pode ser determinante na avaliação do uso efetivo da camisinha pelos brasileiros. Ou será que, ao contrário, a maciça exposição da camisinha pode levar ao seu uso permanente?

Aids brasileira: o movimento enunciativo mais característico das campanhas do Ministério da Saúde é o "abrasileiramento" da aids. Diversas campanhas podem ser mencionadas nesse sentido, especialmente aquelas veiculadas no carnaval. São narrativas criadas pelas agências de publicidade brasileiras que refletem uma espécie de "espírito brasileiro", dos valores, dos sentimentos e das razões que fazem o brasil, Brasil.[2] O abrasileiramento da aids exibe a competência do discurso publicitário para (tentar) promover, na recepção, a adesão imediata. É na publicidade que as "zonas cinzas" da aids se convertem em certezas.

Na publicidade, a vivência da sexualidade e do erotismo, o modo de vida e os perfis epidemiológicos, sempre tão dinâmicos, são "congelados" por meio da categoria "público-alvo". Por tudo isso, a publicidade funciona como dispositivo de informação importante e tranqüilizante sobre a aids no Brasil.

Especialmente na tevê, a publicidade de prevenção à aids consegue promover a informação como se estivesse dentro dos lares. São 416 emissoras de tevê, a partir das geradoras, que recebem 60,4% dos investimentos em publicidade no país.[3] Nos anos 1980, mesmo por meio da veiculação de campanhas ética e esteticamente questionáveis, não se pode negar que a publicidade informou sobre a epidemia e agilizou a divulgação das informações disponíveis à época.

Ao longo dos anos 1990 e ao longo da emergência das nuanças cada vez mais múltiplas da epidemia de aids, parece que a essa vocação para gerar muita informação em pouco tempo e para longas distâncias não se juntaram muitas virtudes. Para cada informação, a mesma publicidade promoveria quase a desinformação. Em outras palavras, para além das suas possibilidades, os limites seriam mais evidentes: a publicidade só consegue falar de aids ao representar as relações humanas de um modo estereotipado. Isso aconteceu com evidência em uma campanha de 1999 cujo *slogan* era "Fale de Aids", na qual foram representadas relações cotidianas entre pais, mães e filhos. Os cenários eram poéticos, e os tons de voz, macios, para abordar a polêmica iniciação sexual dos adolescentes.

---

[2] DAMATTA, Roberto. *O que faz o brasil, Brasil?* 8. ed. Rio de Janeiro: Rocco, 1997.

[3] De acordo com o levantamento "A indústria da comunicação no Brasil", realizado pela Associação Brasileira das Agências de Publicidade (Abap) com base em números do Ministério das Telecomunicações/Mídia Dados de 2003 e Projeto Intermeios/Interscience.

Parte 3 – A aids anunciada

Aids emocionante: um dos filmes, aparentemente contextualizado em uma favela, mostra a mãe conversando com a filha, como se fosse uma psicóloga extremamente experiente diante de um tímido adolescente no divã. Se os diálogos entre pais e filhos fossem todos assim, se falar sobre sexo não fosse um diálogo tenso, e muitas vezes ausente, certamente o índice de gravidez na adolescência[4] não seria tão alto ou pelo menos seria mais fácil evitar sua incidência. As "cenas do cotidiano" produzidas nessa campanha, portanto, não poderiam soar mais publicitárias.

Filme da campanha "A prevenção começa pelo diálogo.
Converse, aprenda e viva sem Aids" (1999)

Trata-se de uma campanha do Ministério da Saúde, ao lado de diversas organizações governamentais e não governamentais no país, lançou o Dia Mundial de Luta contra a Aids com o tema proposto pela Unaids, Programa de Aids da Organização das Nações Unidas (ONU): "Escute, aprenda e viva". No Brasil, o *slogan* foi adaptado para "A prevenção começa com o diálogo. Converse, aprenda e viva sem aids", e as principais peças veiculadas foram dois filmes de trinta segundos e cartazes.

No mesmo tom estão os materiais gráficos que informam sobre a transmissão vertical (gestante), lembrando o modelo comunicativo publicitário "mamãe e bebê" que anuncia fraldas, cereais e papinhas.

---

[4] Cerca de 20% das crianças que nascem são filhas de adolescentes, dizem as pesquisas do BNDES. Seriam três vezes mais garotas com menos de 15 anos grávidas hoje em relação a década de 1970. Para consultar diretamente os documentos, acesse www.bndes.gov.br.

Ao fugir do discurso objetivo, o sentido publicitário desliza para uma fala emocional que, preocupada em posicionar a mensagem no coração do cidadão, desconsidera sua capacidade argumentativa. Após trinta segundos, a "emoção pra valer"[5] esvazia qualquer sentido, até que outra campanha episódica ofereça mais motivos para a comoção nacional.

Cartaz "Mamãe soropositiva e bebê" da campanha de prevenção à aids (anos 1990)

Outro exemplo "emocionante" de prevenção à aids foi a campanha "Crianças vivendo com Aids: o Brasil dá um abraço", em que dois atores infantis, um menino e uma menina, representaram duas crianças soropositivas

---

[5] Antigo *slogan* do refrigerante Coca-cola.

que, graças aos avanços científicos no controle da epidemia, estavam vivos e podiam experimentar o cotidiano de qualquer pré-adolescente: fazer a primeira barba e usar o primeiro sutiã.

O "primeiro sutiã" é um tema fortemente publicitário. De alguma forma, esse filme faz referência a uma campanha da marca Valisère, de 1987, cujo *slogan*, popularíssimo, "o primeiro sutiã a gente nunca esquece", faz parte da história da comunicação de massa no Brasil. É a auto-referência publicitária. Uma evidência da autonomia que o discurso publicitário assumiu.

Campanha "Crianças vivendo com Aids. O Brasil dá um abraço" (1997)

Essa autonomia conquistada permite, hoje, que as próprias campanhas anteriores de prevenção à aids também sejam referidas em campanhas recentes, numa espécie de auto-reciclagem. Assim aconteceu na campanha de carnaval do ano 2000, em que uma atriz jovem e negra, supostamente representando o grupo social mais vulnerável à aids, segundo as últimas pesquisas sobre o perfil epidemiológico, protagonizou um filme que citava a campanha "Se você não se cuidar, a aids vai te pegar". A atriz, nesse filme de 2000 que mobilizou a comunidade do movimento negro, pedia, na televisão, que o "cara" com o qual ela transou no último carnaval fizesse o teste de aids: ela descobriu-se soropositiva e não sabia se havia passado ou pegado o vírus. Na cena final, num *flash*, tão logo encerra sua fala, a atriz realizava um gesto que se pode nomear como "gesto de culpa": a atriz baixa a cabeça. Exatamente como o faz o paciente que "não teve cura" da campanha "Se você não se cuidar, a aids vai te pegar".

Campanha "Prevenir é tão fácil quanto pegar" (2000)

Ao chegar o ano 2000, o "mercado aids" já estava consolidado. Por isso, campanhas como "Onde está a aids?", radicalmente publicitária, puderam ser aprovadas e veiculadas.

O anúncio "Onde está a aids?" é obviamente inspirado na publicação lúdica *Onde está Wally?*,[6] que convida o leitor a procurar a personagem principal em diversos cenários coloridos e confusos. As ilustrações dessa publicação infanto-juvenil reproduzem um tumultuado cotidiano. O Ministério da Saúde tomou essa referência visual para representar a festa do carnaval, que é igualmente tumultuada. O anúncio veiculado pelo governo afirma que não há como saber onde está a aids, daí a necessidade do uso permanente do preservativo. A própria possibilidade de ancorar o anúncio em um *best-seller*, obra tão publicitária quanto a própria campanha, é um movimento significativo do discurso publicitário que se articula como hospedeiro de uma outra publicidade. O uso da referência de um determinado anunciante na publicidade do seu concorrente é amplamente explorado no mercado. Em um nível menos evidente, todo anúncio acaba por fazer referência a todo o sistema de objetos da sociedade de consumo. É a parasitagem fílmica da publicidade que permite a circulação de propagandas silenciosas.[7]

Elaborada para a festa popular do carnaval, essa peça pode simbolizar a realização plena da fala publicitária, à medida que, ao contrário das campanhas anteriores, não foi preciso argumentar, justificativar, explicar. Agora, tudo indica que as campanhas de prevenção à aids podem incrementar seu jogo de sedução com os públicos: a audiência já sabe o que é a aids e como evitá-la. Ou seja, a campanha pode ser auto-referente.

---

[6] No Brasil, *Onde está Wally?*, tradução do livro de Martin Handford, foi publicado pela editora Martins Fontes. A enorme aceitação do público infantil, desde o lançamento, justificou a ampliação da coleção e a geração de outros produtos editoriais com a imagem da personagem central do livro. Hoje, além de outros títulos da coleção, existem *pocket books* e cadernos de atividades.

[7] RAMONET, Ignacio. *Propagandas silenciosas*: massas, televisão e cinema. Petrópolis: Vozes, 2002.

Parte 3 – A aids anunciada

Campanha "Onde está a aids?" (2000)

Certamente, no ano 2000, já não há referências "realistas" na publicidade de prevenção à aids. O cartaz, o anúncio e o *folder* são totalmente compostos por desenhos.

Porém, o mesmo não se deu com a publicitária criação da personagem negra que assume a culpa pela infecção pelo HIV, pois alguns setores do movimento sentiram-se ofendidos com a escolha dessa atriz, e a ONG Associação Brasileira de Negros Progressistas, de São Paulo, entrou com uma liminar no Supremo Tribunal Federal (STF) para tentar suspender a veiculação da campanha sob acusação de racismo. Mais uma vez, a aids transbordou a publicidade.

A euforia não pode ser plenamente realizada, pois embora parte da campanha de aids seja confundida com qualquer outra campanha, a outra metade não consegue apreender a aids e derrapa na tentativa de determinar sua leitura na mídia, criando a polêmica em torno do filme.

Essas observações provisórias sobre movimentos enunciativos mais gerais da publicidade do Ministério da Saúde permitem afirmar que existe contribuição publicitária para evitar a disseminação do HIV. No entanto, evidenciam que os limites dessa contribuição são estreitos.

Em um dos filmes da campanha dirigida às mulheres, cujo *slogan* é "Seja viva. Evite a Aids", um grupo de cidadãs comuns pergunta, olhando para o telespectador, quando se pega e quando não se pega aids. Quem responde é uma voz masculina em *off*.[8] Em um dos filmes dessa campanha,

---

[8] Quem poderia ter tantas certezas sobre a epidemia? Quem poderia ser tão contundente em suas respostas sobre a aids? Quem poderia ser essa entidade escondida sob a estratégia do *off*?

não seria exagero afirmar que o reducionismo publicitário chega a provocar mesmo a desinformação:

Transcrição do áudio – Campanha "Seja viva. Evite a Aids"

Pergunta: Fazendo sexo pela vagina a gente pega?

Resposta: Pega.

Campanha "Seja viva. Evite a aids" (1997)

O reducionismo publicitário leva ao destinatário uma configuração de "sim" e "não" que não é compatível com as relativizações necessárias: sexo pela vagina pode transmitir o HIV, sim, se algum dos parceiros estiver infectado e se a relação ocorrer sem nenhuma precaução adequada, como o uso correto da "camisinha". Novamente, o destinatário é antecipado pela mensagem: os enunciadores apostam na compreensão do subentendido, no conhecimento da recepção sobre a lógica publicitária e no saber do telespectador sobre as formas de contágio da epidemia, que foram amplamente divulgadas pelos meios de comunicação ao longos dos anos. Para a publicidade reducionista, tanto faz se o pênis é "Bráulio" ou "peru", desde que o subentendido seja compreendido.

Considerando todos esses aspectos, pode-se concluir que os desafios postos ao discurso publicitário para dizer a aids não terminaram com o reconhecimento internacional do Programa Nacional de DST e Aids e com a profissionalização das campanhas publicitárias – conquistas que não podem ser diminuídas. Porém, para que a efetiva articulação entre os campos da comunicação e da saúde na prevenção da aids ocorra é preciso romper com o paradigma da mera instrumentalização e mesmo relativizar a avaliação das ações sob o rótulo do "sucesso", especialmente no que se refere às campanhas.

Com a atuação mais presente das ONGs, o processo de aprovação das campanhas publicitárias ficou mais visível. Daí a conseqüente visibilidade das críticas, das polêmicas e dos impasses, sempre previstos em uma negociação dos sentidos, mas que sempre estiveram ocultos, invisíveis aos olhos da população

Parte 3 – A aids anunciada

em geral quando se tratava de negociações de sentido entre grandes anunciantes e seus publicitários. Todo cidadão passou a ter uma opinião sobre a publicidade de aids, e as instituições organizaram-se para legitimar esse direito de ter opinião sobre elas. Hoje, interferem diretamente sobre os roteiros e idéias propostos pelas agências de publicidade e sobre o resultado final. Há sempre a polêmica (esperada) no tratamento público de assuntos privados como sexo, sangue, vida, solidariedade e morte – que são a própria identidade da epidemia.

Um exemplo mais recente desse "direito adquirido" foi a intervenção da ONG do Fórum Nacional de Luta contra a Aids, que, em fevereiro de 2003, solicitou o cancelamento da veiculação de um filme de prevenção à aids do Ministério da Saúde que ainda não estava no ar e ainda não havia sido finalizado, por meio de um ofício ao ministro da Saúde, Humberto Costa. Tratou-se de um filme estrelado pela cantora *pop* Kelly Key, famosa pelo *hit Baba baby*. De acordo com o roteiro aprovado pelo Programa Nacional de DST e Aids, a cantora entraria em uma farmácia na qual os vendedores, "babando" pelo seu corpo escultural, tentariam adivinhar o que ela estaria procurando ("um batonzinho para aquela boquinha", "condicionador para o cabelinho", "hidratante para aquele rostinho"). Kelly Key, dirigindo-se aos vendedores, perguntaria: "Escuta, onde vocês colocaram as camisinhas, hein?" O filme gerou resistência por promover valores e identidades consumistas que não seriam desejáveis para uma comunicação com as jovens, público da campanha. Consta do ofício, divulgado pela grande imprensa, que "Kelly Key propõe pseudoliberdade sexual, onde o homem é oprimido e a mulher é opressora [...] Não é uma imagem fútil e machista que queremos apresentar para a sociedade".[9] A entidade propôs que se não houvesse tempo para a realização de um novo filme, tendo em vista que a veiculação prevista deveria iniciar-se naquele mês, o Ministério da Saúde deveria utilizar uma campanha antiga, já veiculada em outros anos durante o carnaval.[10]

---

[9] *Correio Braziliense.* "Usa, *baby*: ativistas pedem que o governo cancele a nova campanha de prevenção à Aids protagonizada por Kelly Key." Capa. Saúde. Carnaval. Reportagem de Ulisses Campbell e César Henrique Arrais. Brasília, 6 fev. 2003.

[10] De acordo com o boletim *Saúde reprodutiva na imprensa* (de 1º a 15 de fevereiro de 2003), citando matérias dos principais jornais paulistas, as ONGs/Aids não foram ouvidas sobre a escolha de Kelly Key, e os integrantes do Fórum de ONGs/Aids alegam que o Ministério da Saúde excluiu a sociedade civil organizada do processo de elaboração da campanha, ao contrário do que acontecia nos anos anteriores, e não passou pela Comissão Nacional de Aids antes de ser aprovada. Outra nota no mesmo boletim afirma que o ministro da Saúde à época, Humberto Costa, reconheceu que houve falha na comunicação com os movimentos sociais e a assessoria do Programa Nacional de DST e Aids também reconheceu o erro, pedindo desculpas formalmente às ONGs/Aids e informando que episódio semelhante não voltaria a acontecer. Disponível em: <http://www.redesaude.org.br/html/body_boletim-01a15fev-2003. html#d1>.

Campanha "Mostre que você cresceu e sabe o que quer.
Neste carnaval, use camisinha" (2003)

Na avaliação do Ministério da Saúde, que gastou cerca de R$ 4 milhões nesta campanha, a participação da cantora busca a identificação rápida com as adolescentes, que seriam estimuladas a ter mais autonomia na vivência da sua sexualidade.[11] Mais uma vez, as disputas de sentido sobre a aids entre governo e sociedade civil travaram-se na publicidade.

Outro exemplo da atuação da comunidade de aids na gestão das campanhas publicitárias do Ministério da Saúde. Trata-se da campanha veiculada em 2002 sobre o tema "homens que fazem sexo com homens".

Dirigida à população em geral, a campanha publicitária foi composta por filme para veiculação na TV ("Respeitar as diferenças é tão importante quanto usar camisinha") e no cinema ("Fantasias", produzido pela CE-DST/Aids de SP), além de anúncio em revistas de grande circulação e intervenção direta de oitenta grupos de homossexuais que distribuíram material de prevenção, cartazes; filipetas; adesivos; chaveiro para sauna. Entre outras ações, profissionais de saúde foram sensibilizados para a aceitação das diferenças de orientação sexual, contra o preconceito e pela prevenção às DSTs e à aids.

O objetivo imediato do filme era pautar o direito à diversidade sexual, sendo a primeira realização de comunicação na mídia desvinculada da ordenação enfática do uso da camisinha. De cunho educativo, o filme mostrava o cotidiano de uma família absolutamente convencional, o modelo das cenas do cotidiano afirmando-se, mais um vez, como o modelo enunciativo mais produtivo para a publicidade de prevenção à aids.

---

[11] "De acordo com o então secretário de Comunicação do Ministério, Laércio Portella, Kelly Key, foi escolhida por sua identificação com as adolescentes. 'Ela veio do subúrbio, subiu na vida, faz sucesso e tem uma atitude proativa. As adolescentes se identificam com ela e precisamos de um resultado rápido', justifica. [...] O roteiro do filme foi aprovado por Humberto Costa [ministro da Saúde], que ainda não o assistiu: 'Ainda poderemos fazer modificações', admite Portella". *Correio Braziliense*. Capa. Saúde. Carnaval. Reportagem de Ulisses Campbell e César Henrique Arrais. Brasília, 6 fev. 2003.

Parte 3 – A aids anunciada

Neste filme, um rapaz bate à porta, e a câmera mostra, rapidamente, no ambiente interno da casa, o rosto de uma menina. A leitura da imagem pode permitir a compreensão de que se trata de um namorado procurando sua amada. No entanto, o garoto que bate à porta procura o namorado, ou seja, o irmão da garota. Ao longo da história, o telespectador toma conhecimento de que a relação entre eles acabou porque o rapaz teria se recusado a usar camisinha. No quarto, frágil como todo jovem apaixonado, o filho homossexual recebe o apoio dos pais, que o incentivam a não receber seu ex-parceiro: "Você vai encontrar alguém que te mereça".

O índice de lembrança dessa campanha foi de 69%, de acordo com a pesquisa do Núcleo de Estudos para a Prevenção da Aids (Nepaids/Criterium – avaliação de políticas públicas).

A representação radicalmente nova do homossexualismo na mídia, tão distante das primeiras manchetes sobre aids no Brasil, fecha um importante ciclo. O tema nunca havia sido pautado com tanta clareza na publicidade. Essa campanha demonstra com muita força que, ao longo dos anos, se tornou impossível para o governo, pelos direitos sociais conquistados pelos soropositivos, pela ação da comunidade de aids e pela sociedade civil como um todo, avançar qualquer projeto comunicativo de representação social em aids sem o agendamento de debates, discussões, conferências e sem reconhecer a atuação das entidades representativas.

Campanha "Respeitar as diferenças é tão importante quanto usar camisinha" (2002)

Tudo isso abalou radicalmente o processo estabelecido de elaboração das campanhas publicitárias. Os publicitários, treinados para convencer apenas um cliente da importância da solução criativa apresentada por eles, precisaram legitimar seu saber diante de uma comunidade atenta e crítica em relação às armadilhas da propaganda. Os mesmos publicitários treinados para reuniões-*show*, onde são apresentadas as peças da nova campanha a um cliente boquiaberto com a *performance* do profissional de atendimento, precisaram enfrentar a vigilância nacional e internacional sobre os custos e os conteúdos, precisaram repensar o uso de estereótipos, participar de polêmicas reuniões na Comissão Nacional de Aids ao lado de travestis, garotos-de-programa, médicos, sociólogos, educadores. Nem sempre as reivindicações desta entidade da sociedade civil foram atendidas pelo Ministério da Saúde e pelo ministro, efetivas "palavras finais" sobre as campanhas que podem ser veiculadas, afinal, eles é que estão autorizados a definir qual é a cara da aids que o Brasil precisa ver e mostrar; ainda assim, mesmo sem voto, a Comissão Nacional de Aids, exigiu dos profissionais da publicidade o diálogo com os excluídos e o respeito por eles em seus anúncios.

A partir das campanhas de prevenção à aids, as fórmulas publicitárias foram questionadas de modo singular, e o (in)sucesso do "Bráulio" é capital nesse sentido. Também não funcionaram as convocações imediatistas, ao contrário do que acontece nas campanhas de vacinação, nas quais a contabilização do número de pessoas que foram aos postos de saúde pode, em certa medida, ser parâmetro para avaliar o resultado da comunicação. O "use camisinha", ao contrário, embora se tenha tornado uma expressão popular, não pôde ser relacionado diretamente aos índices de infecção pelo HIV. As vítimas do HIV/Aids também não puderam ser ridicularizadas e culpadas pelos seus atos, como acontece nas campanhas de sabão em pó, em que a sujeira é representada como vilã, uma estética que se reproduz nas campanhas contra a violência no trânsito (o bêbado é um assassino) e nas campanhas de prevenção às drogas (o drogado é burro, como sugere um anúncio da "Parceria contra as drogas").

Em outras palavras, a aids sempre transbordou ideologicamente a publicidade. Diante desse fenômeno, como pensar sobre o que está para além das bordas?

Este exercício de análise crítica, revendo as percepções que constituíram a trajetória da pesquisa, esboça um desenho assimétrico de perguntas e respostas com mais perguntas: a aids também está para além dos limites deste livro. Algumas pistas, todavia, acenam com novas possibilidades para a comunicação publicitária de prevenção da aids. Os limites da propaganda precisam

Parte 3 – A aids anunciada

ser contemplados, o que não significa que a sociedade precise deixar de contar com essa força comunicativa, principalmente no que se refere à promoção dos interesses públicos.

O que se torna necessário é uma publicidade que ofereça algo mais que *slogans*, cenários, clichês. Como materializar essa publicidade ideal? Talvez seja possível experimentar novas formas de encaminhamento da realização de campanhas publicitárias. Talvez estruturando um outro espaço de criação e produção das peças gráficas e eletrônicas, instituindo uma rotina de produção que não seja tão subserviente à dinâmica do *marketing*.

Também poderia ser implementado um grande projeto que partisse da avaliação da efetividade das estruturas atuais de comunicação no governo federal para pensar e responder às necessidades comunicativas da área de saúde.

Um retorno ao sentido de publicização que remonta às origens do fazer publicitário se impõe. Não podendo ser "criativa", que a publicidade seja pelo menos útil ao informar. Na sua euforização sem limites, a publicidade esquece do seu referente e torna-se auto-referente. O foco comunicativo não só das políticas de prevenção à aids mas também de toda a comunicação pública não deve estar na forma publicitária, ainda que a premiação nos festivais projete internacionalmente a imagem do governo brasileiro.

Em seus depoimentos, os publicitários deram pistas da necessidade de mais tempo, de mais conhecimento específico e maior vivência do tema dos impasses da aids para que o trabalho final, efetivamente, possa estar (mais) comprometido com as demandas sociais.

O que fica pressuposto nessa discussão sobre a aids que é anunciada é a urgência da consolidação de um campo multidimensional de objetos comuns entre a Comunicação e a Saúde. Para que se possa escapar da mera instrumentalização dos saberes, é necessário que a comunicação seja entendida como instância gestora das políticas públicas de saúde.

Conclusão
Idéias para continuar – 2000 a 2005

A epidemia começou a ser anunciada pela imprensa por meio de manchetes impactantes, verdadeiros *slogans*. Periódicos de todos os formatos (jornais, revistas semanais, *fait-divers*) e a mídia eletrônica (rádio e televisão, principalmente, telejornais) disseram que a "peste *gay*" existia e estava devassando o meio artístico nos Estados Unidos. No começo dos anos 1980, o olhar latino-americano assustado voltou-se para as mortes de Rock Hudson e, logo depois, fitando o território nacional, do costureiro Markito, do ator Lauro Corona e do músico Cazuza. "Aids" tornou-se a "doença" do outro e a "doença" dos artistas. Quando se iniciaram as campanhas publicitárias do Ministério da Saúde, no final da década de 1980, já havia um cenário, um nome e um batismo para a aids: ela era a própria sentença de morte. Rostos emagrecidos, hospitais, depoimentos contundentes de pessoas infectadas pelo vírus foram mostrados na televisão por meio de campanhas impactantes. São desse período as campanhas que falam em "preservativo de borracha" e morte.

No começo dos anos 1990, uma outra fase da comunicação publicitária oficial teve início, com a organização institucional do Ministério da Saúde, com o Programa Nacional de Prevenção às DST/ Aids, buscando responder à demanda por uma maior participação da sociedade civil. Em meados dos anos 1990, mas principalmente no final da década, com o reconhecimento internacional das respostas políticas e econômicas do Ministério da Saúde, a parceria com o Banco Mundial é firmada, e o governo profissionaliza suas relações com o mercado publicitário: agências são licitadas para "atender à conta da aids" e a Assessoria de Comunicação começa a funcionar. Não se fala mais em "camisa-de-vênus", e a "camisinha" torna-se, aos poucos, a própria aids. Essa massificação, porém, não garantiu na recepção a apropriação das mensagens, e a "campanha do Bráulio" questionou o descompasso entre "estímulo" da campanha e "resposta" da população.

Apesar das polêmicas e da difícil negociação sobre a forma e o conteúdo das campanhas, a aids foi sendo cada vez mais anunciada.

Os filmes e os cartazes veiculados entre os anos de 1980, 1990 e 2000 mostram que o esforço foi o de anunciar a aids como se fosse iogurte, isto é, a partir das mesmas configurações discursivas exploradas para anunciar mercadorias. No entanto, os depoimentos dos publicitários envolvidos com a comunicação da prevenção à aids e dos profissionais do Ministério da Saúde, a vivência do cotidiano da ONG de aids, a análise das campanhas veiculadas, todas essas fontes de pesquisa permitiram a compreensão de um aspecto estruturante para o debate sobre a questão estética e a ética das campanhas: a publicidade pode mesmo converter a aids em produto e chega mesmo a fazê-lo em diversos momentos das campanhas; entretanto, apesar de articular toda sua gramática discursiva, parece que a publicidade não consegue anunciar plenamente a aids nos mesmos termos de outros referentes já (des)configurados pela fala da propaganda; e o objeto aids, ao mesmo tempo em que é enquadrado, resvala e liberta-se do discurso midiático.

Será que a aids é um objeto tão radicalmente novo capaz de subverter a autoridade publicitária?

O que impede que a aids seja realizada como um signo publicitário estável é a trajetória social da epidemia. Por isso, disseram os publicitários, a aids não está sendo anunciada como a publicidade pode, precisa e deve fazer, segundo acreditam, embora as campanhas do Ministério da Saúde permaneçam sendo veiculadas.

E se a verba destinada às campanhas fosse investida na assistência aos pacientes e no financiamento de projetos regionais? Não seria mais adequado redirecionar esses recursos? Ou a ausência do "anunciante" Ministério da Saúde poderia ser compreendida pela população como sinônimo de inexistência de ação social do governo e inexistência da própria aids?

Investimentos em campanhas de prevenção à aids no Brasil podem ser justificados como forma de assegurar a visibilidade das ações do governo e a visibilidade da epidemia: a aids existe porque e quando é anunciada.

Aparentemente, a publicidade conseguiu configurar a aids de acordo com sua lógica, consagrada na divulgação dos interesses comerciais. Para além das máximas, dos *slogans* e dos depoimentos, no entanto, muito há por ser dito, mostrado e representado; nem todos se reconhecem na oferta comunicativa do Ministério da Saúde, como as ONGs, como os cidadãos que criam suas próprias máximas, elegem suas "autoridades" anônimas, membros da comunidade, para buscar informações; gente mais parecida, mais próxima, que também experimenta papéis sexuais multifacetados, mais dinâmicos que as homo ou hetero definições. Cidadãos que perguntam como "pega e não pega", mas querem e precisam saber de outras coisas; no entanto, os agentes de *marketing* não podem ouvi-los porque estão reclusos em seus escritórios, alienados do pulso da vida.

Conclusão – Idéias para continuar – 2000 a 2005

Por tudo isso, o objeto "aids" (ainda) não cabe na publicidade.

A aids que é anunciada não fala e não pode falar das ruas, dos hábitos e das contradições do povo, do sexo vivido nos recônditos urbanos. O que é mostrado é apenas o produto da fala da mídia, que se deseja vencedora na disputa por qualquer dizer, seja sobre a aids, seja sobre a política, qualquer referente. Cada vez mais a mídia tem se afirmado como a última e definitiva voz a nomear, a classificar, a dar existência, a batizar. No que se refere à aids, esse território tenso, polêmico, portanto discursivo, nem a medicina, fala autorizada pelo seu saber legítimo, conseguiu assegurar a palavra final: a imprensa e a publicidade é que tentam ditar a epidemia e criar sua face possível por meio dos seus enunciados.

Por tudo isso, compreender a aids que é dita pelos meios de comunicação é tentar compreender o lugar desses meios na sociedade globalizada, na qual a visibilidade na mídia constitui parâmentro e pressuposto comunicativo. Tudo está e precisa estar exposto e, assim, "cumpre-se" responsabilidades sociais por meio da visibilidade total.

E se não houvesse campanha? E se a aids não mais fosse anunciada?

Se houvesse uma rarefação de notícias no trabalho dos *media*, a Aids paralisaria, uma vez que ela somente existe em vários domínios discursivos, dentre eles o mediático, que lhe confere, portanto, uma das dimensões de sua existência social. Não seria esta uma instigante hipótese de trabalho?[1]

A aids que "existe" é uma epidemia que se configura para além dos fluidos sexuais, no fluxo dos dizeres; para além das disputas de poder no jogo da relação sexual e das disputas do poder político, econômico, religioso. Enfim, uma epidemia que se configura a partir dos sentidos atribuídos a ela em diferentes campos, a partir de diferentes saberes, nenhum deles conseguindo "ancorar" o sentido da aids, mas reservando aos meios de comunicação a possibilidade de determinar largamente suas possibilidades de sentido. Aqui é a própria noção de discurso que emerge: incompletude dos sentidos e, portanto, eterno movimento dos signos e dos significados, sempre implicando relações de poder sobre o dizer:

Sabemos que todos os processos de transmissão de conhecimentos são institucionalmente mediatizados, *grosso modo*, por protocolos e técnicas de comunicação. A Aids é também mediatizada por vários outros nichos (saúde, por exemplo),

---

[1] FAUSTO NETO, Antônio. Aids e comunicação: repensando campanhas e estratégias. *Revista Lugar Comum: Estudos de Mídia, Cultura e Democracia*, Rio de Janeiro, n. 1, UFRJ, Nepcom, Nova Fronteira, p. 141, mar. 1997.

216 Aids anunciada: a publicidade e o sexo seguro

através de dispositivos e protocolos do discurso da informação ou, no limite, por certas estratégias mercadológicas. Vemos que a atualidade dos *media* é também alimentada por fatos novos, construídos e liberados por fontes técnicas que desenvolvem relacionamentos com o processo de produção dos *media*. Estes, por sua parte, transformam os discursos vindos de outros campos em suas regras discursivas, submetendo-os à noção de atualidade.[2]

Embora os outros campos e saberes mantenham uma relação contínua de reenvio e reelaboração junto aos meios de comunicação, e os sentidos da aids possam ser e sejam vários, dois campos tornam-se as autoridades mais evidentes quando se trata das campanhas de prevenção: o campo da saúde e o campo da comunicação.

Poderia haver um só campo "saúde e comunicação"? A adoção do modelo comunicativo das campanhas, como acontece na prevenção da aids, indica que esses dois campos estão dialogando?

Nesse sentido, é válido citar alguns trechos do comentário de Carlos Alberto Messender Pereira, decano do Centro de Filosofia e Ciências Humanas (CFCH) da UFRJ, publicado na "orelha" do livro *Saúde e comunicação: visibilidades e silêncios*, edição brasileira que reúne de modo inédito diversos artigos dedicados inteiramente à discussão da (con)fluência desses dois campos:

Nos dias atuais, a definição ou mesmo a reflexão em termos de políticas e estratégias passa, necessariamente, pelo campo da comunicação. Se isso é verdadeiro de um modo geral, tanto mais o será quando nos vemos diante de um tipo de saber e de prática – como acontece no caso da área da saúde – que lida diretamente com áreas de comportamento extremamente carregadas de significados não apenas densos e profundamente arraigados, mas freqüentemente contraditórios e marcados por intensa disputa no plano do estabelecimento de hegemonias.

[...] Assim, o fundamental não é mais simplesmente dominar as técnicas ou tecnologias de comunicação, mas compreender o real estatuto e o peso da *informação* na sociedade hoje, bem como poder se mover, com relativa agilidade, na intrincada *rede de discursos e contradiscursos* através da qual e sobre a qual se constrói a "solidez" de nossa sociedade contemporânea. Falar por exemplo de "doença", "saúde", "prevenção", "corpo" e mesmo "medicamentos" – tópicos com os quais os profissional da área de saúde têm necessariamente que lidar – significa tocar em aspectos da vida social e cultural capazes de provocar reações (conscientes e inconscientes) as mais diferenciadas e de intensidade não menos variável.

---

[2] FAUSTO NETO, Antônio. *Comunicação e mídia impressa*: estudo sobre AIDS. São Paulo: Hacker, 1999. p. 144. (Comunicação).

Conclusão – Idéias para continuar – 2000 a 2005

[...] Estamos não apenas diante de categorias, de representações, mas fundamentalmente diante de categorias e de representações que se articulam em *discursos*, os quais, por sua vez, articulam-se em complexas *redes,* caracterizando diferentes *estratégias de comunicação.*

No prefácio do mesmo livro, o texto escrito por Maria Cecília de Souza Minayo é um atestado da (ainda) frágil relação travada entre os campos "saúde" e "comunicação":

Neste prefácio, coloco-me como leiga no assunto, mas como uma inquieta indagadora dos reais poderes e possibilidades deste grande fenômeno do século XX, os aparatos de comunicação e informação. No meu modo de ver, esta coletânea se constitui num passo decisivo para a qualificação de um campo interdisciplinar – comunicação e saúde, capaz de complexificar e desvendar as relações e reais possibilidades de criação de um saber interessado para ambas as áreas de conhecimento.

[...] todo mundo sabe que a propaganda veiculada pela mídia é enganosa, e se ela seduz é porque nos transporta para um mundo de fantasias que nós mesmos desejamos. A realidade geralmente é dura e decepcionante, insinua, portanto, que há uma cumplicidade entre leitor, ouvinte e espectador que não permite falar simplesmente em manipulação.

[...] introdução do exercício maduro sobre o sentido da interação entre saúde e comunicação.

[...] junto com o sexo, o dinheiro e as transgressões em todos esses temas, SAÚDE E DOENÇA parecem ser objeto privilegiado nos meios de comunicação de massa. [...]

Enfim, a complexidade da interação do campo teórico da COMUNICAÇÃO E SAÚDE, espaço de infinitas possibilidades e contradições, está a esperar respostas menos simplistas, menos negativas e mais propositivas de ambos. A tentativa de superar maniqueísmos e mapear objetos de trabalho comuns, dentro de uma perspectiva crítica e criadora, fortalece a iniciativa desta obra[3] [destaque, da autora].

Para a constituição sólida de um campo de reflexões propositivas sobre comunicação, mídia e saúde, diversos aspectos precisam ser pontualmente abordados. Há muito trabalho a ser feito, considerando que essas discussões

---

[3] MINAYO, Maria Cecília de Souza. Prefácio. PITTA, Áurea M. da Rocha. *Saúde e comunicação*: visibilidades e silêncios. Rio de Janeiro: Hucitec, 1995. p. 3-6.

218 Aids anunciada: a publicidade e o sexo seguro

se estruturaram apenas a partir da segunda metade dos anos 1980, como informa Áurea Maria da Rocha Pitta (1995):

Tais preocupações emergem, no entanto, num cenário de transformações que não se limitam às dimensões político-institucionais do tema, mas a movimentos mais amplos que se repercutem nos espaços institucionais da saúde. É neste contexto que emergem, não apenas no Brasil, mas em diferentes países da América Latina, debates sobre novas formulações teóricas e metodológicas em comunicação, estimuladas pela crise de seus modelos teóricos tradicionais.[4]

A pesquisadora situa a ocorrência da epidemia de aids e das campanhas publicitárias de prevenção como um dos marcos mais significativos no Brasil do aquecimento do debate acerca dos campos comunicação e saúde:

Paralelamente, o advento da Aids no Brasil – também na década de 1980 –, a estreita relação entre o processo de disseminação da epidemia e diferentes padrões da socialidade, as polêmicas em torno da eficácia das campanhas institucionais e os desafios impostos pela avaliação de experiências no campo da prevenção e da promoção à saúde em geral abrigam a busca de novas leituras e proposições, menos simplistas, das relações entre os campos da saúde e da comunicação.[5]

Buscar esse diálogo significa, diz a autora, "aproximar dois campos de práticas e de investimentos teórico-metodológicos bastante complexos" e também deslocar a chamada "comunicação e saúde" dos "limites de seu fazer instrumental para o espaço da reflexão interdisciplinar". Trata-se de um deslocamento que solicita cuidado, na medida em que implica ruptura com determinados modelos cristalizados nos dois campos, principalmente no que se refere aos esforços de prevenção.

De acordo com Gina Dallabeta, autora da publicação técnica *Controle de doenças sexualmente transmissíveis: manual de planejamento e coordenação de programas*, da qual também são autores Maria Laga e Peter Lamptey, os esforços de comunicação na prevenção de doenças sexualmente transmissíveis sempre estiveram baseados no modelo de tratamento clínico. Isso significa dizer que a comunicação interpessoal e não a comunicação de massa sempre foi a estratégia mais importante nos programas de controle e prevenção. A autora afirma que a forma da abordagem interpessoal "é particularmente efetiva no

---

[4] PITTA, Áurea M. da Rocha. Introdução. *Saúde e comunicação*: visibilidades e silêncios. Rio de Janeiro: Hucitec, 1995. p. 5.

[5] Ibidem.

Conclusão – Idéias para continuar – 2000 a 2005

sentido de influenciar mudanças de atitudes e comportamentos"[6] e dedica um capítulo exclusivo em seu manual sobre o tema da prevenção de DST, indicando a educação pontual dos pacientes como o modelo mais adequado de comunicação para a saúde. No entanto, apesar de ressaltar a potencial eficácia da comunicação interpessoal para instaurar um comportamento preventivo, a autora reconhece que o ambiente clínico é de acesso excessivamente restrito. Como então alcançar as pessoas que estão fora do ambiente clínico?

Para esse desafio, a resposta seria "os meios de comunicação de massa", diz Dallabeta. Ela reconhece a força peculiar dos meios de comunicação, mas lembra, porém, que no histórico da prevenção das DST, os valores e os conceitos ampliados pelos meios de comunicação de massa estigmatizaram determinados públicos e reforçaram a discriminação:

Em geral, as mensagens foram fundamentadas no medo e não ofereceram incentivos suficientes para que o público-alvo alterasse seu comportamento. Algumas mensagens estigmatizaram certos grupos e deram falsa segurança para outros, que não consideraram em correr o risco de contrair DST.[7]

Um dos exemplos mais interessantes citados diz respeito às campanhas de prevenção contra as DST que teriam sido realizadas durante a I Guerra Mundial entre os militares norte-americanos:

Nos cartazes das campanhas, as DVs[8] eram com freqüência retratadas como mulheres, e mulheres "liberadas" eram caracterizadas como uma ameaça aos soldados.

Estas campanhas também espalharam a mensagem de uma sentença moral contra aqueles que contraíam DVs. Assim, num esforço para escapar à identificação, muitos indivíduos não procuravam cuidados médicos, com freqüência se voltando para remédios caseiros. O poderoso estigma associado às DVs era reforçado pelos meios de comunicação de massa, vindo a significar uma limitação à capacidade tanto do público quanto dos profissionais da medicina de responder eficazmente à doença.

A autora identifica os meios de comunicação como multiplicadores das conotações sociais herdadas e só reconhece a atuação dos meios como eficaz quando as intervenções são combinadas com a comunicação interpessoal.

---

[6] DALABETTA, Gina; LAGA, Maria; LAMPTEY, Peter. *Controle de doenças sexualmente transmissíveis*: manual de planejamento e coordenação de programas. Rio de Janeiro: Te Corá, 1997. p. 61.

[7] Ibidem, p. 63.

[8] DVs, abreviatura de "doenças venéreas".

220 Aids anunciada: a publicidade e o sexo seguro

Em outras palavras, a participação dos meios de comunicação de massa nos programas de controle e prevenção das DST – pode-se avaliar que também da aids – não teria outro objetivo além de incrementar os esforços de comunicação interpessoal. É exatamente desse ponto que parte a pesquisadora Áurea Pitta em um artigo escrito a quatro mãos com a pesquisadora Janine Cardoso, ambas vinculadas à Fiocruz. As autoras refletem sobre comunicação e prevenção da aids e, embora não citem nem esse nem outro trabalho dos autores mencionados, criticam, como eles, o lugar ocupado pelos meios de comunicação na promoção da saúde. Dizem as pesquisadoras da Fiocruz:

Desde meados da década de 80, as campanhas publicitárias firmaram-se como principal estratégia de comunicação para a prevenção da Aids por parte do governo federal. No entanto, a cada campanha veiculada diferentes grupos manifestam descontentamento por não se sentirem contemplados ou não se identificarem com os discursos preventivos veiculados e passam a reivindicar a inclusão de traços de sua cultura na produção oficial.[9]

Aparentemente, os dois textos dialogam, na medida em que tanto Dallabeta quanto Pitta e Cardoso relativizam a importância dos meios de comunicação de massa na comunicação dos programas de prevenção. Falam de lugares bastante distintos (parte das autoras é oriunda do campo médico, a outra parte da área de pesquisa em saúde e em comunicação), no entanto convergem para o mesmo ponto de vista: os meios de comunicação não podem pretender ofertar *o* sentido, pois essa busca da hegemonia simbólica leva ao esvaziamento dos sentidos que circulam na vida cotidiana – esses, sempre passíveis de resgate pelos projetos alternativos de comunicação interpessoal. Certamente, há desequilíbrio entre a circulação do sentido ofertado pelos meios de comunicação de massa e pela conversa cotidiana – a mensagem massiva sempre faz maior alarde; mas isso não significa que os sentidos tenham de se movimentar apenas na trilha aberta pela indústria cultural. São os atalhos, por outras formas de comunicação, que podem e devem ser explorados em esforços como o da prevenção em saúde.

Outro pesquisador, Arlindo Castro, em seu artigo "Televisão e Aids: questões para o planejamento", também critica o desempenho dos meios de comunicação no campo da saúde. O autor comenta algumas decisões estratégicas que deveriam ser levadas em conta na utilização do meio tevê como esforço comunicativo de prevenção à aids. Uma das críticas iniciais apontadas por ele é justamente o sinônimo construído pelo mercado dos meios

---

[9] *Boletim do Gapa-Bahia*. Salvador, n. 30, jan./fev./mar./abr., 1999.

Conclusão – Idéias para continuar – 2000 a 2005

de comunicação entre televisão e campanhas educativas, como se a sociedade dependesse exclusivamente da indicação de certo e errado da mídia para elaborar suas impressões e certezas. Mesmo no espaço televisivo, diz ele, não há como creditar apenas às campanhas publicitárias tal competência discursiva:

Quando se pensa em como a televisão pode contribuir para a prevenção da Aids e para o combate à discriminação de portadores do vírus e aidéticos,[10] há uma tendência a se pensar de imediato em campanhas publicitárias educativas. Entretanto, a TV produz diversos tipos ou gêneros de discursos sobre a enfermidade que interatuam ou dialogam permanentemente entre si, tanto na tela como nas cabeças dos telespectadores e telespectadoras.[11]

Ao referir-se às campanhas de prevenção, Arlindo Castro define-as como publicidade de serviço ou utilidade pública, que é a definição atualmente utilizada pela Secretaria de Comunicação e Estratégia de Governo (Secom)[12] para a publicidade realizada e financiada com a verba dos ministérios. Traçando um paralelo entre esse tipo de campanha e uma campanha destinada à circulação das mercadorias, o autor parte do pressuposto de que esse rótulo não modifica em nada a configuração das mensagens:

No mundo da publicidade, costuma-se dizer que esta não vende o produto, apenas motiva os consumidores a procurar ou a ter uma atitude favorável a determinada marca. Por exemplo, vou ao supermercado comprar um certo detergente cuja publicidade chamou minha atenção. Quando estou diante da gôndola, descubro que aquele detergente é o mais caro e decido comprar outra marca. Esta situação aparentemente simples serve para ilustrar como a efetiva decisão de comprar um produto é informada por muitas variáveis. [...]

As coisas não ocorrem de modo substancialmente diferente com as campanhas publicitárias de serviço ou utilidade pública, entre as quais estão as campanhas contra a Aids.[13]

Ele afirma que a força publicitária é menos contundente do que se imagina, pois tem sua força persuasiva diluída no conjunto dos componentes

---

[10] Não se pode deixar de observar que um artigo engajado justamente na luta contra a discriminação dos portadores de HIV/Aids utiliza a polêmica expressão "aidético", largamente recusada pela comunidade de aids, como já mencionado.

[11] CASTRO, Arlindo. Televisão e Aids: questões para planejamento. *Saúde e comunicação*: visibilidades e silêncios. São Paulo: Hucitec; Abrasco, 1995. p. 166.

[12] Disponível em: <www.planalto.gov.br/secom>.

[13] Ibidem, p. 167.

mercadológicos que asseguram a circulação das mercadorias (como preço e distribuição) nas decisões privadas do cidadão-consumidor (interesse no produto anunciado) e na realidade social construída. Ou seja, comprar um detergente e usar camisinha não são resultados obtidos apenas pela via publicitária:

Uma mensagem recomendando o uso da camisinha pode ser eficiente, bem feita, mas isto não assegura que o consumidor vá comprar o produto. Mesmo concordando com a idéia de sexo seguro, ele ou ela podem continuar a correr riscos na sua vida sexual; assim como um acúmulo de mensagens pode levar a mudanças de comportamento. Ou seja, a eficácia de um comercial varia de uma pessoa para a outra, pois nenhuma mensagem é processada pelo espectador independentemente de outras mensagens, todas disputando a atenção de cada um ou cada uma, e separadamente de outros fatores individuais e sociais.[14]

Indicando estratégias para realizar uma campanha de prevenção à aids que compense ou resolva as questões apontadas, Arlindo Castro destaca os seguintes tópicos a serem considerados no planejamento cuidadoso:

- definição do público-alvo;

- abrangência da mídia escolhida;

- formatos discursivos;

- freqüência de veiculação das mensagens;

- citações de situações legitimadoras da aids (imagens e depoimentos verídicos de pacientes terminais) para evidenciar o grave problema de saúde pública que a aids significa.

O autor encaminha uma sugestão de estratégia que parece estar endereçada aos realizadores das campanhas, pois propõe a inclusão de diálogos e ações relacionadas com a aids em programas de ficção como as telenovelas; mas logo faz autocrítica dessa sugestão, reconhecendo que a sociedade é permanentemente pautada pelos meios de comunicação, e a inversão desse processo não se dá com a mesma facilidade:

Creio ser importante enfatizar que um dos pontos críticos da comunicação da TV (e do cinema) sobre a Aids é a resistência à incorporação do assunto às tramas

---

[14] Ibidem.

Conclusão – Idéias para continuar – 2000 a 2005

dramáticas, salvo poucas exceções. Por quê? Seria uma omissão deliberada por parte dos roteiristas? À primeira vista, tal hipótese parece paradoxal, porque esses profissionais pertencem a uma categoria bastante sensível ao tópico, por ter sofrido muitas importantes perdas desde o início da epidemia.[15]

[...] Um filme ou um programa de tevê envolvem decisões de artistas, técnicos e executivos e, numa estrutura industrial, é normal que ocorram mudanças e alterações de diversas naturezas durante a produção, inclusive à revelia dos próprios criadores. Além disso a indústria sabe que sexo sem adjetivos vende mais do que sexo seguro e, por isso, usa um discurso duplo: um para a vida real, outro para a ficção.[16]

O artigo mencionado pode ser entendido, na definição do próprio autor, como uma série de considerações sobre as campanhas de prevenção à aids, "visando problematizar algumas noções bastante comuns sobre os efeitos da televisão e seus discursos". Arlindo Castro enfatiza "a importância de se ter sempre em mente a intertextualidade das mensagens televisuais, como pré-requisito para uma compreensão adequada da complexidade de seus efeitos". Parece que sua grande crítica reside no fato de que os meios de comunicação produzem mensagens contraditórias sobre sexo e sexualidade, "os quais têm um efeito pedagógico incerto sobre a educação pública para a aids". O alinhamento de duas falas, decorrência lógica deste pensamento, comprometeria a "liberdade de criação e expressão" e, por isso, não seria "uma estratégia adequada para se promover a evolução da comunicação sobre a enfermidade". Feita a ressalva, o pesquisador afirma que esse contexto polifônico posto "evidencia as limitações das campanhas publicitárias que, para serem mais eficazes, para não se perderem na babel de mensagens sobre sexo e sexualidade como 'mais um comercial', devem ser combinadas com ações específicas".[17]

Enfim, os argumentos de Arlindo Castro para explicar os limites e as possibilidades de uso da publicidade televisiva na prevenção da aids têm o seguinte encadeamento:

1) como a bibliografia e a experiência mercadológica já asseguram, a publicidade não é a única responsável pela compra de um produto ou pela adesão a uma marca comercial, dependendo do preço e de outros fatores de mercado, bem como de algumas razões individuais e contextos culturais e sociais para cumprir com sucesso seus objetivos de comunicação;

---

[15] Ibidem.

[16] Ibidem, p. 170.

[17] Ibidem.

224   Aids anunciada: a publicidade e o sexo seguro

2) não seria diferente com a aids. Os fatores que levam um indivíduo a usar ou não usar a camisinha não são exclusivamente de ordem publicitária e, nesse sentido, estão muito próximos daqueles que justificam a compra ou a recusa de uma determinada marca de detergentes:

Tenhamos em mente que a publicidade sozinha não vende o produto e que a decisão de comprar uma determinada marca, idéia ou comportamento – neste caso, o sexo seguro, ou a não-discriminação – é sempre influenciada por constelação de fatores individuais e sociais.[18]

O artigo de Arlindo Castro, entre as tantas leituras feitas para esta pesquisa, foi um dos textos que mais se aproximaram dos questionamentos realizados neste livro. No entanto, de acordo com o autor, se houve compreensão adequada, os referenciais de mercado podem servir ao gerenciamento da comunicação de prevenção à aids e também para sua crítica, desde que se tenha em mente, como ele diz, os milhões de reais envolvidos em cada episódica campanha que podem se "perder na babel de mensagens" e "as limitações impostas pelos contextos polifônicos e insuperáveis" da mídia televisiva...

Parece que o referido artigo tenta acalmar os administradores que investem recursos públicos em publicidade, enfatizando a fragilidade simbólica da publicidade diante de um mundo cada vez mais em ebulição de ícones, símbolos e signos – ou seja, não é por culpa das campanhas ou de eventuais equívocos na condução das políticas públicas que a aids resiste. O autor também afirma a esses produtores a necessidade do uso da mídia de massa para a comunicação sobre a epidemia, isto é, eles não estão equivocados ao permanecerem investindo altas cifras em televisão. Exageradamente otimista em relação à atuação publicitária, ele afirma a televisão como o meio de comunicação adequado para "atingir" grupos sociais (novamente, a metáfora do tiro certeiro em direção ao alvo) com "pouco acesso a informação", mencionando como exemplo, surpreendentemente, a audiência da MTV, canal fechado cujo acesso é restrito aos assinantes, implicando, por conseqüência, pertencimento à classe média ou alta:

[...] Isto não significa que a publicidade nos meios de comunicação de massa possa ou deva ser deixada de lado. Se a Aids pode ser combatida em nível do microssocial, ela também merece um tratamento adequado em nível macrossocial.

Em muitos casos, a televisão parece ser mesmo a melhor maneira de atingir grupos sociais com pouco acesso a informações sobre a doença. Pensemos, por exemplo, num ou numa adolescente que em casa ou na escola não recebe orientação

---

[18] Ibidem, p. 171.

Conclusão – Idéias para continuar – 2000 a 2005

adequada sobre a Aids e vive assistindo a videoclips na MTV – em sua casa e em casa de amigos. Uma boa parte das informações que ele ou ela recebe sobre a enfermidade chega através das suas redes de relações interpessoais, e muitas vezes a qualidade dessas informações é questionável. Não seria a MTV um bom canal para se comunicar com tal adolescente?[19]

Não se está de acordo de que as campanhas publicitárias possam, efetivamente, promover a saúde e, em particular, a prevenção à aids. Entretanto, o autor tem razão: não é possível, em um mundo pautado pela mídia, ignorar o fenômeno publicitário. Por isso, o foco da discussão precisa ser outro, convocando os produtores diretamente envolvidos com a elaboração das mensagens, com as rotinas e os sujeitos que as produzem, para que avaliem de modo permanente suas ações e também avaliem os modos de apropriação da audiência em função do que é ofertado em forma de filme, *spot*, cartaz, etc., compreendendo as outras mensagens criadas pela audiência com o objetivo de mensurar, objetivamente, se as estratégias publicitárias servem aos objetivos de controle da epidemia, como e em que servem. Para se chegar a essas conclusões, as pesquisas sobre as campanhas não podem ficar restritas aos índices de *recall*.

Não há como negar que o discurso publicitário, entendido como todo o discurso dos meios de comunicação interessado em promover o lucro por meio da publicização de informações, é a pia batismal do final do século. A publicidade sussurra e inspira a supremacia da lógica do capitalismo. Ao ser abençoada pela publicidade, a aids pôde irromper na vida diária e ser reconhecida como um "problema de saúde pública", e as campanhas de prevenção foram assinadas, desde as primeiras inserções, pelo Ministério da Saúde, rótulo institucional da aids no Brasil.

O discurso publicitário, porém, tem seus limites exibidos pelo avesso ao tentar comunicar a prevenção da aids. Não se trata de (in)competência dos publicitários, sua maior ou menor habilidade com as palavras e as imagens; aliás, se as reflexões sobre a publicidade de prevenção à aids circundassem a questão do talento, o problema poderia ser resolvido no departamento de pessoal das agências de propaganda. O que este debate crítico coloca é que se mude a leitura sobre o tema da eficácia para além do modelo do *marketing* pode trazer novos modelos que podem servir ao laboratório e à experimentação de outras formas de anunciabilidade.

Como imaginar o efetivo comprometimento ético da publicidade e dos meios de comunicação com a prevenção da aids, talvez desprovido de interesses comerciais? Haverá a chance de uma utilização (mais) democrática dos meios de comunicação de massa e sua concessão pública para

---

[19] Ibidem, p. 168.

a pauta de temas sociais? Existe a possibilidade efetiva da construção de espaços problematizadores sobre essa pergunta no âmbito das instituições federais? Como concretizar uma promoção da saúde diferente da promoção de mercadorias em um tempo em que o próprio corpo se converte em pós-corpo-mercadoria, siliconado e lipoesculturado?

Certamente, não são perguntas para uma rápida reflexão. Essas e outras questões, necessárias e urgentes, cada vez mais eloqüentes nos debates sobre comunicação e sociedade, precisam estar no horizonte das articulações entre saúde e comunicação e moldar os projetos erguidos no inacabado campo comum desses saberes. Pensar "saúde e comunicação" para modificar (ou eliminar) a realização de campanhas publicitárias do governo federal significa pensar sobre como atrelar projetos comunicativos à gestão pública, não só relacionada ao tema da aids, não só relacionada ao Ministério da Saúde, mas também a todos os temas sociais.

Não há respostas definitivas para a aids, não há respostas definitivas para os desafios da prevenção à aids. O que há é uma instigante e provocativa condição: a possibilidade revolucionária do futuro só pode ser elaborada agora.

E como estamos agora?

Os números **aids–epidemia** indicam que das 600 mil pessoas infectadas no Brasil, aproximadamente 400 mil têm acompanhamento médico e cerca de 170 mil recebem medicação gratuita. Adultos jovens, usuários de drogas injetáveis e crianças abaixo de 5 anos, vítimas da transmissão vertical (de mãe para filho), já não são os grupos mais expressivos nas estatísticas. A pesquisa do Cebrap, publicada em 2005 pelo Ministério da Saúde, mostra que o uso do preservativo aumentou entre os mais jovens. Essas tendências, observadas ao longo dos últimos anos, também estão no *Boletim Epidemiológico Aids DST*, que o Ministério da Saúde, por meio do Programa Nacional de DST e Aids, divulgou no dia 30 de novembro de 2005. De 1980 a junho de 2005, teriam sido registrados 371.827 casos de aids no Brasil. De modo geral, a taxa de incidência da aids (casos da doença por 100 mil habitantes) mantém-se estável – e é isso que o *Boletim* explica – em patamares elevados: 17,2 em 2004. A razão entre homens e mulheres continua caindo e hoje está em 1,5 caso em homens para 1 caso em mulher. No início da epidemia, que parece muito mais distante quando se vêem os gráficos, a razão era de 16 casos em homens para 1 em mulher. O número de casos de aids registrados aumentou de 550 em 1985 para cerca de 240 mil em meados de 2002. Nos Estados Unidos, cerca de 363 mil casos foram registrados em 2001 (CDC).[20] Ou seja, os números ainda exigem extrema atenção do governo federal.

---

[20] As informações do CDC, Centers for Disease Control and Prevention, do Departamento de Saúde e Serviços Humanos dos Estados Unidos, podem ser consultadas no endereço <www.cdc.gov/>.

Conclusão – Idéias para continuar – 2000 a 2005

Em 2005, aconteceram outras 5 milhões de novas infecções, informam as Nações Unidas, que afirma, também, que o número de pessoas que vivem com HIV no mundo todo alcançou o nível mais elevado e passou de números estimados em 37,5 milhões em 2003 para 40,3 milhões em 2005. Isso também significa que três milhões de pessoas, entre elas mais de meio milhão de crianças, já teriam morrido por causa de doenças relacionadas com a aids. O quadro da África subsaariana manteve-se o mesmo, como a região mais afetada no mundo.

No que se refere à **aids–política**, afirmou-se o modelo do financiamento internacional de ações em países em desenvolvimento. A orientação da nova etapa, já refletida nos *slogans* das últimas campanhas de prevenção do Ministério da Saúde, é a redução da discriminação e do estigma ainda sinônimos de HIV/aids. O próprio Banco Mundial afirma que apoios políticos como esse são a nova face da aids. Uma aids que entrou em uma nova fase na qual existe uma necessidade ainda maior de vinculação e sintonia entre os países ricos, que podem ser doadores internacionais, e os países como o Brasil. Isso tem permitido que a luta contra a aids no globo tenha recebido mais recursos: aumentou de US$ 300 milhões em 1996 para ao redor de U$ 8 bilhões em 2005 o volume gasto pela instituição multilateral. Já teriam sido cerca de US$ 2,5 bilhões para combater a doença desde que o Banco Mundial lançou seu primeiro projeto, em 1988.

Em linhas gerais, o que se pode concluir é que o modelo globalizado de gestão está alinhado com uma epidemia também global e que confirma o incremento dos recursos internacionais na condução das políticas sociais de aids nos países em desenvolvimento. Isso, porém, continua não significando, no caso do Brasil, subserviências às pautas dessas instituições, por meio da contrapartida do Estado, cujos projetos são implementados em consonância com o pacto federativo e a participação marcante da sociedade civil.

Na **aids anunciada**, tema deste livro, a publicidade consegue curar a aids das suas contradições. Mais de duas décadas de epidemia conseguiram cristalizar, definitivamente, uma aids auto-referente, e já é possível perceber o movimento circular dos temas e a tendência a uma aids mais conceitual, bem ao gosto das campanhas publicitárias institucionais.

No Dia Mundial de 2005, o tema aids e racismo foi exemplo desta nova etapa, mais institucional. Outro exemplo foi a campanha "Fique sabendo", de 2003, voltada exclusivamente para a importância do teste de diagnóstico do HIV, mas ao mesmo tempo vinculada à promoção do direito à informação. Ela segue a linha da campanha de carnaval "Vista-se", de 2005, livrando a publicidade de um comando mais objetivo em relação ao preservativo. Não se exige mais que a publicidade diga a sentença completa: use camisinha. O selo "Vista-se", que desde então assina todas as peças de promoção ao uso do preservativo produzidas pelo Ministério da Saúde, pelos parceiros e materiais de prevenção das ONGs, pelas empresas da iniciativa privada e por outras instituições governamentais, alinha o discurso institucional sobre a aids, nos moldes do alinhamento de comunicação corporativa, própria destes tempos sem fronteira.

Ao longo da trajetória da aids, alguns símbolos esgotaram-se: já não causa maior audiência a chegada da nova campanha. É preciso refrescar também o símbolo. Por isso, uma campanha que divulgou a necessidade do diagnóstico representou a dúvida sobre ter ou não o HIV com um surreal piano. O filme e o cartaz mostravam pessoas supostamente sem saber se estavam ou não com aids, e "o peso" da dúvida aparecia na imagem como o piano que elas carregavam. Já não é preciso explicar o que é o teste, nem mostrar a camisinha. Na aids anunciada, até um piano pode ter a ver com prevenção.

Campanha "Tire o peso da dúvida. Faça o teste do vírus da aids" (2003)

Referências

Livros

BARTHES, Roland. *Mitologias*. São Paulo: Difel, 1987.

BAUDRILLARD, Jean. *A sociedade de consumo*. São Paulo: Perspectiva, 1970.

_____. *Tela total*: mitoironias da era virtual. Porto Alegre: Sulina, 1999.

BERGER, Peter L.; LUCKMANN, Thomas. *A construção social da realidade*: tratado de sociologia do conhecimento. Petrópolis: Vozes, 1974.

BERLINGUER, Giovanni. *Ética da saúde*. São Paulo: Hucitec, 1996 (Saúde em debate).

BLOUIN, Dr. C. B.; CHIMOT, E.; LAUNÈRE, J. *Aids, informação e prevenção*: imprensa e medicina em busca de respostas. São Paulo: Summus, 1995.

BUCCI, Eugênio. *Brasil em tempo de TV*. São Paulo: Boitempo, 1997.

CALAZANS, Flávio. *Propaganda subliminar multimídia*. 3. ed. São Paulo: Summus, 1992 (Novas buscas em comunicação, v. 42).

CARNEIRO, Agostinho Dias (Org.) *O discurso da mídia*. Oficina do autor (Investigações lingüísticas, v. 2).

CARRASCOZA, João Anzanello. *A evolução do texto publicitário*: a associação de palavras como elemento de sedução na publicidade. São Paulo: Futura, 1999.

CZERESNIA, Dina; SANTOS, Elizabeth Moreira dos; BARBOSA, Regina Helena Simões; MONTEIRO, Simone. (Orgs.) *Aids*: pesquisa social e educação. São Paulo: Hucitec, Rio de Janeiro: Abrasco, 1995 (Saúde em debate, 83).

CHIAVENATO, Júlio José. *Ética globalizada e sociedade de consumo*. São Paulo: Moderna, 1998 (Polêmica).

CITELLI, Adilson. *Linguagem e persuasão*. 12. ed. São Paulo: Ática, 1998.

DAMATTA, Roberto. *O que faz o brasil, Brasil?* Rio de Janeiro: Rocco, 1997.

DANIEL, Herbert; Richard PARKER. Apresentação. *Aids*: a terceira epidemia. São Paulo: Iglu, 1991.

DALABETTA, Gina; LAGA, Maria; LAMPTEY, Peter. *Controle de doenças sexualmente transmissíveis*: manual de planejamento e coordenação de programas. Rio de Janeiro: Te Corá, 1997.

FOUCAULT, Michel. *História da sexualidade I*: a vontade de saber. 12. ed. Trad. de Maria Thereza da Costa Albuquerque e J. A. Gulhon Albuquerque. Rio de Janeiro: Graal, 1988.
_____. *A ordem do discurso*. São Paulo: Loyola, 1996. (Leituras filosóficas).

GIDDENS, Anthony. *A transformação da intimidade*: sexualidade, amor e erotismo nas sociedades modernas. São Paulo: Unesp, 1993.

GUIMARÃES, Eduardo (Org.). *História e sentido na linguagem*. Campinas: Pontes, 1989. (Linguagem-crítica).

HARVEY, David. *A condição pós-moderna*. 11. ed. São Paulo: Edições Loyola, 2002.

HAUG, Wolfgang Fritz. *Publicidad y consumo*: critica de la estetica de mercancias. Mexico: Fondo de Cultura Económica, 1989. (Popular).

HOPKINS, Claude. *A ciência da propaganda*. 5. ed. São Paulo: Cultrix, 1993.

JOLY, Martine. *Introdução à análise da imagem*. Campinas: Papirus, 1996. (Ofício da arte e forma).

KEHL, Maria Rita. Psicanálise e mídia: você decide e... Freud explica. In: CHALUB, Samira (Org.). *Psicanálise e contemporâneo*. São Paulo: Hacker Cespuc, 1996. p. 129-p. 131. (Psicanálise e conexões).

KNOPLOCH, Zilda. *Ideologia do publicitário*. Rio de Janeiro: Achiamé, 1980. (Série universidade; v. 11).

KOCH, Ingedore G. Villaça. *Argumentação e linguagem*. 4. ed. São Paulo: Cortez, 1996.

Referências

LOPES, Boanerges; NASCIMENTO, Josias. *O público que se dane*. Rio de Janeiro: Mauad, 1996. (Saúde e imprensa).

MAINGUENEAU, Dominique. *Novas tendências em análise do discurso*. 2. ed. Campinas: Pontes, 1993.

MANN, Jonathan; TARANTOLA, Daniel J. M.; NETTER, Thomas W. (Org.). *A Aids no mundo*. Rio de Janeiro: ABIA, IMS:UERJ: Relume-Dumará, 1993. (História social da aids, v. 1).

MARCOS-STEIFF, Joachim et al. *Os mitos da publicidade*. Petrópolis: Vozes, 1974. (Ensaios da *Revista Communications*).

MENNA BARRETO, Roberto. *Criatividade em propaganda*. 3. ed. São Paulo: Summus, 1982.

MELO, Hygina Bruzzi de. *A cultura do simulacro*: filosofia e modernidade em J. Baudrillard. São Paulo: Loyola, 1988. (Filosofia; n. 7)

NETO, Antônio Fausto.*Comunicação e mídia impressa*: estudo sobre Aids. São Paulo: Hacker, 1999. (Comunicação).
_____. *Aids e comunicação*: repensando campanhas e estratégias. *Lugar comum*: estudos de mídia, cultura e democracia. n. 1. Rio de Janeiro: Nepcom: UFRJ: Nova Fronteira, 1997. p. 139-147.
_____. *Mortes em derrapagem*: os casos Corona e Cazuza no discurso da comunicação de massa. Rio de Janeiro: Rio Fundo, 1991.
ORLANDI, Eni Puccinelli. *Gestos de leitura*: da história no discurso. São Paulo: Unicamp, 1994. (Repertórios).
_____. *Interpretação*: autoria, leitura e efeitos do trabalho simbólico. Rio de Janeiro: Vozes, 1996.
_____. *Análise de discurso*: princípios e procedimentos. Campinas: Pontes, 1999.

PARKER, Richard et al. *Aids no Brasil*. Rio de Janeiro: Relume-Dumará: ABIA: IMS, UERJ, 1994. (História social da Aids; n. 2).
_____. *Políticas, instituições e Aids*: enfrentando a epidemia no Brasil. Rio de Janeiro: Zahar; Abia, 1997.

PAIVA, Raquel. *O espírito comum*: comunidade, mídia e globalismo. 2. ed. rev. e ampl. Rio de Janeiro: Mauad, 2003.

PÊCHEUX, Michel. *Discurso*: estrutura e acontecimento. Campinas: Pontes, 1990.

PERELMAN, Chaïm. *Retóricas*. São Paulo: Martins Fontes, 1997.

PINEL, Arletty; INGLESI, Elisabete. *O que é Aids: 2ª visão*. São Paulo: Brasiliense, 1996. (Primeiros passos, 300).

PINHO, J. B. *Comunicação em marketing*: princípios da comunicação mercadológica. Campinas: Papirus, 1991.

PINTO, Alexandra. *Publicidade*: um discurso de sedução. Portugal: Porto, 1997. (Colecção lingüística).

PINTO, Milton José. *Comunicação e discurso*: introdução à análise de discursos. São Paulo: Hacker, 1999. (Comunicação).

PITTA, Aurea M. da Rocha. *Saúde e comunicação*: visibilidades e silêncios. São Paulo: Hucitec; Abrasco, 1995.

POLIZZI, Valéria Piassa. *Depois daquela viagem*: diário de bordo de uma jovem que aprendeu a viver com Aids. 3. ed. São Paulo: Ática, 1998.

PORTO, Sérgio Dayrell (Org.). *Sexo, afeto e era tecnológica*: um estudo de *chats* na internet. Brasília: Editora Universidade Brasília, 1999.

RABAÇA, Carlos Alberto; BARBOSA, Gustavo. *Dicionário de comunicação*. Rio de Janeiro: Codecri, 1978.

RAMONET, Ignacio. *Propagandas silenciosas*: massas, televisão e cinema. Petrópolis: Vozes, 2002.

RAMOS, José Mario Ortiz. *Televisão, publicidade e cultura de massa*. Petrópolis: Vozes, 1995.

REBOUL, Olivier. *Introdução à retórica*. São Paulo: Martins Fontes, 1998.

ROCHA, Everardo. *Magia e capitalismo*: um estudo antropológico da publicidade. 3. ed. São Paulo: Brasiliense, 1995.

SAMPAIO, Rafael. *Propaganda de A a Z*: como usar a propaganda para construir marcas e empresas de sucesso. 7. ed. Rio de Janeiro: Campus: ABP, 1999.

SIMÕES, Eloy. *Atendimento: anunciantes e agências*. São Paulo: Global, 1998. (Contato imediato).

SONTAG, Susan. *Aids e suas metáforas*. São Paulo: Companhia das Letras, 1989.

_____. *A doença como metáfora*. Rio de Janeiro: Graal, 1984. (Tendências, v. 6).

TEMPORÃO, José Gomes. *A propaganda de medicamentos e o mito da saúde*. Rio de Janeiro: Graal, 1986.

Referências

TEIXEIRA, Sebastião. *Sobras de campanhas*: o que os candidatos e eleitores podem aprender com eleições passadas. São Paulo: Esfera, 2000.

TOSCANI, Oliviero. *A publicidade é um cadáver que nos sorri*. Rio de Janeiro: Ediouro, 1996.

VATTIMO, Gianni. *A sociedade transparente*. Trad. Carlos Aboim de Brito. Lisboa: Edições Lisboa: 70, 1989. (Biblioteca de filosofia contemporânea, 17).

VESTERGAARD; SCHOROEDER. *A linguagem da propaganda*. Rio de Janeiro: Martins Fontes, 1994.

WOLF, Mauro. *Teorias da comunicação*. Portugal: Presença, 1994.

Publicações técnicas

Aids: prevention through health promotion: facing sensitive issues. *World Health Organization*, Geneva, 1991.

CLATTS, Michael C.; MUTCHLER, Kevin M. Aids and the dangerous other: metaphors of sex and deviance in the representation of disease. *Medical Antropology*, v. 10, 1989.

GAPA-DF. *Manual de treinamento*. Brasília, 1998.

MELO, Alexandre (Cord.). *Quando o mundo nos cai em cima*: artes no tempo da Sida. Publicação da Organização Não-governamental Abraço, Belém, PA; Rio de Janeiro: Zahar: Abia, 1997.

PARK, Katharine. *Kimberly Bergalis*: Aids and the plague metaphor. Mimeografado.

RODRIGUES, Lair Guerra de Macedo. *Aids*: a face da discriminação. *Boletim Epidemiológico*, Ministério da Saúde, ano II, número 5, semana epidemiológica 44 a 47, 1988, Ministério da Saúde, 22 de dezembro de 1988.

TREICHLER, Paula. *Aids, homophobia and biomedical discourse*: an epidemic of signification. Mimeografado.

Monografias e dissertações

GERALDES, Sonia Maria. *Bemmalmequer*: análise da vulnerabilidade feminina à contaminação por HIV no Brasil e no México. (Dissertação). Mestrado em Programa de Integração Latino-Americana da USP, São Paulo, nov. 1996.

234   Aids anunciada: a publicidade e o sexo seguro

PAZ, Josi. *Aids, TV e mulher: uma análise do discurso publicitário*. Monografia de graduação, UFSM, Santa Maria, RS. 1995.

POLISTCHUCK, Ilana. *Campanhas de saúde pela televisão*: a campanha de Aids na Rede Globo. Dissertação (Mestrado) – Escola de Comunicação da UFRJ, Rio de Janeiro, 1999.

SIQUEIRA, Carlos Alberto; PICADO, Oliver Eduardo; FONSECA, Tatiana Flores da. Graduação. *Trabalho final da disciplina "Sociologia da Comunicação"*, professor Luiz Martins da Silva, Faculdade de Comunicação, Universidade de Brasília, Brasília, 1997.

SIQUEIRA, Mauro Henrique de Miranda. Marginal ou invisível? – a construção de sentido nas publicidades do Ministério da Saúde destinada aos usuários de drogas injetáveis. Dissertação de Mestrado. Programa de Pós-Graduação em Comunicação da UnB, Brasília, ago. 2004.

SOBRINHO, Asdrúbal Borges Formiga. *O cigarro e as marcas de um raro prazer*. Dissertação (Mestrado)–Programa de Pós-Graduação em Comunicação da UnB, Brasília, mar. 2001.

Jornais

Correio Braziliense. Domingo. 13 de julho de 1997. Economia e trabalho. Mais controle sobre a propaganda oficial.

_____. Sexta-feira, 7 de novembro de 1997, Brasil, Números do mal.

_____. Sexta-feira, 7 de novembro de 1997, Brasil, Epidemia do ano 2000.

_____. Segunda-feira, 10 de novembro de 1997, Brasil. Curtas. Saúde quer gastar menos com Aids.

_____. Segunda-feira, 17 de novembro de 1997, Brasil. Todos no grupo de risco.

_____. Terça-feira, 18 nov. 1997, Opinião. Sinal de alerta.

_____. Segunda-feira, 1º dez. 1997, Brasil. Aids atinge população marginal.

_____. Quinta-feira, 6 fev. 2003, reportagem de Ulisses Campbell e César Henrique Arrais, capa, Saúde. Carnaval. "Usa, *baby*: ativistas pedem que o governo cancele a nova campanha de prevenção à Aids protagonizada por Kelly Key".

Jornal da Cidadania, Instituto Brasileiro de Análises Sociais e Econômicas (Ibase), ano 5, n. 86, dez. 1999, jan. 2000. Vem aí a geração da camisinha.

Jornal do Senado, 12 ago. 1997. Homenagem a Betinho.

Referências

Jornal El Comercio. Lima. El escepticismo ante los medios de comunicación. 31 de outubre de 1997.

Folha de S. Paulo. Tendências/debates, A validade do custeio no tratamento da Aids, por Vicente Amaro Neto e Jacyr Pasternak. 16 jun. 1998.
_____. Saúde. Brasil é modelo na distribuição do coquetel. 29 jun. 1998.
_____. Vancouver x Genebra: hiv dribla coquetel e reduz o otimismo. 1º de jul.
_____. Congresso Mundial de Aids. 3 jul. 1998.
_____. Opinião. Mortes silenciosas no Brasil, por Vicente Torres Freire. Cotidiano. *Japão terá campanha; Brasil dá aula de sexo seguro.* 4 de julho de 1998.
_____. Novos números da maldita assustam, 13 jul. 1998.

O Estado de S. Paulo, Geral. Medicina. Aids matará mais que o trânsito no ano 2000. Jul. 1998.

Jornal Zero Hora. Geral. Saúde. A arte inimiga da Aids. *Revista ZH.* 1º dez. 1996.
_____. *Aids avança com a desinformação,* por Marcelo Gonzatto, 1º dez. 1998.

Revistas

Contigo. 23 de setembro de 1997. Zazá. Resultado macabro: exame prénupcial de Jaqueline diagnostica que ela é portadora do vírus da Aids.

Revista USP. Dossiê Aids. São Paulo: USP, março, abril e maio de 1997.

Veja. 14 de junho, 2000. Ano 33, n. 24. ed. 1653. Contracapa p. 164.
_____. 18 de fevereiro, 1998. Saúde. Paciente zero: um único caso na África pode ter dado origem à Aids. Brasil. O ônibus voador: o apogeu do *marketing.*
_____. 18 de setembro, 1996. Venceremos a Aids, entrevista de Roberto Gallo a Ana Imashi-Rogge.

Sites

www.abap.com.br – Associação brasileira das agências de propaganda

www.abia.gov.br – Associação brasileira interdisciplinar de aids www.abipeme.br – Associação brasileira de institutos de pesquisa de mercado

www.aids.gov.br – Programa Nacional de DST e Aids

www.benetton.com – Empresa italiana Benetton

www.gapabahia.gov.br – ONG Gapa Bahia

www.gapadf.org.br – ONG Gapa DF

www.giv.br – ONG GIV

www.ibge.br – Instituto brasileiro de geografia e estatística – IBGE

www.ibope.br – Instituto brasileiro de opinião pública e estatística – IBOPE

www.inep.gov.br – Instituto nacional de estudos de pesquisas "Anísio Teixeira"–INEP/MEC

www.monitoraids.gov.br – Monitoramento da epidemia de aids no Brasil

www.planalto.gov.br/secom – Presidência da República/Comunicação

www.saude.gov.br – Ministério da Saúde

www.ufsm.br – Universidade Federal de Santa Maria – UFSM

www.unb.br – Universidade de Brasília – UnB

Listagem dos filmes publicitários analisados

ANOS 1980

1. **Filme:** Camisinha e movimentos sociais *Slogan*: Camisinha, o seu grito de liberdade.
2. **Filme:** Quarto vazio de hospital. *Slogan*: Aids, você precisa saber evitar.
3. **Filme:** Paciente solitário no hospital. *Slogan*: Aids, você precisa saber evitar.
4. **Filme:** Mesa de cirurgia com bolsa de sangue. *Slogan*: Aids, você precisa saber evitar.
5. **Filme:** Uso compartilhado de seringa no banheiro. *Slogan*: Aids, você precisa saber evitar.
6. **Filme:** Dominó de caixinha de camisinha. *Slogan*: Aids, você precisa saber evitar.
7. **Filme:** Paulo José fala sobre drogas. *Slogan*: Aids, você precisa saber evitar.
8. **Filme:** Irene Ravache fala sobre sexo. *Slogan*: Aids, você precisa saber evitar.
9. **Filme:** Paulo José fala sobre transfusão de sangue. *Slogan*: Aids, você precisa saber evitar.
10. **Filme:** II Teleconferência Pan Americana. *Slogan*: Brasil x Aids.
11. **Filme:** Depoimento do escritor Herbert Daniel. *Slogan*: Brasil x Aids.
12. **Filme:** Depoimento do hemofílico Walter de Souza. *Slogan*: Brasil x Aids.
13. **Filme:** Depoimento de personalidades da mídia. *Slogan*: Brasil x Aids.
14. **Filme:** Paródia do poema de Drummond. *Slogan*: Brasil x Aids.
15. **Filme:** Na Vila Saúde, falam sobre o que é Aids.
16. **Filme:** Na Vila Saúde, falam sobre grupo de risco.
17. **Filme:** Na Vila Saúde, falam sobre camisinha e promiscuidade.
18. **Filme:** Comissária faz demonstrações sobre Aids no avião. *Slogan*: Aids, pare com isso.

19. **Filme:** Cenas da vida noturna no subúrbio da cidade. *Slogan*:Aids, pare com isso.
20. **Filme:** Palhaço vira paciente terminal de Aids. *Slogan*: Aids, pare com isso.
21. **Filme:** Depoimento real e desconhecida. *Slogan*: Vamos todos contra a Aids de mãos dadas com a vida.
22. **Filme:** Depoimento real e Zezé Motta. *Slogan*: Vamos todos contra a Aids de mãos dadas com a vida.
23. **Filme:** Depoimento real e Osmar Prado. *Slogan*: Vamos todos contra a Aids de mãos dadas com a vida.
24. **Filme:** Depoimento real e Eduardo Conde. *Slogan*: Vamos todos contra a Aids de mãos dadas com a vida.
25. **Filme:** Mulher não infectada e ator. *Slogan*: Vamos todos contra a Aids de mãos dadas com a vida
26. **Filme:** Depoimentos fictícios. *Slogan*: Se você não se cuidar a Aids vai te pegar (inclui *clipping* de telejornais).

Anos 1990

27. **Filme:** Atriz jovem fala sobre camisinha. *Slogan*: Você precisa aprender a transar com a existência da Aids.
28. **Filme:** Atores jovens falam sobre seringas usadas. *Slogan*: Você precisa aprender a transar com a existência da Aids.
29. **Filme:** Ator jovem fala sobre camisinha. *Slogan*: Você precisa aprender a transar com a existência da Aids.
30. **Filme:** Carolina Dickmann fala sobre carnaval e camisinha. *Slogan*: Você precisa aprender a transar com a existência da Aids.
31. **Filme:** Letícia Sabatella fala sobre solidariedade. *Slogan*: Você precisa aprender a transar com a existência da Aids.
32. **Filme:** Nico Puig I. *Slogan*: Você precisa aprender a transar com a existência da Aids.
33. **Filme:** Nico Puig II. *Slogan*: Você precisa aprender a transar com a existência da Aids (cópia corrompida).
34. **Filme:** Mesa de ping-pong. *Slogan*: Solidariedade faz bem à vida.
35. **Filme:** Show em Recife. *Slogan*: Viva todos. Um show de solidariedade.
36. **Filme:** Cenas do cotidiano feminino. *Slogan*: Quem se ama se cuida.
37. **Filme:** Moça e homem no quarto. *Slogan*: Quem se ama se cuida.
38. **Filme:** Seringa compartilhada. *Slogan*: Quem se ama se cuida.
39. **Filme:** Hebe. *Slogan*: Quem se ama se cuida.
40. **Filme:** Carnaval com fantasias históricas e *jingle*. *Slogan*: Quem se ama se cuida.

Listagem dos filmes publicitários analisados

41. **Filme:** Bráulio no bar. ***Slogan:*** Viva com prazer. Viva o sexo seguro.
42. **Filme:** Bráulio no sofá. ***Slogan:*** Viva com prazer. Viva o sexo seguro.
43. **Filme:** Bráulio no banheiro. ***Slogan:*** Viva com prazer. Viva o sexo seguro.
44. **Filme:** Bráulio na tevê. ***Slogan:*** Viva com prazer. Viva o sexo seguro.
45. **Filme:** Show de solidariedade.
46. **Filme:** Homem solitário com sintomas da Aids. ***Slogan:*** A Aids ainda não tem cura, mas o preconceito tem.
47. **Filme:** Carnaval de salão e *jingle*. ***Slogan:*** Sexo seguro é alegria geral.
48. **Filme:** Sandra Bréa e dr. Palombo. ***Slogan:*** Tratar bem é lutar pela vida.
49. **Filme:** Sandra Bréa I. ***Slogan:*** Tratar bem é lutar pela vida.
50. **Filme:** Sandra Bréa II. ***Slogan:*** Tratar bem é lutar pela vida.
51. **Filme:** Sandra Bréa III. ***Slogan:*** Tratar bem é lutar pela vida.
52. **Filme:** Pega, não pega I. ***Slogan:*** Seja viva. Evite a Aids.
53. **Filme:** Pega, não pega II. ***Slogan:*** Seja viva. Evite a Aids.
54. **Filme:** Pega, não pega III. ***Slogan:*** Seja viva. Evite a Aids.
55. **Filme:** Camisinha. ***Slogan:*** Seja viva. Evite a Aids.
56. **Filme:** Mãos no globo terrestre. ***Slogan:*** Unidos na esperança.
57. **Filme:** Cidade à noite e casal na banca. ***Slogan:*** Tratar bem é lutar pela vida.
58. **Filme:** Jovens e suas camisetas. ***Slogan:*** Entre na luta contra a Aids. Use sempre camisinha.
59. **Filme:** Regina Casé. ***Slogan:*** Viver sem Aids só depende de você.
60. **Filme:** Rodrigo Santoro e Luana Piovani.
61. **Filme:** Transmissão vertical.
62. **Filme:** Diálogo entre pai e filho. ***Slogan:*** A prevenção começa pelo diálogo.
63. **Filme:** Diálogo entre mãe e filha. ***Slogan:*** A prevenção começa pelo diálogo.
64. **Filme:** Carnaval, depoimento fictício. ***Slogan:*** Prevenir é tão fácil quanto pegar.

ANOS 2000

1. ***Slogan:*** Dia Mundial 2000 – Não leve Aids para casa.
2. ***Slogan:*** Dia Mundial 2001 – Não Importa com quem você transa, não importa como.
3. ***Slogan:*** Carnaval 2002 – Sem camisinha nem pensar.
4. ***Slogan:*** Dia Mundial 2002 – Aids. O preconceito tem cura

5. **Slogan**: Dia Mundial 2003 – Discriminação e preconceito.
6. **Slogan**: Carnaval 2003 – Campanha de carnaval estimula adolescentes a usarem camisinha.
7. **Slogan**: Carnaval 2004 – Pela camisinha não passa nada. Use e confie.
8. **Slogan**: Dia Mundial 2004 – Mulher, sua história é você quem faz.
9. **Slogan**: Dia Mundial 2005 – Aids e racismo. O Brasil tem que viver sem preconceito.

Este livro foi composto em Minion Pro 12/14
no formato 155 x 225 mm e impresso na Alliance Indústria Gráfica Ltda.,
no sistema off-set sobre papel AP75g/m², com capa em papel
Cartão Supremo 250 g/m².